LETTRES

ET

RÉCITS MILITAIRES

PAR

CHARLES BOCHER

AFRIQUE ET ARMÉE D'ORIENT

PARIS

CALMANN LÉVY, ÉDITEUR

3, RUE AUBER, 3

1897

LETTRES

ET

RÉCITS MILITAIRES

LETTRES

RÉCITS MILITAIRES

PAR

CHARLES BOCHER

AFRIQUE ET ARMÉE D'ORIENT

PARIS

CALMANN-LÉVY, ÉDITEUR

3, RUE AUBER, 3

1897

AVANT-PROPOS

Cette correspondance, dont le commencement (*Guerres d'Afrique*) date de 1849, était écrite pour n'être communiquée qu'à un cercle restreint de proches et d'intimes, sans aucune pensée d'être un jour rendue publique.

Des juges compétents lui trouvant plusieurs éléments d'intérêt, m'ont engagé à compléter celle très réduite, publiée depuis vingt ans, se rapportant seulement au siège de Sébastopol.

Les graves événements qui s'accomplissent en Orient m'encouragent à suivre ces conseils. L'inutilité de notre guerre, entreprise sous l'empire, en sera démontrée.

D'un autre côté, mes lettres offriront des documents historiques d'une incontestable vérité. Elles serviront à mettre en relief les qualités, les vertus, les exploits de nos armées et de leurs illustres chefs dont on pourra suivre les débuts de carrière, comme présages de leurs fins glorieuses. Tous ont répondu à ce qu'ils promettaient.

Des souvenirs personnels, intimes, s'y trouvent nécessairement mêlés ; je ne pouvais les supprimer sans ôter à cette correspondance, le caractère de sincérité qui en fait le seul mérite.

La plupart des réflexions philosophiques et politiques qui m'étaient inspirées par les événements au cours de ces guerres, s'accordant avec l'opinion qui prévaut en France, surtout au moment actuel, j'ai dû également les reproduire.

Les lettres de l'armée d'Orient, principalement celles de Crimée, enregistrent les sympathies des Français pour les Russes que l'on était obligé de combattre ; on ne voyait dans toute cette lutte que des satisfactions d'amour-propre, sans profit pour la France.

Les observations et critiques que je me suis permis de faire sur notre administration de l'Algérie, sous la deuxième République, peuvent s'appliquer à ce qui se passe, actuellement, pour nos colonies, où l'on continue à envoyer plus de fonctionnaires que de colons.

Ma position dans l'armée m'ayant mis en relations avec les hommes marquants de ces guerres de la moitié de notre siècle, leurs noms rappelés dans cette correspondance seront chers à la mémoire de ceux qui les ont connus, ou qui ont appris à les connaître.

ARMÉE D'AFRIQUE

1849-1850

---

*LETTRES du capitaine Charles Bocher,
pendant une de ses campagnes d'Afrique (1849-1850).*

I

Blidah, septembre 1849.

Depuis le départ de mon bataillon (1) pour la province de Constantine, je reste à Blidah, avec ma compagnie, attendant de nouveaux ordres. Il est probable que je ne tarderai pas à le rejoindre, les nouvelles de l'insurrection étant loin d'être rassurantes. Je n'ai qu'un regret : c'est de n'être pas parti des premiers, mais il y a un tour de rôle qu'il a fallu observer.

(1) 5ᵉ bataillon de chasseurs d'Orléans.

Un heureux hasard m'a fait mettre sous les ordres du général Blangini (1), que j'avais connu capitaine aux zouaves, en 1840. Je me trouvais tout près de lui, quand il fut blessé, dans une affaire de l'expédition de Médéah, au Bois des Oliviers.

Ces souvenirs que je lui rappelais, m'ont valu un bienveillant accueil et les rapports les plus agréables avec ce distingué général de notre armée d'Afrique. Grâce à cette faveur, il m'a été permis de me rendre d'abord à Alger, pour faire une visite aux principales autorités militaires.

M. de Crény (2), chef de l'état-major général de l'armée, m'a très obligeamment reçu, me retenant à dîner, après avoir commencé à me demander, avec beaucoup d'intérêt, des nouvelles de M. (3) et de Mme Gabriel Delessert (4). Il est resté sous l'impression de la beauté et de la distinction de cette charmante femme et de ses sœurs (5), qu'il avait connues à la préfecture de Chartres, où il servait, comme aide de camp du général Rullière. Il m'a bien chargé de rappeler son nom à toutes les personnes de la famille qui lui étaient restées chères dans ses souvenirs.

Présenté par M. de Crény au général Charon (6), j'ai eu la bonne fortune d'être invité, avec lui, à la table du Gouverneur de l'Algérie, à sa maison de campagne, appartenant à l'Etat, autrefois le palais d'été des Deys. Son emplacement ne pouvait être mieux choisi, sur ces hauteurs de Mustapha, qui s'élèvent derrière la ville. De là, avec une admirable vue sur la mer, on découvre, au loin, les navires qui abordent cette partie des côtes d'Afrique, en animant le merveilleux tableau que l'on a devant soi.

(1) Blangini, général de division, mort le 28 août 1852.
(2) Crény, général de division, mort le 5 janvier 1862.
(3) Delessert, Gabriel, ancien Pair de France, Préfet de police, sous la monarchie de Louis-Philippe, mort à Passy, le 29 janvier 1858.
(4) Mme Delessert, fille du comte Alexandre de Laborde ; homme politique, littérateur, membre de l'Institut.
(5) Mmes Edouard Bocher et Edouard Odier.
(6) Charon, général de division, s'était fait remarquer dans son arme, du génie, à différentes campagnes et missions, depuis le Ier Empire : Espagne, Belgique, Afrique ; gouverneur général de l'Algérie, en 1848, jusqu'à la fin de 1849, mort à Paris le 26 novembre 1880.

Le commandant Dejean (1), chef du génie, à Alger, ami particulier de mon frère Gabriel (2), m'a fait une cordiale réception. Ces trois jours, à Alger, ont donc été agréablement employés.

Peu de temps après, j'ai eu l'heureuse occasion de faire une intéressante excursion dans le sud de la province de Médéah. Ayant appris qu'une expédition devait s'y préparer pour châtier des tribus rebelles, je priai le chef du Bureau arabe de Médéah, mon camarade de l'Ecole militaire, Ducrot (3), de m'en donner toutes les facilités. Il voulut bien mettre à ma disposition une escorte d'indigènes (dont j'ai généreusement payé les services), pour me rendre à Boghar, et m'accompagner lui-même, la première journée, avec son officier adjoint. J'ai trouvé, à ce poste avancé, situé dans la vallée du Chéliff, célèbre par les nombreux combats qui s'y sont livrés, un aimable chef de Bureau arabe, le capitaine Gruard (4), connaissance d'Afrique de mon frère Alfred (5) à qui il envoie ses meilleurs souvenirs. J'en ai reçu tous les secours qui me permettaient de poursuivre avec succès mon voyage. La petite garnison se compose d'une compagnie de la légion étrangère, d'une compagnie de discipline et d'une section d'artillerie. Aucune ressource pour les officiers ; ils y vivent entre eux, patiemment, avec l'espoir de nouvelles expéditions qui les sortiraient de ce lieu d'exil.

De là, j'ai pu m'avancer, en pays exclusivement arabe, bien après Boghar, où les principaux chefs, grâce à mes lettres de recommandation, m'ont donné la plus généreuse hospitalité. Je couchais sous leurs tentes, meublées de beaux tapis du pays, où m'étaient servis, avec un certain luxe, des repas vrai-

(1) Comte Dejean, général de division, fils et petit-fils de généraux de la République et de l'Empire, fut quelque temps ministre de la guerre, en 1870, mort à Paris, le 15 juillet 1892.

(2) Bocher, Gabriel, attaché au ministère des Affaires étrangères, sous Louis-Philippe, secrétaire bibliothécaire du duc d'Orléans, prince royal, membre du Conseil général d'Eure-et-Loir, sous la troisième République, mort le 18 juillet 1882.

(3) Ducrot, un des généraux de division les plus en vue et les plus estimés de l'armée, mort à Versailles le 16 août 1882.

(4) Gruard, décédé à l'hôpital de Laghouat, le 26 novembre 1853.

(5) Bocher (Alfred), mort général de division, le 25 décembre 1885.

ment excellents, préparés suivant l'usage de ces indigènes. Je ne pouvais que me louer de toutes les attentions de ces chefs riches et de haut rang. Nous avons fait ensemble échange de présents ; j'avais eu soin de choisir, dans les magasins d'Alger où je m'étais rendu exprès, ce qui pouvait leur plaire ; cela m'a valu un lot de belles plumes d'autruches, de grande valeur, que je distribuerai, à mon retour en France.

Mon cheval étant fatigué, comme je l'étais moi-même, et ma permission devant expirer ; je n'ai pu, à mon grand regret, aller jusqu'au bout. Les succès des razzias de ceux qui m'avaient si bien traité, ne m'ont été connus qu'à mon retour à Blidah.

J'ai été enchanté de cette trop courte excursion qui m'a permis de juger tout le parti que l'on pourrait tirer d'un peuple conquis, en sachant se l'attacher, comme l'avait fait mon ami Ducrot. Voilà une expédition faite par des Arabes, contre des tribus hostiles, avec un seul officier français pour la diriger ! Elle réussit complètement, sans nous avoir rien coûté ; au contraire, elle nous rapporte des sommes assez importantes, versées au Trésor, comme part de la France ; pourquoi ne pas s'en tenir là ?

C'est avec ces Bureaux arabes, composés d'un à deux officiers, comptant toujours dans leurs corps, par conséquent sans frais pour l'Etat, qu'une étendue considérable de territoire très peuplée, se trouve admirablement administrée.

Assurer la paix, rendre la justice, faire rentrer les impôts, sans le moindre sacrifice, cela est simple, mais ne se fait plus. De ces bureaux arabes, on fait des sous-préfectures quand il n'y a pas encore d'administrés. Il ne se trouve en Algérie qu'une population flottante d'étrangers et d'aventuriers qui s'adonnent au commerce du détail pour les besoins de l'armée et qui, après avoir gagné notre argent, se retirent dans leur pays d'origine.

Il faut des places pour les besogneux, les intrigants ; l'intérêt public est sacrifié à l'intérêt des personnes, système qui mécontente tout le monde, même ceux qui en profitent ! Voilà l'Algérie, telle que nous l'a faite cette Révolution de février, qui lui a porté un coup fatal ! Il n'en était pas de même sous

les gouvernements du maréchal Bugeaud et du duc d'Aumale.
Aussi la reconnaissance publique élève, à Alger, une statue
au maréchal, comme il en a été élevé une au duc d'Orléans,
que les révolutionnaires de 1848 n'ont pu faire enlever. Le
journal l'*Akhbar* est rempli de souscriptions. Tous les chefs arabes, sans en excepter un, se sont associés aux Français, pour
s'y faire inscrire. La mémoire de cet illustre homme de
guerre est chère à l'armée, son nom est populaire dans toute
l'Algérie. Sous sa paternelle et sage administration, nous
n'aurions pas cette révolte du pays des Zibans et de l'Aurès,
qui ne se terminera pas, pour la France, sans des sacrifices
d'hommes et d'argent.

II

Blidah, octobre 1849.

Mon bataillon est déjà fortement engagé dans le soulèvement du Sud de la province de Constantine. Je quitte Blidah,
pour le rejoindre, avec ma compagnie, renforcée de tous les
malades et convalescents qui n'avaient pu partir la première
fois. Je ne me plains pas de ma destination; c'est avec confiance et satisfaction que je l'envisage.

Tout cela paraît bien grave; depuis les premiers jours du
siège de Zaatcha (importante oasis de ces contrées lointaines),
nous avons éprouvé, d'après les bruits qui courent, de
sérieuses résistances; et ce n'est qu'un commencement. Cette
révolte du pays des Zibans et de l'Aurès se complique d'une
opposition générale chez les indigènes.

Au lieu de s'entendre avec les Arabes, de leur témoigner
plus de sympathie, de se contenter de leur assurer une sorte
d'indépendance, sous notre protection, sans les inquiéter dans
leurs biens, leurs mœurs et leurs croyances, seule politique à
suivre pour nous les attacher, on a fait tout le contraire; on a
envoyé, dans le pays, des colons, presque tous insurgés de
Juin, qui ne sont capables que de nous attirer des difficultés.
On a pris à des Arabes, volontairement soumis à notre domination, leurs terres pour les donner à des gens qui les font
cultiver par les mêmes anciens propriétaires, pour devenir
cabaretiers, le seul métier qu'ils aiment à faire.

Les expropriés se trouvent ainsi refoulés dans l'intérieur,
vers les domaines de tribus plus éloignées, pouvant se croire

menacées, à leur tour ; d'où ce sourd mécontentement, se traduisant par des insurrections, triste résultat de ces essais de colonisation, avec des hommes qui auraient dû être choisis tout autrement !

Une autre plaie du pays, qui offre les mêmes conséquences, c'est la qualité et la quantité de fonctionnaires de tout rang. Il n'y a pas de petite localité où il y en ait moins que dans une sous-préfecture de France. C'est un conflit perpétuel entre ces diverses administrations se partageant la direction et le contrôle.

Tout ce monde veut vivre sur le budget, avec des places qui sont de véritables sinécures ; les exigences, dans cet ordre, augmentent chaque jour, aussi le mal ne fera qu'empirer. Depuis mon arrivée en Afrique, j'ai visité bien des endroits, partout c'est le même abus.

Les troupes de la province d'Alger viennent de s'éloigner du littoral, pour se rapprocher de l'intérieur ; c'est la milice des villes qui fera le service à leur place. Je m'intéresse moins au sort des colons qu'à celui de nos pauvres soldats, exposés à toutes les peines, à tous les périls, sans profit pour eux.

Demain, nous nous embarquerons à Alger, pour Philippeville, d'où il nous faudra peu de jours, à marches forcées, avant de nous rendre devant Zaatcha. Nous prendrons un seul jour de repos, à Constantine. Le siège ne se terminera qu'après l'arrivée des renforts ; j'espère être avec les premiers.

Je vais donc parcourir le pays des palmiers, des autruches, des carnassiers du désert ; ce qui m'intéressera moins que la guerre que j'y ferai. Elle ne sera pas la première, pour moi, en Afrique, aussi en ai-je un peu l'expérience (1).

Une fois engagé au loin, les communications étant irrégulières et difficiles, je ne pourrai guère vous donner de nos nouvelles, heureux s'il m'est permis, étant encore de ce monde, de vous annoncer des succès !

Mes meilleurs souvenirs à toutes les personnes qui me sont chères et que vous connaissez.

(1) Voir l'appendice.

III

NOTE explicative sur Zaatcha.

Cette oasis du Sud de la province de Constantine renfermait un gros bourg fortifié, entouré, à l'instar des villes du moyen âge, de fossés, avec des tours carrées, de distance en distance, crénelées et reliées entre elles par des maisons toutes percées de meurtrières.

Ces moyens surprenants de défense, ajoutés à trois sièges avortés : l'un du Bey de Tunis, en 1833, le second du lieutenant d'Abd-el-Kader, en 1844, le troisième, tenté inutilement par nous, en juillet dernier, devaient inspirer une confiance aveugle au chef indigène, Bou-Zian, prophète inspiré, l'âme de l'insurrection fomentée dans toutes les oasis des environs, ayant des ramifications dans plusieurs parties de nos possessions australes de l'Afrique.

Le 6 octobre, une faible armée de 3 à 4,000 hommes, sous le commandement du général Herbillon, vint camper devant Zaatcha.

<table>
<tr><td>PROVINCE DE CONSTANTINE

CERCLE DE BISKRA

Bureau
des Affaires Arabes</td><td>RÉPUBLIQUE FRANÇAISE

Liberté, Égalité, Fraternité</td></tr>
</table>

Devant Zaatcha.

Je vous écris sur le papier du Bureau arabe, avec ses entêtes, qui est envoyé de Paris. Il en est malheureusement ainsi de tout. Ces formules vaines et mensongères, si loin des faits et des réalités de ce monde, conviennent encore moins aux chefs de ce peuple arabe auxquels elles sont journellement adressées. Leur esprit simple ne comprend rien à cette métaphysique ; la hiérarchie, la dépendance, sont pour eux articles de foi, et le fond de leur caractère est de vivre sous les armes, d'être toujours en guerre. Que doivent-ils penser de nous ?

J'ai rejoint enfin le camp, devant l'oasis de Zaatcha, avec 5 à 600 hommes comprenant, outre ma compagnie, des détachements de toutes armes, un convoi de vivres et de munitions dont le commandement m'avait été confié, depuis Constantine, par le général de Salles (1) ; j'ai eu la satisfaction de me retrouver auprès des miens, qui m'ont témoigné la plus grande cordialité. Les nouvelles des débuts du siège étaient malheureusement attristantes.

Le lendemain de l'arrivée de l'armée devant l'oasis, on s'était emparé de la Zaouia, en avant de la ville, avec ses jardins ; mais les chasseurs de mon bataillon, entraînés par leur audace, conduits par d'intrépides officiers, s'avancèrent imprudemment trop loin, dans un dédale de plantations et de chemins où ils éprouvèrent des pertes sérieuses ; sur sept officiers, un, le lieutenant Bonnet, fut tué, trois autres, parmi lesquels le capitaine Alpy (2), blessés grièvement. Notre adjudant y perdit également la vie et fut mutilé par les Arabes. Cette première affaire, si malheureuse pour trois seules compagnies de

(1) Comte de Salles, général de division, mort le 1ᵉʳ janvier 1873.
(2) Alpy, chef de bataillon, tué devant Sébastopol.

mon bataillon engagécs, coûta à l'ensemble de nos troupes une vingtaine de morts et 80 blessés.

Le 20 octobre, il y eut une tentative d'assaut sans le moindre succès. Cet échec nous fit perdre une trentaine d'hommes tués et près de 100 blessés, la plupart mortellement, entre autres le chef de bataillon Guyot (1), du 42ᵉ régiment, son adjudant-major Berthe, deux capitaines et deux autres officiers du même régiment qui y furent tués. Le colonel du génie, Petit, directeur des travaux du siège, avait succombé à sa blessure reçue avant cet assaut. Les combats journaliers encombraient nos ambulances de blessés. Ces événements tristes et fâcheux étaient loin de décourager ceux qui m'en faisaient le récit.

Depuis hier, de plus heureuses chances semblent nous être réservées. Une affaire importante a eu lieu dans les environs de l'oasis ; notre cavalerie de chasseurs d'Afrique a défait un corps de cavaliers nomades venant au secours des défenseurs de la ville.

L'insurrection, suivant les nouvelles, devient générale dans la province. Après le siège, il nous faudra nous occuper des pays révoltés, à moins que nos succès ne calment tous ces soulèvements. Je ne pourrai donc aller, de sitôt, à Paris ; l'Opéra me manquera, mais non les représentations de tragédies lyriques ; nous avons les sons de l'artillerie, de la mousqueterie, et les décors merveilleux qu'offre la vue de ces forêts de palmiers, aux formes élancées, montant vers le ciel d'un bleu doré par le soleil du désert.

Les difficultés, les lenteurs du siège ne sont pas nos seules épreuves ; le choléra s'est déclaré dans notre petite armée, dont l'état sanitaire est loin d'être satisfaisant. Il fait presque autant de victimes que le feu de l'ennemi. Il ne peut en être autrement avec des vivres détestables, l'eau que l'on boit, saumâtre et trouble ; la jeunesse seule fait tout supporter.

Mon bataillon a été plus particulièrement éprouvé. Il est déjà bien réduit en effectif, et nous ne sommes pas au bout.

Je ne vous donne pas d'autres détails, n'ayant rien de bien

---

(1) Comte Guyot, fils du général de division de l'Empire, frère du capitaine Guyot, tué comme lui en Afrique.

intéressant, pour le moment, à vous mander. Depuis notre dernier échec de l'assaut du 20, on reste sur la défensive en attendant tous les renforts. Une fois réunis, les opérations du siège se poursuivront avec cette ardeur dont nos soldats sont coutumiers, surtout lorsqu'il s'agit d'en finir.

IV

Ma compagnie a eu hier une affaire très chaude. Au moment de quitter la tranchée, pour céder la place à une compagnie du 8ᵉ bataillon de chasseurs qui venait nous remplacer, elle s'est trouvée surprise par l'irruption d'un parti d'assiégés, profitant du désordre inévitable au changement des gardes. Nous n'avons eu que le temps de reprendre nos positions, pêle-mêle avec les chasseurs qui nous relevaient, pour tenir tête à des ennemis d'une audace inouïe. Entrés dans nos retranchements, un long combat, corps à corps, s'en est suivi. Nous avons pu heureusement résister et donner le temps à des renforts d'arriver. Le combat s'est alors étendu et a duré une partie de la journée. Le capitaine Delmas, qui commandait la compagnie du 8ᵉ, a été tué sur le coup, d'une balle au cœur. Comme on le portait à bras et que nous n'étions que deux du même grade et du même corps, tout le monde a cru que c'était moi, la victime. On plaignait déjà ma mort. L'adjudant de ce bataillon a été tué ; mon sous-lieutenant blessé, avec deux de mes sous-officiers ; le capitaine d'artillerie Guérin, commandant la batterie envahie, ainsi que son maréchal des logis, frappés mortellement. D'autres officiers ne furent pas épargnés. Je ne parle pas des pertes en soldats qui sont en proportion.

Dans cette journée, on entendait de tous côtés les cris des femmes arabes, avec ce son strident qui leur est propre et qu'elles poussent, dans les combats, pour exciter les leurs. Telle était la cruauté de ces forcenées, qu'elles s'emparaient des corps de nos malheureux soldats tombés entre leurs mains, pour leur couper la tête et en faire des trophées de triomphe, au retour, dans leur ville. Les corps de deux hommes de ma compagnie ont été relevés sans tête. Ce n'étaient pas les seuls. Le fanatisme inspire de pareilles atrocités, mais il inspire également ces courages exaltés que rien n'arrête. Il faut le reconnaître ; l'influence des idées religieuses dans les armées, est le plus puissant facteur du succès. Le patriotisme, plus humain, ne suffit pas.

C'est le colonel Canrobert (1), arrivé depuis peu de jours, qui est venu à notre secours, à la tête de troupes de soutien. Par ses habiles dispositions, cette journée de combats acharnés a pu se terminer sans que les travaux du siège en aient souffert. Le génie avait remis, le soir même, tout en ordre.

On avance chaque jour ; les approches sont poussées avec activité, les brèches agrandies pour le passage de trois colonnes d'attaque, qui doivent être commandées par les colonels Canrobert, de Barral (2) et de Lourmel (3).

Les fossés, remplis d'eau, ont été comblés ; il n'y a plus qu'à monter à l'assaut.

———

(1) Canrobert, maréchal de France, à 46 ans, mort le 28 janvier 1895.
(2) Comte de Barral, fils et petit-fils de généraux, général de brigade, tué d'une balle à la tête, dans la répression des derniers soulèvements de cette guerre, dont il avait le commandement, en mai 1855.
(3) Lourmel, général de brigade, tué devant Sébastopol, 1855.

V

Devant Zaatcha, le 27 novembre,
(le lendemain de la prise de la ville.)

Dieu merci, je suis encore au nombre des survivants après ce siège qui sera l'épisode le plus sanglant de nos guerres d'Afrique. Dans ma compagnie, je n'ai conservé qu'un sous-lieutenant, blessé à l'avant-dernière affaire, et un sous-officier sur sept. Il ne me reste que quarante hommes sur cent soixante que j'avais au départ. Peu de faits de guerre présentent autant de victimes. Nous avions à combattre des fanatiques, encouragés dans leur résistance par leur ville singulièrement fortifiée, et qu'ils pouvaient croire imprenable. N'avaient-ils pas transformé chacune de leurs maisons en forteresse que l'on dut prendre sous des feux terribles; ils avaient également confiance dans les secours promis des nombreux contingents des oasis voisines.

Je faisais partie de la colonne d'assaut, sous le commandement du colonel Canrobert, des zouaves, le héros de la journée. Après avoir passé la nuit dans la tranchée, tout près du commandant de Lorencez (1), sans pouvoir dormir et sans

(1) Comte de Lorencez, fils du général de division de l'empire et petit-fils du maréchal duc de Reggio, général de division, a commandé en chef l'expédition au Mexique, dans sa première phase, avec de brillants succès, mort à Laas (Basses-Pyrénées), le 24 avril 1884.

beaucoup d'espoir d'en revenir le lendemain, nous ne nous séparâmes qu'au moment solennel de l'attaque. Elle eut lieu à l'improviste, à une heure convenue, au petit jour. M. de Lorencez commandait son bataillon et trois compagnies de chasseurs d'Orléans, dont la mienne, en tête ; les deux autres suivaient, sous les ordres des capitaines Cambriels (1) et Cargouet (2).

Après être entrés dans la ville, non sans avoir éprouvé les plus grandes pertes, nous avons eu à faire le siège de chaque maison ; les défenseurs, combattant en désespérés, nous canardaient jusque par les soupiraux des caves, leurs derniers refuges. On n'a pu faire que peu de prisonniers, ces fanatiques préférant se faire tuer sous les décombres. De notre côté, nos hommes très excités, par esprit de vengeance, n'épargnaient personne, moins encore les femmes, qui avaient fait preuve de cruauté envers nos soldats blessés ou prisonniers. Une maison étant prise, on la faisait sauter avec un sac à poudre, ce qui en achevait les habitants. Quelle affreuse mort pour ces malheureux ! Les femmes se faisaient tuer avec la plus complète résignation ; c'est à peine si une vingtaine a pu être sauvée, la plupart blessées portant leurs enfants au sein. Tout cela ne se comprendra pas à Paris, mais dans un pays de sauvages, on ne peut faire la guerre autrement.

Après en avoir fini de combattre, on a fait écrouler toutes les maisons encore debout, ainsi que les deux mosquées ; puis on a mis le feu aux décombres, pour qu'il ne restât rien de cette importante ville, centre d'une des plus belles oasis du pays.

Le verset de l'Écriture, parlant de ce puissant, de cet orgueilleux : « Je repassais, le lendemain, il n'était déjà plus, » pourrait s'appliquer à Zaatcha.

Nous avons à regretter beaucoup de monde ; d'abord la

(1) Cambriels, fils du général, baron de l'empire, général de division, fut blessé très grièvement en 1870, commandant en chef un corps d'armée avec habileté ; mort subitement au Mas-Blanc, près d'Alénia (Pyrénées-Orientales), le 22 octobre 1891.

(2) Cargouet, chef de bataillon, tué devant Sébastopol. Par testament, il donnait une partie de sa fortune aux soldats blessés survivant à l'affaire où il devait trouver la mort. Noble cœur très regretté.

plupart de ceux qui montaient à l'assaut, avec le colonel Canrobert, presque le seul épargné, par un bonheur providentiel. J'ai appris que, des seize zouaves ou chasseurs et des quatre officiers, les plus vaillants, qu'il avait choisis, pour marcher en tête, avec lui, douze soldats avaient été tués ou blessés, deux officiers étaient morts à ses côtés, les deux autres blessés.

Je ne vous parlerai que de ceux que vous connaissez : Le commandant de Lorencez a été assez grièvement blessé; j'ai été le voir à l'ambulance, il se plaint beaucoup; j'ai écrit une lettre à sa famille, pour la rassurer. Le jeune lieutenant des zouaves, Norvins, fils de l'homme politique et écrivain que nous avons beaucoup connu, est plus gravement blessé, il ne pourra être sauvé.

Le colonel de Barral, le commandant Bourbaki (1), celui de mon bataillon, M. Levassor-Sorval (2), vont bien.

Il y a eu plus de 70 officiers tués ou blessés pendant ce siège, et plus de 1,000 hommes hors de combat ; le choléra se mettant de la partie, ce sont de nouvelles victimes à ajouter à celles-là. C'est plus du quart de notre effectif de 5 à 6,000 hommes que l'on en peut compter.

J'ai fait de bonnes connaissances, celle, entre autres, du colonel Canrobert, neveu du général Marbot. Il a été on ne peut plus affectueux pour moi. Je l'aime, avec la profonde estime que j'ai pour son courage, comme pour son caractère. Nous nous sommes embrassés, avec émotion, dans Zaatcha, en nous retrouvant, vivants, après son succès ; j'avais eu grand peur pour sa vie, si exposée, dans l'assaut.

Je ne vous donne que des détails bien incomplets, vous écrivant le lendemain de la prise de la ville. Ainsi, je ne puis vous parler de la mort de Bou-Zian, de ses femmes et de ses enfants, ni de bien des épisodes sanglants de cet assaut. J'ai pu voir la tête de ce malheureux chef portée au bout d'une

(1) Bourbaki, général de division en retraite, près de Bayonne, de la plus brillante réputation militaire. Son nom était populaire dans l'armée d'Afrique, a eu un commandement en chef pendant la guerre 1870-1871.

(2) Levassor-Sorval, général de division, mort le 24 novembre 1885.

pique, comme trophée, avec d'autres de ses principaux lieutenants. On ne peut savoir que ce qui s'est passé dans la sphère
restreinte d'action où l'on s'est trouvé ; mais, je me réserve
d'écrire, plus tard, cet intéressant épisode de nos guerres
d'Afrique. Les escriptures, que Montluc n'aimait pas, pour
un soldat, ne me déplaisent pas ; j'y trouve plus qu'une utile
occupation, un véritable plaisir.

VI

El-Outaya, janvier 1850.

De Biskra, première étape au retour de Zaatcha, nous avons été envoyés en expédition, avec une partie des troupes du siège, chez les Ouled-Sultan, dans la région comprise entre Batna et Bou-Saada. Les habitants s'étaient montrés hostiles, pendant les opérations militaires, dont la plupart des tribus espéraient une toute autre issue. Il était indispensable de nous faire voir en vainqueurs. L'effet de notre présence ne s'est pas fait attendre ; les chefs venaient tous s'incliner devant la tente du colonel Canrobert, commandant le corps expéditionnaire, et apporter les vivres qu'il pouvait nous être agréable d'accepter. Au lieu de continuer la guerre, nous trouvions là, pendant quelques jours, un repos bien gagné.

Notre bataillon est à peu près remis de ses épreuves ; nous sommes campés dans le voisinage des tirailleurs indigènes, commandés par Bourbaki, très jeune officier supérieur, qui s'est fait un nom dans l'armée d'Afrique. J'avais fait sa connaissance à l'expédition de Médéah, en 1840. Il m'a donné un dîner, avec les capitaines Cambriels, Duplessis (1) et Cargouet, de mon bataillon ; j'avais également connu les deux

<hr>

(1) Duplessis, général de division, mort à Paris d'une chute de cheval en sortant de venir me voir, 25 février 1878.

premiers à cette même campagne de 1840. Ce sont de charmants camarades, dont l'esprit et l'entrain rendent la vie des camps plus que supportable. Cambriels, surtout, excellent officier, a un esprit des plus parisiens et une voix de ténor qui pourrait rivaliser avec celle de Duprez. Il nous a chanté, le soir, des airs de *Guillaume Tell*, qu'il connaît par cœur, à nous faire autant de plaisir que si nous étions à l'Opéra, pour les entendre.

Le colonel Canrobert a été excellent pour moi, depuis Zaatcha ; il m'a pris en grande amitié et veut que je vienne le voir, chaque jour, dans sa tente. Nous parlons de Paris et des personnes que nous avons connues ensemble, de mon frère Alfred, qui, d'après lui, était le plus bel officier du camp de Saint-Omer, où les bataillons de chasseurs ont été formés, en 1841. Il se plaît, comme tous les absents, à ces souvenirs. C'est un grand honneur pour moi, d'avoir pu me concilier l'affection de celui qui sera bientôt général, et le plus jeune de l'armée.

Après avoir quitté le pays des Ouled-Sultan, des Hakbar et des Sahari, où l'on avait affaire à des tribus assez puissantes, par le nombre et les richesses, nous entreprenons, dès le 25 décembre, après un très court séjour à Batna, l'expédition de l'Aurès, dans un pays montagneux, très pittoresque, des plus curieux à parcourir. L'hiver, qui y est très rude, a causé beaucoup de souffrances à notre petite armée. Je ne vous donnerai pas tous les détails de nos marches, dans cette contrée, qui rappelle certaines vallées des Alpes ; je ne vous parlerai que de la prise de Narah, couronnement d'une nouvelle campagne de près d'un mois.

Les habitants de cette ville, assez importante, se fiant à sa position sur des rochers, presque inaccessibles, n'ont voulu écouter, à notre arrivée dans leur voisinage, aucune de nos propositions de paix, comme l'avaient fait ceux des villages que nous venions de traverser, à notre descente de la vallée de l'Oued-Abdi, qui, plus sages, avaient compris l'inutilité d'une défense ; nous avons été reçus à coups de fusil. Un homme de mon bataillon est tué ; le capitaine de chasseurs d'Afrique, M. Baradère, avec qui je m'étais lié, est blessé. Leurs parlementaires viennent dire au colonel « que les Zaatchiens n'avaient pas su s'y prendr ; que les défenseurs de Narah feraient mieux ». Leur ville, située comme un nid d'aigle et protégée par les hauteurs qui l'entourent, devait leur paraître imprenable. De nouvelles propositions de paix sont repoussées.

Après quarante-huit heures d'attente, pour leur donner le temps de la réflexion et éviter l'effusion du sang, tant notre valeureux chef mettait de douceur et d'humanité dans son commandement, il dressa son plan d'attaque.

Trois colonnes furent formées; il s'attribua la direction de la principale; le colonel Carbuccia (1), officier de grande valeur, eut celui de la seconde, dont je faisais partie; le jeune chef de bataillon de Lavarande (2), celui de la troisième.

Vers trois heures du matin, à la faveur de la nuit, rendue, heureusement pour nous, moins sombre, par les clartés de la lune, le mouvement commença, pour arriver, au petit jour, à la partie de la ville dont nous devions nous emparer.

J'étais d'avant-garde, avec ma compagnie, comme le sort m'avait désigné. J'ai bien cru que je n'en reviendrais pas, car je marchais, en tête, exposé aux premiers coups, avec des guides du pays que l'appât du gain nous avait procurés. Que d'obstacles n'avons-nous pas eu à surmonter, dans l'ascension des montagnes, à travers des rochers qui n'avaient même pas de sentiers pour nous diriger. Il fallut descendre dans des précipices et escalader ensuite des pentes qui paraissaient inaccessibles, qui l'étaient presque. C'était une scène saisissante que notre marche de nuit, au milieu de tels obstacles. Le temps était froid, mais une pareille course nous empêchait d'en souffrir.

Par bonheur, toutes les défenses extérieures combinées par l'ennemi, qu'il occupait la veille, et dont nous devions d'abord

(1) Carbuccia, corse de naissance, officier supérieur des plus capables, devenu général, fut une des premières victimes de la guerre d'Orient.

(2) Lavarande, jeune officier général, tué devant Sébastopol, le 2 mai 1855. Grande perte pour l'armée.

nous emparer, étaient évacuées pour sa concentration dans la ville.

L'attaque générale des trois colonnes, arrivant en même temps, à trois endroits différents, vers la pointe du jour, et se jetant, à l'improviste, sur les murs de Narah, déconcerta la défense. Les assiégés, surpris, s'échappèrent de tous côtés après une faible résistance et s'enfuirent dans les montagnes voisines. Comme à Zaatcha, il y eut massacre d'habitants, ce qui était, prétendait-on, nécessaire pour terroriser le reste des populations hostiles et prévenir d'autres soulèvements.

L'excitation de nos soldats, exposés, chaque jour, à tous les dangers, les pousse à la vengeance, sans qu'il soit possible de les arrêter. Ce n'est pas moi qui les excitais, m'étant borné à les conduire à l'assaut de la partie de la ville que j'étais chargé d'attaquer. Je m'éloignais de ces tueries; j'aurais volontiers pardonné à des ennemis qui, en définitive, défendaient leur indépendance.

L'incendie a fini d'anéantir ce qui avait été épargné et a été suivi de la destruction des beaux vergers qui entouraient la ville, ce que je voyais également avec peine, n'aimant pas la perte de richesses pouvant servir à d'autres et les ruines d'un pays qui, par droit de conquête, devait nous revenir.

Nous n'avons eu, dans cette journée, qu'une dizaine de tués, dont deux officiers et une quarantaine de blessés, ce qui est heureusement peu pour le résultat.

Les meilleures troupes de l'armée d'Afrique étaient là; c'était son élite. Je crois que d'autres moins aguerries, surtout moins bien commandées, n'auraient pas eu le même succès. Les habitants de Narah, jusqu'à un certain point, pouvaient donc mieux espérer de leur résistance.

Le colonel Canrobert s'est acquis un nouveau titre à son avancement dans l'armée : après cette expédition, il ne peut manquer d'être nommé général. Tout le monde le désire; lui, assurément, mais peut-être moins que ceux qui combattent sous ses ordres et ont pu le juger à l'œuvre. Il est modeste, philosophe et nullement ambitieux; la guerre est sa seule passion; la satisfaire, lui suffit. Je l'ai beaucoup fréquenté,

dans cette vallée de l'Aurès ; j'y étais encouragé par la réception aimable qui m'était faite, chaque fois que je me présentais
à sa tente. Il a bien voulu me communiquer la relation officielle de cette prise, dont la collaboration m'a été faussement
attribuée. Le colonel Carbuccia, qui commandait notre colonne
d'attaque, m'avait cité dans son rapport particulier et s'éton-
nait que mon nom ne parût pas dans celui du chef de notre
expédition, mais je n'ai pas désiré qu'il y fût mis, ne tenant
pas à faire des jaloux ; je tiens, avant tout, à l'estime et à
l'affection de mes camarades. Ma compagnie, au moins, est
citée avec éloges (7ᵉ du 5ᵉ chasseurs).

Le lendemain de ce succès, la neige tomba abondamment ;
si elle avait commencé, la veille, à couvrir le terrain que nous
avions à escalader, notre opération aurait pu ne pas réussir,
ou, au moins, être très retardée ; les hasards jouent le plus
grand rôle à la guerre.

Notre départ s'en est trouvé remis à la fonte de la neige ;
ce n'est que quelques jours après, qu'il nous a été permis de
descendre la vallée de l'Oued-Abdi, une des plus curieuses
contrées de l'Afrique. Depuis sa source, jusqu'à sa sortie dans
le désert, les aspects des lieux les plus pittoresques s'y renou-
vellent, comme des décors de théâtre, après chaque acte. Le
climat y est également aussi variable que la vue. A l'origine,
on trouve l'hiver, avec ses frimas, et à sa sortie, l'été, avec
ses chaleurs torrides.

Canrobert avait profité de son séjour dans cette vallée
pour régler les affaires du pays vaincu. Comme il se montrait conciliant, un des principaux chefs lui dit : Tu es généreux, sois béni ! — Si je m'étais trouvé, avec de faibles forces,
en ton pouvoir, qu'aurais-tu fait ? répliqua le colonel. —
Pardonne ma franchise, seigneur, nous t'aurions égorgé !
C'est bien l'excuse de nos cruelles représailles. Je confie ma
lettre au spahi porteur du rapport officiel de cette expédition.

VII

Batna, 17 janvier 1850.

Je vous écris, le lendemain de notre arrivée à Batna. De l'oasis d'El·Outaya, où nous avons eu un peu de répit, après notre course de l'Aurès ; nous nous sommes mis en marche, à travers le désert, dans la direction du Nord. Un soleil ardent, au mois de janvier, et surtout des tourbillons de sable nous aveuglaient de la manière la plus désagréable. Pour en donner une idée, la poussière était tellement fine qu'elle pénétrait dans nos montres et en arrêtait le mouvement.

Dans ce voyage, où régnait une certaine liberté d'allures, qui nous délassait de l'ordre voulu, depuis si longtemps observé en pays ennemi, un sous-officier, avec sa carabine, a tiré, à balle, sur un aigle de grande envergure, à une très grande hauteur. La bête est tombée, comme une masse, dans nos rangs. Ça été une grande distraction pour tout le monde ; nos hommes sont comme des enfants, il faut peu de chose pour les amuser. Je vous rapporte des plumes comme souvenir. Elles pourront servir, à l'occasion de contrats de mariage, dans nos familles, pour les signatures.

Avant de gagner notre bivouac, nous avons fait une halte auprès des montagnes de sel, du plus pittoresque effet. De là, nous avons atteint, le soir, El-Kantara, cette porte du désert, une des merveilles de l'Algérie, qui ouvre sa communication avec le pays cultivé des plaines et des montagnes. Après notre séjour de nuit près de ce village, nous traversons le défilé, en passant sur un pont construit par les Romains, et nous arrivons à Ksour, poste militaire renfermant une smala de spahis et un caravansérail en construction. Là, nous pouvons camper sans trop nous plaindre. Le lendemain, enfin, il nous était permis de faire notre entrée dans Batna, qui devait nous offrir les meilleures ressources de notre vie nomade, depuis la fin du siège.

Cette ville devait, autrefois, être importante, à en juger par les ruines romaines qui l'entourent. On y découvre des restes curieux de monuments dénotant son ancienne splendeur. Ces ruines et celles en si grand nombre dans toute l'Algérie, sont le fait des Vandales, de ce peuple destructeur de toutes les belles œuvres, d'où vient le nom de vandalisme. C'était dans le temps de leur occupation du pays, avant que Bélisaire ne leur eût repris ces magnifiques possessions d'Afrique, pour les rendre à l'empire Romain, dont il était le plus illustre général à cette époque (vi° siècle). Ces vaincus, dans leur retraite, ne voulaient rien laisser entre les mains de leurs vainqueurs. Se figure-t-on le sort des malheureux habitants de ces villes incendiées (1) !

Aujourd'hui, à la place d'une grande cité, il n'y a pas de maisons bâties, mais seulement quelques baraques en planches, pour loger le commandant de la place, en ce moment, colonel Canrobert, l'intendance, l'hôpital. La garnison loge sous des tentes. Il y a peu d'habitants, tous marchands de comestibles, d'effets de confection ou débitants de café, de vin et de liqueurs, qui doivent gagner tout l'argent que l'on reçoit, en campagne. Ce monde de civils, bien restreint, forme, avec la garnison comportant ordinairement plus de deux mille hommes, une population assez condensée dans un espace fort limité, comme est celui d'un camp retranché, en Algérie.

La seule distraction que l'on y trouve est celle de la musique des zouaves. Son chef, comme tous ses pareils, avait l'habitude de faire jouer des airs de grands maîtres, mais arrangés ou

(1) Les fous furieux de la Commune, autres vandales, auraient détruit Paris, capitale du monde entier, par toutes ses richesses en chefs-d'œuvre de l'esprit humain accumulés, depuis des siècles, s'ils en avaient eu le temps et la possibilité, dans leur rage de ne pouvoir en rester les maîtres !

plutôt dérangés, à sa façon. C'était à ne plus les reconnaître ; aussi ne venait-on pas les entendre. Ces concerts militaires avaient lieu près de la baraque du commandant du camp, seule place de Batna.

Un jour, Canrobert fit venir ce chef de musique prétentieux, lui intima l'ordre de jouer les airs tels qu'ils étaient écrits et de s'en tenir aux plus populaires et à ceux dont l'exécution était la plus facile pour des musiciens soldats. Depuis, tout le monde venait assister à la musique, tant les choses simples sont comprises de la foule et lui plaisent.

Nous avons ici un magnifique lion, pris tout jeune et apprivoisé ; il se promène dans le camp comme ferait un chien de garde, se tenant habituellement à la porte de la baraque du commandant. On le gâte, on lui donne plus qu'il ne faut pour apaiser sa faim ; aussi est-il d'une douceur peu commune à ces animaux carnassiers, que le besoin rend féroces.

Un jour, il est entré dans la tente où je reposais ; je l'ai caressé ; il s'est couché, sans plus de gêne, sur les couvertures qui m'enveloppaient les jambes. Son poids, dont on peut difficilement se faire une idée, m'écrasait ; j'ai eu toutes les peines du monde à le faire lever. Il se trouvait bien sur moi, mais pas moi sous lui.

Je n'ai pas besoin de vous dire que je vais tous les jours chez le colonel Canrobert ; si je n'y mettais pas de discrétion, je dînerais souvent dans sa baraque, rendez-vous de la plupart de mes camarades, qui y sont également bien reçus. Nous retrouvons là tous les officiers du camp qui se sont distingués à Zaatcha et à Narah, entre autres mon ami Cambriels, le commandant de Lavarande, mon chef de bataillon Levassor-Sorval. Ces réunions sont des plus intéressantes par les conversations, les souvenirs évoqués et l'esprit qui s'y produit ; la gaieté n'y manque pas.

On dit que nous allons bientôt retourner à Blidah, notre garnison, une des plus enviées de l'Afrique. Ce sera la fin de notre pénible, mais utile expédition, dont je me féliciterai, toute ma vie, d'avoir été l'un des modestes acteurs et spectateurs.

VIII

Du camp de Bou-Roumi, près de Blidah,
le 12 février 1850.

Notre retour, par terre, à Blidah, m'a permis de connaître un des plus beaux pays de l'Algérie. Quelle fortune, pour la France, de posséder une pareille conquête ; malheureusement, notre gouvernement veut tout faire de Paris ; c'est le plus grand obstacle à l'essor de sa prospérité.

A Sétif, j'ai retrouvé le colonel de Barral, chef supérieur de ce poste important. Il m'a bien prié de le rappeler au souvenir de Mme de Laborde (1), l'amie de sa mère ; son accueil a été, pour moi, des plus affectueux.

Le lendemain de notre arrivée, il m'a invité, seul, à déjeuner, en tête-à-tête, pour causer du monde de Paris que nous avons connu, des personnes que nous aimons, de mon frère Alfred, entre autres, dont il m'a fait un grand éloge.

Le menu comprenait des côtelettes de tigre ; je croyais que c'était une plaisanterie ; elles étaient passables, avec un peu le goût du veau ; ce n'est qu'après le repas, très frugal, d'ailleurs, qu'il m'a montré ce qui restait de ce carnassier, entamé depuis quelques jours. Sa belle fourrure m'aurait tenté plus que sa chair.

(1) Comtesse de Laborde, ancienne dame d'honneur de Madame mère, (la mère de Napoléon).

Après le déjeuner, je fus témoin de l'arrivée, de Constantine, de femmes richement costumées à la mauresque, accompagnées de leurs négresses, couchées dans des palanquins portés à dos de chameaux et escortées d'indigènes armés. C'était un spectacle curieux que cette smala du colonel, faisant son entrée dans la cour de son habitation. Ce sont les mœurs des grands du pays, que nos officiers, qui les ont remplacés dans les grands commandements, adoptent ; il est vrai qu'ils n'ont pas d'autre luxe, d'autres distractions à se donner !

Le courrier du colonel nous a apporté la nomination du général Canrobert. Tout le monde en éprouve une véritable joie. M. de Barral, lui-même, qui pouvait s'attendre à pareil avancement, mais dont l'esprit supérieur exclut tout sentiment de jalousie, s'en réjouit sincèrement, tout le premier.

J'ai fait, là, l'agréable rencontre du capitaine Fontanges (1), mon ancien camarade de classe du collège, qui venait de recevoir la croix.

Sétif, qui n'est plus qu'un poste militaire, avec quelques maisons grossièrement bâties et des baraques pour la troupe et les administrations, devra redevenir, un jour, une ville importante. Ancienne capitale de la province romaine, « Mauritanie Sétifienne », Bélisaire l'avait occupée et fortifiée contre les Vandales, sous la restauration de la puissance romaine. Quelle chute, depuis son antique splendeur, mais quelle espérance pour les nouveaux conquérants de ce pays. Le colonel de Barral, qui me rappelait les hauts faits de Bélisaire, paraissait fier de succéder au grand général romain.

Nous sommes partis, le lendemain, pour la Medjana, pays des plus riches de l'Algérie, espèce de kalifat, sous le gouvernement absolu, mais paternel, d'un grand chef, Sidi Mokrani. On le dit descendant de la famille des Montmorency, du temps des Croisades. Il administre ce kalifat en souverain, sous notre dépendance, comme les rajahs, sous celle des Anglais, dont l'exemple devrait être suivi, en fait de conquêtes coloniales.

J'ai eu l'honneur d'être invité, par ce vénérable personnage,

(1) Comte de Fontanges, général de division, mort le 3 juin 1882.

à déjeuner, avec les capitaines Cambriels et Besson (1). Le repas était préparé, à la manière arabe, comprenant, après le couscous, des viandes de toute espèce, assaisonnées de confitures, avec d'excellentes pâtisseries et un café comme on n'en goûte nulle part. Nous étions servis par des jeunes nègres, richement costumés ; l'argenterie, très belle, datait de Louis XIV, présent, disait-on, du Grand Roi ; de beaux tapis, étendus sur le sol, nous tenaient lieu de sièges, à l'aide de riches coussins. Le prince avait grand air, présidait sa table avec la dignité d'un monarque, ayant, auprès de lui, quelques-uns de ses enfants et petits-enfants, beaux et intelligents jeunes gens, qui nous seront, j'espère, dévoués (2).

La conversation a été des plus intéressantes, sur nos affaires et notre gouvernement. Je vous en parlerai une autre fois. Son hospitalité, quasi-royale, est un des meilleurs souvenirs de notre retour.

Pendant ce festin, que nous avions été autorisés à accepter, notre bataillon partait sans nous. Pour le rejoindre plus tôt, nous avons eu l'imprudence de nous engager, en pays ennemi, à une pointe de la Kabylie, non encore soumise. Nous avons failli nous y égarer, avec de mauvais guides. Nos chevaux, lancés à fond de train, étaient heureusement capables de longues courses. Quelle agréable surprise, lorsque nous avons pu découvrir, la nuit, à la faveur de la fumée de ses feux de bivouac, notre petit camp, établi dans un riant vallon. Nous avons reçu les reproches affectueux de notre commandant, M. Levassor Sorval, le meilleur des hommes, qui était fort inquiet, mais pas plus que nos camarades. Notre retour a été, pour tous, un grand soulagement.

Je passe les différents séjours que nous avons dû faire pour arriver à Aumale, à travers un pays aussi curieux à parcourir que les plus belles contrées de l'Europe. Les ruines romaines, que l'on y rencontre, témoignent de son ancienne splendeur et démontrent le parti que la France en pourrait retirer avec une

(1) Besson, général de division, tué au pont de Neuilly, par les insurgés, le 7 avril 1871.

(2) Ses deux aînés sont venus en Crimée pour assister à nos combats, et prouver ainsi le dévouement de leur père pour la France.

sage administration. Je ne puis oublier de vous parler, à la sortie de la Medjana; au défilé des Bibans, des Portes de Fer, rendues célèbres par l'expédition de 1849, que commandait le duc d'Orléans, de glorieuse mémoire. Rien ne peut donner une idée du décor merveilleux de la nature, de ce double passage, à travers des rochers élevés, des plus pittoresques, comme si la main de l'homme, par un travail herculéen, l'avait taillé dans le roc. Nous ne pouvions nous lasser d'admirer ce qui nous a tenu longtemps arrêtés dans une contemplation muette.

A Aumale, où commande le colonel de Lourmel, qui, comme Canrobert et Barral, conduisait en tête une des trois colonnes d'assaut de Zaatcha, nous sommes reçus avec empressement. Je suis de ses invités à dîner; il m'a parlé, en termes des plus flatteurs, d'Alfred, dont il était le capitaine aux chasseurs d'Orléans, dans un combat contre les Maro-cains, où ce frère avait été assez grièvement blessé. Leur chef de bataillon était alors Mac-Mahon, aujourd'hui général.

Le nom d'Aumale ne pouvait que nous reporter, tristement, à l'époque où un prince (1), cher à tous les Africains, avait le gouvernement de l'Algérie. Ce qui s'est passé, depuis, n'est pas de nature à diminuer les regrets que tout le monde éprouve de l'éloignement, de France et d'Algérie, de celui qui était si digne de commander et d'administrer. Avec tous ces change-ments de personnes et de choses, la confiance n'existe nulle part, en raison de ce que l'on peut toujours craindre.

D'Aumale à Blidah, on compte cinq jours de marche; nous les avons passés très gaiement, en prévision de notre pro-chaine arrivée. Cependant, j'ai failli me tuer; mon cheval, en glissant, est tombé dans un ravin; il n'y a eu qu'un cri dans la colonne. J'ai pu lestement sauter à terre, évitant ainsi une chute qui m'aurait coûté la vie. Il a fallu travailler plus d'une

(1) Le duc d'Aumale, un des plus illustres généraux de l'armée d'Afrique, sage et habile gouverneur de l'Algérie qu'il a laissée pros-père et pacifiée, par la prise d'Abd-el-Kader; a été payé d'ingratitude par le gouvernement de la 3ᵉ République comme l'avait été, dans les temps anciens, sous l'empereur Justinien Iᵉʳ, le célèbre général romain Bélisaire, auquel il peut être comparé par ses brillants succès comme par ses cruelles épreuves imméritées.

heure pour retirer de ce précipice la malheureuse bête, toute meurtrie et blessée.

En arrivant à Blidah, nos effets d'habillement se trouvaient dans un état pitoyable : nous n'en étions que plus fiers! La garde nationale est venue à notre rencontre, assez loin de la ville. Par ses soins, une collation avait été préparée à l'endroit où elle nous attendait, ce qui nous a très agréablement surpris et nous a permis, en même temps, de fraterniser.

Les félicitations ne nous ont pas manqué, surtout celles de la garnison, assez réduite, qui avait été laissée sous le commandement du général Blangini. Combien elles ont été cordiales, et suivies de ces bruyants festins, que l'on se donne dans l'armée.

Nous avons trouvé, dans ces témoignages de sympathie, dans ces accueils pleins de sincérité, la récompense de toutes nos fatigues, de toutes nos peines. Elles ont été bien vite oubliées ; il ne nous restera que les plus impressionnants souvenirs de cette laborieuse expédition, si heureusement terminée.

IX

GOUVERNEMENT GÉNÉRAL   RÉPUBLIQUE FRANÇAISE
DE L'ALGÉRIE   ————
—   *Liberté, Egalité, Fraternité*
Cabinet

Alger, le 14 février 1850.

Je vous écris du cabinet du Gouverneur, mis gracieusement à ma disposition par le capitaine Appert (1), l'un de ses aides de camp. Je ne pouvais trouver mieux pour ma correspondance, étant ici en camp volant. Si j'avais jamais besoin de m'adresser à l'amitié de cet excellent camarade de l'Ecole militaire, il me rendrait bien d'autres services.

Je suis en permission de quelques jours, très agréablement employés. J'ai dû emporter, faute de mieux, mes uniformes de rechange, qui m'allaient mal, tant la campagne que je venais de faire m'avait engraissé. C'est à la vie au grand air que je dois ce changement.

Quelle ville curieuse et pleine d'animation que cette capitale de l'Algérie. On y rencontre une foule de gens, en costumes

(1) Appert, fils de l'intendant général de l'armée d'Afrique, devenu général de division, a rempli avec distinction d'importantes fonctions militaires avant, pendant et après la guerre 1870-71 ; ambassadeur de France, très regretté à la cour de Russie, mort à Paris, le 12 avril 1891.

de tous les pays. C'est comme un carnaval à Paris, à une époque où les déguisements se montraient si nombreux sur nos boulevards.

Une des premières personnes que je rencontre est Gustave Marchant (1) ; se trouvant à Toulon, pour y voir son beau-frère Bailloud, lieutenant de vaisseau, il a été tenté de faire ce voyage, par la facilité des communications. La rencontre de cet aimable cousin m'a fait grand plaisir.

J'ai été faire ma visite au général de Crény ; il m'a retenu à dîner, m'a parlé encore de ses meilleurs souvenirs de la préfecture de Chartres, de mon frère Edouard (2) et de son fils Emmanuel (3).

Je l'ai fort intéressé, par les détails que je lui donnais sur notre expédition que les rapports officiels ne pouvaient lui faire connaître, lui racontant notre visite chez le calife Sidi Mokrani, la conversation qui a eu lieu sous la tente, les réflexions de ce grand chef sur notre situation à l'intérieur, si pleines de bon sens et d'à-propos. « Une assemblée, nous disait-il, avec toute la gravité de son âge et sa haute autorité, si elle n'est composée que de quatre ou cinq membres, cela peut encore se comprendre ; mais sept cent cinquante représentants ne représentent que le chaos ; personne ne s'entend ; toute décision, avec un pareil nombre, devient impossible ! On ne gouverne pas un pays dans ces conditions, surtout la France qui veut être une des premières puissances du monde. »

Ce souverain, descendant d'ancêtres ayant régné, pendant des siècles, sur le même pays, sans révolutions ni troubles, n'admettait pas autre chose que le pouvoir absolu. Ce qui se passe actuellement, en France, lui donne bien raison.

J'ai été, également, reçu d'une façon très aimable par le

---

(1) Marchant, ingénieur en chef des ponts et chaussées, directeur général des eaux de Paris, mort en 1885.

(2) Bocher, Edouard, député en 1849, du Calvados, dont il avait été préfet, sous le gouvernement de Louis-Philippe. Réélu en 1871 ; puis sénateur du même département.

(3) Bocher, Emmanuel, capitaine d'état-major, démissionnaire, après avoir pris part aux guerres d'Italie, d'Afrique et au siège de Metz, auteur d'ouvrages très estimés.

sous-chef d'état major général, colonel Borel de Brétizel (1)
que je venais de voir à Zaatcha, après nos rencontres dans les
salons de Paris, chez le duc de Nemours, dont il était officier d'ordonnance, puis au camp de Metz, en 1844, commandé
par son digne prince.

J'ai fait un dîner très gai, en tête-à-tête, chez le nouveau
préfet d'Alger, Lautour-Mézeray, l'élégant parisien, homme
d'esprit, habitué de l'Opéra, se montrant toujours aux premières
loges, avec un camélia ou un œillet blanc à sa boutonnière. Il
m'a paru tout dépaysé dans ce poste où il n'a rien à faire, qui
ne convient ni à son caractère ni à ses anciennes habitudes ;
il paraissait heureux de se retrouver avec une de ses anciennes
connaissances de son cher Paris, pouvant lui rappeler d'a-
gréables souvenirs, sans le consoler de son exil.

J'ai vu encore beaucoup de mes amis, entre autres Bernon,
qui y est détaché du conseil d'Etat ; Bonnemains, inspecteur
des finances ; Ledien, substitut du procureur général ; le capitaine Boyer, fils du général ; le comte Desroys, ancien pair de
France, dont la femme, fille du général Hoche, m'invitait souvent chez elle, à Paris, et à son château d'Avrilly, dans l'Al-
lier, comme camarade de l'un de ses fils à Saint-Cyr.

Le général de Ladmirault (2), que j'avais connu en 1840, à
l'expédition de Médéah, où il était capitaine adjudant-major
du régiment de zouaves, sous les ordres de Lamoricière, dont
j'étais l'officier d'ordonnance, m'a fait bon accueil. Pendant
notre déjeuner, il m'a demandé des nouvelles de mon frère
Alfred et m'a parlé de lui dans les termes les plus élogieux.
M. Ladmirault sort, aussi, des bataillons de chasseurs d'Orléans, comme Canrobert, Lourmel, Barral, etc., etc... C'est la
pépinière de nos meilleurs généraux et le plus bel éloge que
l'on puisse faire du Prince illustre qui les a formés.

J'ai revu, avec plaisir, d'autres officiers, entre autres, le
commandant de Cissey (3), dont j'avais fait la connaissance à

(1) Borel de Brétizel, général de brigade, mort le 18 juin 1866.
(2) Ladmirault, général de division, sénateur, maintenu en activité,
ayant commandé en chef à la guerre.
(3) Cissey, général de division, ayant exercé des commandements
importants sous l'Empire, ministre de la guerre des premières années de
la République, mort le 15 juin 1882.

la première expédition de 1840. Je fus chargé, par lui, à cette époque, de rapporter des objets arabes, comme souvenirs, à la famille de Beaumont, dont le chef, ancien pair de France, est un de ses parents ; le capitaine Renson (1) de l'état-major, mon voisin d'études et sergent-major de l'Ecole militaire ; le capitaine Gruard, chef du Bureau arabe de Boghar, à qui j'étais bien aise de témoigner ma reconnaissance pour sa réception cordiale à mon passage dans sa ville.

J'ai eu également le plaisir de voir le général de Saint-Arnaud (2), commandant la subdivision d'Alger. C'est un homme aimable, plein de mérite, qui a donné des preuves de valeur en Afrique. Mme de Saint-Arnaud fait, avec une grâce parfaite, les honneurs de son salon qui est une précieuse ressource pour les principaux officiers de l'armée. Le temps m'a manqué pour m'y rendre comme j'en avais été prié très obligeamment. Je cite presque toutes les personnes qui m'ont comblé d'amabilités et de prévenances pour ne pas les oublier dans ma mémoire reconnaissante.

J'ai appris qu'à la suite de la double expédition que nous venons de faire, en cinq mois, notre digne adjudant-major, Duplessis, avait été nommé chef de bataillon. Cambriels est le seul capitaine décoré. C'est peu, pour notre bataillon, si particulièrement éprouvé ; mais personne ne se plaindra ; tout le monde comprend que, pour le mérite et le prestige de cette distinction, le gouvernement ne doit pas la prodiguer.

Le colonel Carbuccia vous enverra les meilleures dattes du pays. Sidi Boulacras, avec qui je me suis lié, neveu du Grand Serpent du désert (nom donné à un des principaux chefs arabes) doit vous mettre à part les plus belles de sa récolte. j'ai fait aussi pour vous, au bazar d'Alger, des achats d'objets du pays qui, j'espère, seront reçus avec plaisir et vous rappelleront celui qui vous les envoie.

(1) Renson, général de division, a rempli avec distinction de hautes fonctions dans l'armée et au ministère de la guerre, mort le 21 mars 1884.

(2) Saint-Arnaud, maréchal de France, commandant en chef l'armée française en Orient, mort après sa victoire de l'Alma (29 septembre 1854).

Je retourne demain à Blidah, enchanté de mon court séjour à Alger. L'armée est une grande famille ; les meilleurs sentiments s'y développent, rendant ainsi la vie heureuse. Aussi je me trouve très bien en Afrique ; tout m'y plaît, tout m'y séduit, mon plus grand désir est de faire ma carrière dans ce plus beau pays du monde !

X

Blidah, avril.

Nous ne jouissons ici que d'un repos relatif, nous sommes toujours campés sous la tente, comme prêts à repartir. Les travaux de la paix remplacent ceux de la guerre; nos hommes quittent leur arme pour la pioche et la pelle. Les ouvrages les plus utiles à notre colonie, routes, canaux, jetées, etc., les occupent, sous la direction d'officiers du génie et notre surveillance; comme ils en retirent quelques profits, ils sont loin de s'en plaindre.

Voilà cinq mois que je n'ai couché, à quatre ou cinq jours près, dans un lit; mais on se fait très bien à cette vie des camps; le grand air convient surtout à la santé. Cette existence a bien quelque attrait, car beaucoup d'officiers ne veulent pas retourner en France. J'en ai connu un, très vaillant, ayant affronté tous les dangers, qui ne voulait pas quitter l'Afrique, d'une peur réelle de la mer.

Il n'y a pas d'exemple qu'un Arabe change sa vie nomade, pour adopter les mœurs européennes; toutes ces exigences d'une soi-disant civilisation lui paraissent une sorte d'esclavage. Ce peuple a conservé ses mœurs, ses habitudes, depuis les temps bibliques; il y tient. N'ayant pas subi toutes les révolutions, les plus cruelles épreuves des peuples civilisés, n'en ont-ils pas été plus heureux?

Je me trouve parfaitement bien, comme presque tous les

officiers de l'armée, sur cette terre, qui ne nous est plus étrangère. Des personnes qui me sont chères me manquent, c'est
certain, mais l'absence me les fait aimer davantage; je pense
toujours à elles; je le prouve.

Le peu de nouvelles que j'ai à vous donner me permet de
vous faire part de quelques réflexions inspirées par ma dernière
expédition, si fertile en incidents. Il m'a été démontré que
toutes les connaissances acquises au collège, à l'École militaire, ne servent à peu près à rien pour faire la guerre, dans
l'infanterie et la cavalerie; j'en excepte les armes savantes,
l'état-major, l'artillerie et le génie, où l'on entre par l'École
Polytechnique; les études littéraires seules servent à déve-
lopper les qualités morales qui sont tout, et cependant, ce sont
celles-là dont on ne tient aucun compte quant il s'agit de faire
des officiers. De plus, rien n'est trompeur comme ce qui est
enseigné sur les terrains de manœuvres et dans les théories.
J'ai été bousculé, par mon ami Cambriels, pour avoir fait un
commandement, suivant l'ordonnance, à mes hommes, sous
les murs de Narah. Une fois le combat engagé, il n'est plus
question que de s'en tirer au meilleur compte; c'est comme
l'improvisation, supérieure au discours appris.

Autre réflexion : Ce sont surtout les descendants d'hommes
de guerre renommés, qui se distinguent et se font tuer. Les
exemples abondent dans nos expéditions d'Afrique.

Les traditions de famille qui entretiennent et developpent
les sentiments de l'honneur, l'éducation qui perfectionne les
aptitudes militaires innées, voilà ce qui forme les meilleurs
officiers. Les examens, pour l'entrée des écoles, pour l'avancement, ne prouvent que de la mémoire ; cela ne suffit pas
pour la guerre. Malheureusement, dans l'état démocratique
de nos jours, on ne peut faire autrement. Sous la première
République, comme sous l'Empire, il n'y avait pas de bac-
calauréat : voyez quels généraux !

Il nous revient que notre bataillon doit être rappelé en
France. Si ce bruit se confirme, je n'aurai plus de lettres à
vous écrire, mais j'aurai la bonne fortune de vous revoir
bientôt, ce qui vaut mieux.

ARMÉE D'ORIENT

1854-1855

LETTRES de l'armée d'Orient (1854-1855).

I

Gallipoli, 15 mai 1854.

A peine parvenu à Gallipoli, je pense à vous écrire, malgré tous les tracas d'une installation en pays étranger, avec des soldats.

Embarqués le 29 avril, à Toulon, avec une partie de mon bataillon sur le *Véloce*, corvette à vapeur, par les soins du charmant officier de marine, Charles Duperré (1), aide-de camp

(1) Charles Duperré, enseigne de vaisseau, à cette époque ; aujourd'hui, le plus ancien et de nos plus distingué vice-amiraux, en activité.

du préfet maritime, dont il était le représentant, nous atteignions Malte au bout de cinq jours. Une station de vingt-quatre heures m'a permis de visiter les monuments les plus remarquables de la ville, entre autres l'église où se trouvent les tombeaux des Chevaliers de l'Ordre de Malte, d'un luxe de décors et d'ornementation de la plus grande richesse. La résidence du gouverneur y est très simple ; elle est ouverte à tous les officiers étrangers qui peuvent y entrer, comme chez eux. On y remarque les portraits des plus illustres chefs de l'Ordre. Sur la place, où elle est située, j'ai pu voir un chevalier de près de quatre-vingt-dix ans, qui portait la croix sur son habit, à la mode du siècle passé.

La ville, ses environs, le port, ses forteresses sont très intéressants à parcourir. Tout ce que l'on y voit excite la curiosité, sans parler des glorieux souvenirs qui se rattachent à cette île célèbre à tant de titres.

Nous sommes parvenus en vue des Dardanelles, après dix jours de navigation, retardés par une corvette de charge, que nous avions à notre remorque.

Nous nous trouvions, après avoir traversé l'archipel, en ces lieux célèbres, dont mes études au collège m'avaient préparé à faire la connaissance. J'aimais à me souvenir des faits héroïques qui m'avaient été appris. Près des côtes, où fut Troie, avec l'île de Ténédos devant nous, je récitais à mes voisins le vers de Virgile :

Est in conspectu Tenedos, notissima fama insula...

excellente préparation pour la guerre que nous allions entreprendre, peut-être avec le siège d'une autre Troie.

Ce fameux passage des Dardanelles, défendu par de formidables batteries de canons, franchi, nous atteignons enfin, heureusement, le port de Gallipoli, déjà rempli de bâtiments de guerre. La ville est misérable et sale, mal bâtie, sans aucune habitation importante et sans un seul monument. On y coudoie dans les rues les sujets de tous les pays, Turcs, Grecs, Maltais, Italiens, mal vêtus, représentant la misère. Ils n'ont pas l'air de vous voir. Ce sont des gens abrutis, qui ne pensent à rien et paraissent absolument indifférents à tout ce qui arrive d'étrange, en ce moment, chez eux.

Les troupes anglaises et françaises sont campées aux environs de la ville, sous la tente. Les généraux et les états-majors sont seuls logés dans la ville et misérablement. La maison occupée par le général Canrobert, le commandant de la première division de l'armée d'Orient et provisoirement de toutes les troupes débarquées, est moins mal que les autres. Je suis encore bien heureux de pouvoir m'y réfugier et d'y écrire mes lettres, car nos tentes sont inhabitables ; il y fait trop chaud ou trop froid, suivant l'heure de la journée.

Nos vivres sont détestables ; cela m'est à peu près égal, mais il n'en est pas de même pour mes camarades, surtout pour les officiers anglais, qui s'en plaignent beaucoup. Nous nous en tirons mieux qu'eux, à cause de notre expérience acquise de la vie d'Afrique, auquel ce pays ressemble par beaucoup de côtés.

Les divisions de notre armée, réunies ici, se préparent aux grandes opérations que l'on doit bientôt entreprendre. Tous les matins, on s'exerce à des simulacres de guerre ; dans la journée, on ne fait rien : on ne peut rien faire, ce qui est plus triste !

L'amiral Bruat (1) est, en ce moment, dans la rade de Gallipoli, avec une partie de l'escadre de réserve, placée sous ses ordres. Il a reçu de l'amiral Hamelin, commandant en chef de notre flotte, l'avis qu'une tentative contre Sébastopol allait être faite au moyen de mortiers à grande portée, comme on s'en était bien trouvé dans l'affaire du bombardement d'Odessa. Ici, comme ailleurs, on accorde une médiocre confiance à une attaque sérieuse, pour le moment, contre cette importante place de guerre.

L'archipel est infesté de pirates grecs ; plusieurs bâtiments de commerce ont été pris, leurs marins, dit-on, égorgés. Une panique s'est emparée des capitaines de ces bâtiments, qui

---

(1) Vice-amiral Bruat ; a remplacé le vice-amiral Hamelin, dans le commandement en chef de la flotte, mort grand-amiral, à sa rentrée en France, le 19 novembre 1855.

n'osent plus s'aventurer dans ces parages sans la protection de navires de guerre.

La Grèce ne nous est nullement favorable; toutes ses sympathies et ses vœux sont du côté de la Russie. L'Autriche, par contre, envoie quelques bâtiments de guerre dans l'archipel, plutôt pour y faire la police que pour faire montre de mauvais vouloir à notre égard, car sa neutralité a été formellement déclarée.

Le maréchal Saint-Arnaud est à Constantinople, avec le prince Napoléon; on leur donne des fêtes, tandis que l'armée vit de privations dans cette presqu'île de Gallipoli. Elle est heureusement commandée, temporairement du moins, par un général qui fait tout pour en rendre le séjour supportable à ses soldats; il s'occupe avec une rare sollicitude de leurs besoins et sait relever leur moral. Pendant le temps de son commandement, je serai attaché à son état-major. Sa bienveillance, je puis dire son amitié pour moi depuis l'Afrique, ne se dément pas. J'en suis on ne peut plus touché.

Ici, comme on n'est pas heureux, on s'en prend aux Anglais, qui nous ont entraînés dans cette grave entreprise. Nos rapports avec eux ne sont pas des plus tendres; les officiers des deux nations ne se voient pas, ne se recherchent pas. Lord Raglan, commandant en chef de l'armée anglaise, a fait paraître à Constantinople un ordre du jour qui semblerait nous mettre au second plan, dans cette guerre d'Orient, ce qui n'a pas dû flatter le maréchal Saint-Arnaud. Nous avons, pour nous, le nombre, et tout se fait par nos soins. L'Angleterre ne nous a envoyé qu'un corps auxiliaire, qui ne nous est pas supérieur comme qualité, encore moins comme quantité.

II

Gallipoli, 4 juin 1854.

Nous venons de passer une semaine fort agitée. On annonçait la prise de Silistrie, la marche des Russes sur Varna,
la résistance du roi de Grèce à notre ultimatum. Ainsi s'explique l'ordre d'un grand mouvement de notre armée, qui vient
de s'opérer. Ma division (la quatrième), sous les ordres du
général Forey (1), reste à Gallipoli, attendant de nouvelles
instructions. Une partie en a été détachée et embarquée sur
l'escadre de l'amiral Le Barbier de Tinan (2), chargé d'une
démonstration armée sur les côtes de Grèce. J'aurais bien
souhaité en être ; c'était une expédition désirable à faire
dans un pays que nos études classiques nous ont fait aimer.
Les habitants sont loin, dit-on, de nous être hostiles ; leur
gouvernement seul et ses agents se montrent favorables à la
cause des Russes, ce que leur même religion explique.

L'amiral est un homme fort capable et énergique ; il saura
en imposer, par son caractère et les forces navales dont il
dispose. Quant à M. Forth Rouen, notre ministre, que vous
connaissez, c'est un esprit méticuleux et prompt à s'exagérer
les choses. Ainsi, dans ces derniers temps, il se plaignait

(1) Forey, maréchal de France, mort le 20 janvier 1872.
(2) Le Barbier de Tinan, vice-amiral, mort le 18 décembre 1876.

d'être sous le coup d'une tentative d'assassinat. La présence de l'amiral dans le port du Pirée aura dû calmer ses craintes ; elle nous vaut des nouvelles plus rassurantes de ce pays.

Nous complétons, depuis quelque temps, par des travaux auxquels nos troupes sont occupées, les défenses de Gallipoli. On en fait comme un vaste camp retranché, ce qui est facile, en raison de sa position même à l'extrémité d'une presqu'île. Ce sont des précautions bien exagérées ; il ne manquerait plus qu'à la suite de revers, nous fussions obligés d'y trouver un refuge. Cela, toutefois, prouve les indécisions et les incertitudes du commandement des armées alliées. Il semblerait que l'on dût rester sur la défensive, ce qui ne terminerait rien. On est parti sans aucun plan de campagne, sans même bien savoir ce que l'on voulait. Ce n'est pas ainsi que la guerre se faisait au temps du premier Empire, et même avant. Voilà près d'un mois que nous sommes campés dans un endroit aride, manquant presque de tout, dans cette position d'attente ; et nous n'en voyons pas la fin !

Si nous en souffrons, les Anglais en souffrent bien davantage ! C'est une existence toute nouvelle et pénible pour eux, qui ne sont nullement habitués, comme nous, aux guerres de l'Afrique.

Leurs soldats ne font rien que de s'occuper de leur linge et de leur cuisine ; ils ne sont pas chargés des travaux auxquels les nôtres seuls sont assujettis, les entreprenant avec entrain, de préférence à des exercices militaires qui, toujours les mêmes, ne leur plaisent guère, et leur paraissent inutiles. Aussi la mortalité chez nos soldats en est diminuée, tandis qu'elle est très grande chez nos alliés. La mauvaise nourriture, un climat peu salubre, et par-dessus tout, l'influence du choléra qui semble s'aggraver, y sont pour beaucoup ! Quant à l'armée turque, à en juger par sa résistance du siège de Silistrie, elle pourrait être utilement employée, mais le peu que nous en avons ici paraît misérable et fait peine à voir. Elle représente bien un Empire qui n'est que trop malade ! Voilà deux mois que les Français ont débarqué à Gallipoli ; ils ont fait plus pour l'assainissement de la ville, sa défense, l'entretien de ses routes, que depuis la domination des Turcs, qui ne date pas d'hier. Il n'y a rien à faire avec des hommes qui ont plusieurs femmes et dont le passe-temps est d'avoir la pipe aux lèvres, dans une sorte de somnolence qui prouve leur apathie et le vide de leurs pensées.

Je ne me console pas du départ du général Canrobert ; je ne puis espérer une société aussi agréable que la sienne ; et je perds en lui ce qui me rattachait aux souvenirs de l'Afrique et de la société de Paris. S'il a, un jour, le commandement de l'armée d'Orient, j'ai la promesse d'être attaché à son état-major, ce qui me conviendrait, sous tous les rapports.

Un régiment de cuirassiers vient de débarquer à Gallipoli ; c'est un spectacle curieux de voir les chevaux jetés à la mer nager tranquillement, pour gagner le rivage. Ce bain pour ces pauvres bêtes leur est bien utile, après une longue traversée.

Rességuier était du nombre des officiers de ce régiment. Je me félicite beaucoup de le revoir à notre armée. Il m'a présenté le jeune Boson de Talleyrand-Périgord (1), sous-officier dans son escadron, qui vient mériter sa nomination de sous-lieutenant. Comme ami de sa famille, je lui ai souhaité ce grade le plus prochainement. J'y ai revu aussi son cousin, le capitaine de Talleyrand, que j'avais connu en Afrique, frère de notre ministre de France, à Carlsruhe (2), mon camarade de collège en rhétorique, élève très distingué, promettant pour son avenir.

Enfin, je n'ai pas manqué d'heureuses rencontres par l'arrivée successive de jeunes officiers ou d'engagés volontaires de mon monde de Paris : le capitaine de Castex (3), brillant officier d'état-major, Desméloises, Polignac (4), Molènes, Choiseul (5),

(1) Talleyrand, *prince de Sagan*, officier démissionnaire après deux autres campagnes, en Afrique (1857-1858).

(2) Comte de Talleyrand, ambassadeur en Russie et sénateur sous l'Empire, mort en 1896.

(3) Vicomte de Castex, général en retraite, petit-fils et petit-neveu de généraux renommés du premier Empire.

(4) Prince Camille de Polignac, officier démissionnaire, a joué un rôle important comme brigadier général des confédérés dans la guerre de sécession, en Amérique ; général auxiliaire pendant la guerre en 1870, a eu un beau succès à l'affaire de Beaune-la-Rolande.

(5) Comte Horace de Choiseul, officier démissionnaire, député, sous-secrétaire d'État aux affaires étrangères, sous la République.

La Bourdonnays (1), qui m'a été recommandé par ma belle-
sœur, amie de sa mère, et qui a eu le mérite de s'engager pour
faire cette campagne ; Gramont (2), de l'état-major du maréchal Saint-Arnaud. Nous nous réunissons souvent ensemble,
et, par nos souvenirs communs, nous passons, sans trop nous
plaindre, le temps présent. Plus tard est arrivé le 1er hussards
avec ses officiers, François de La Rochefoucauld, Pracomtal (3), Charreyron (4), Biré (5).

J'ai, malheureusement, une assez triste nouvelle à vous
donner. Peu de temps, après son arrivée à Gallipoli, le duc
d'Elchingen (6), commandant de la brigade de cavalerie,
a été pris par le choléra qui n'a jamais cessé de régner ;
à bord, il allait très bien, paraissait gai et heureux de faire
cette campagne. En raison de nos relations intimes de famille
et du monde, il désirait m'avoir tous les jours sous sa tente, je
m'y plaisais beaucoup, elle était le rendez-vous de tous nos
amis ; mais le malheur a voulu que je finisse par y venir en
garde-malade et je ne trouve guère d'amélioration dans son
état. La vie de bien-être est loin de nous préparer aux dures
épreuves de la guerre que nous entreprenons.

---

(1) Comte Olivier de La Bourdonnays, frère du jeune enseigne de
vaisseau tué d'un boulet devant Sébastopol, s'est particulièrement distingué pendant la guerre 1870-71, à l'état-major du général d'Espeuilles.
(2) Comte Auguste de Gramont, duc de l'Esparre, fils et petit-fils de
lieutenants-généraux, mort général de division, le 4 septembre 1877.
(3) Marquis de Pracomtal, démissionnaire en 1858 ; conseiller général
de la Nièvre, sous la République.
(4) Charreyron, général de division du cadre de réserve.
(5) Biré, général de brigade du cadre de réserve.
(6) Général duc d'Elchingen, second et digne fils du maréchal Ney,
mort à Gallipoli, en juin 1854.

III

Notre division (général Forey), s'est éloignée de Gallipoli,
depuis quelques jours, pour se rapprocher des trois premières.
Les quatre qui composent notre armée de 40 à 50,000 hommes,
étaient réunies ensemble, lorsque, à la suite d'un Conseil de
guerre, on fit partir la première (général Canrobert) pour
Varna, la seconde (général Bosquet) pour Andrinople, la
troisième (prince Napoléon) pour Constantinople, nous laissant
seuls, dans ce triste camp de Boulahir, où heureusement nous
ne sommes pas pour longtemps ; nous devons, bientôt, prendre
la route d'Andrinople, sans bien savoir où l'on nous conduit,
pas plus que ceux qui nous commandent.

Les Russes, de leur côté, font le siège de Silistrie et s'établissent dans la Dobruska, menaçant Varna. L'effectif de
leur armée se montait à près de cent mille combattants, mais
il doit se trouver fort réduit, par suite de leur séjour dans le
pays marécageux, si malsain, du bas Danube et de leur siège,
que la résistance énergique des Turcs fait traîner en longueur.

Maintenant, pour entreprendre une opération sérieuse
contre eux, il faudra, après la concentration de toutes nos
forces à Varna, passer le Danube et les atteindre dans la
Dobruska, à la faveur de nos flottes, servant au transport
des troupes et des approvisionnements. Pour le moment, on

4

doit se contenter de bloquer les ports russes de la mer Noire, en ruinant leur commerce, ce qui donne l'air de faire quelque chose et peut-être d'en finir, par lassitude, en terminant, par la paix, cette éternelle question d'Orient. Cela vaudrait mieux, pour tous les intérêts, car après des victoires sur les Russes, sera-t-on plus avancé ! Leur empire est tellement puissant qu'il ne peut être entamé, et s'ils ne s'emparent pas de Constantinople, dont ils n'ont pas envie, rien ne les empêchera, dans l'avenir, de s'en rendre maîtres.

L'amour-propre de l'empereur Nicolas est un obstacle à une solution pacifique, préférable à la guerre ; peut-être espère-t-il nous lasser, par les difficultés, de toute entreprise contre son armée. Prendrait-on même Sébastopol, comme il est question d'en faire le siège, où serait la solution ?

La Turquie est finie comme puissance, avec le gouvernement du Sultan, et la religion musulmane, si opposée à notre civilisation chrétienne. Sa position géographique, son climat, la richesse de son sol, devraient en faire le plus beau et le plus riche des Etats de l'Europe. Il est dommage de faire tant de sacrifices, de notre part, pour prolonger son agonie, à moins que ce ne soit dans un intérêt dynastique, pour cimenter l'alliance anglaise. L'histoire dira que la politique française a fait une grande faute en s'associant à la défense d'un gouvernement incapable de s'en tirer par lui-même, preuve évidente de sa complète décadence.

Le moral de nos soldats a toujours été excellent, quoique la vie matérielle soit très dure pour eux : les vivres sont très mauvais ; le pays si riche, si fertile, que nous allons quitter, ne produit rien, par la coupable négligence des habitants ; il ne s'y trouve ni cultures, ni routes ; on était obligé de tout faire venir de loin, jusqu'au bois, pour faire cuire les aliments. Les Anglais, quoique mieux traités par les soins de leur administration, sont les plus malheureux des deux armées, parce qu'ils ont plus de besoins. Ce n'est pas une consolation pour nous, notre désir serait de voir tout le monde satisfait.

Nos peines seront bien vite oubliées, si l'on commence, enfin, les opérations de guerre ; mais, c'est douteux.

IV

Depuis ma dernière lettre, toutes les armées alliées se trouvent réunies à Varna, ville assez mal fortifiée, sur la mer Noire. Le maréchal de Saint-Arnaud voulait en faire la base de nos opérations, marcher au secours de Silistrie et y atteindre les Russes; mais, en raison de ces projets faciles à dévoiler, et de la résistance inespérée de l'armée turque, sous le commandement de son généralissime, Omer-Pacha, l'ennemi a repassé le Danube, barrière presque infranchissable pour nous.

Nous restons donc à Varna, en attendant les événements. Omer-Pacha, délivré de ses devoirs de défenseur de Silistrie, vient de nous arriver suivi de quelques troupes turques. Il sera d'un bon conseil dans notre grand état-major, par sa connaissance du pays où nous devons nous engager. Il y a déjà fait la guerre, même avec succès.

En ce moment, se trouvent aux différents camps des environs de Varna, près de 80,000 hommes d'excellentes troupes; la ville ne renferme que les états-majors, les magasins et les hôpitaux; de pareilles forces permettent, sinon de tout entreprendre, du moins, de ne rien craindre.

Nous avons eu, hier, une revue de toute l'armée française, comprenant un effectif de 50,000 hommes environ. Le maréchal de Saint-Arnaud était fier de la montrer à Omer-Pacha, et de lui dire : Voilà ce que nous sommes.

Nous étions assez curieux de voir la figure de ce célèbre homme de guerre, le seul général digne de ce titre dans toute l'armée turque. Il paraissait heureux de notre accueil sympathique. Sa figure est très martiale, la finesse et l'intelligence s'y montrent, ses manières sont distinguées et agréables ; il salue avec beaucoup de grâce et de dignité ; on pouvait facilement reconnaître, au milieu du brillant et nombreux état-major du maréchal, celui qui venait de se faire un nom glorieux, dans cette défense de Silistrie.

Au défilé des troupes, on nous a recommandé de crier : Vive la Turquie ! Vive l'Angleterre ! Cet ordre, faiblement exécuté, n'a pas été généralement approuvé. On n'y attachait qu'un intérêt politique contraire aux sentiments de notre armée. Crier : Vive la Turquie ! jure avec tout ce qu'elle trouve dans ce pays. Témoin de sa faiblesse, de sa profonde décadence, elle y voit plus clair que notre diplomatie. L'empereur de Russie a la raison et la vérité pour lui, quand il prétend que la Turquie est morte ; son seul tort est de paraître désirer ses dépouilles, ce qui n'est plus dans l'intérêt du reste de l'Europe.

Etant admises les volontés de l'Angleterre et de la France, de maintenir l'intégrité de la Turquie, nous serons, pour longtemps, dans ce tremblant état. Ce sera comme notre occupation de l'Espagne, qui a duré plusieurs années, après la guerre entreprise en 1823, par le gouvernement de Louis XVIII, pour la restauration du roi Ferdinand VII.

Nous devenons les protecteurs des Turcs, sans en espérer la moindre reconnaissance. Tout leur est égal, l'indifférence est le propre de leur caractère ; ils acceptent les faits accomplis, quels qu'ils soient ; ce peut être une force.

Le climat de Varna est moins salubre que celui de Gallipoli, en raison du voisinage de pays marécageux et pestilentiels ; aussi la mortalité est plus grande dans notre armée, atteinte du choléra, qu'à notre précédent séjour en Turquie. Les maladies font plus de victimes que les combats les plus meurtriers, parce qu'elles sévissent depuis le premier jour d'une guerre, jusqu'au dernier, tandis qu'une bataille est un accident, dans une longue campagne.

On s'ennuie beaucoup dans nos camps, assez éloignés les uns des autres pour ne pas permettre de visites entre officiers de connaissance. Nous sommes tracassés par mille obligations de service et d'instruction militaire que l'on pourrait nous éviter. Le prince Napoléon, qui possède des qualités supé·rieures, sait se faire aimer de sa division en ne l'obligeant à rien d'inutile et en cherchant à lui procurer des distractions. Il prend tout sous sa responsabilité ; ce qui lui est plus facile qu'à un autre. Il en est de même de la division Canrobert, qui, d'ailleurs, est suffisamment aguerrie.

Le service de la poste est on ne peut plus mal fait ; nous n'avons ni nos lettres ni nos journaux, depuis un mois. Le numéro du 15 juin de la *Revue des Deux Mondes*, à laquelle je suis abonné, ne m'est pas encore parvenu. Les nouvelles de France manquent absolument. C'est à se croire au bout du monde et séparé de tout. Les soldats, qui ignorent la géographie, peuvent se le figurer, car ils n'ont fait que voyager depuis leur embarquement, sans se rendre compte des distances parcourues, soit par terre, soit par mer, ni surtout de celle qui nous sépare de la France.

Quant aux plaisirs de la vie, nous n'en avons d'aucune sorte ; de plus, nos vivres sont exécrables, Varna ne nous offrant presque aucune ressource. Lorsque la nuit arrive, nous n'avons qu'à penser à notre triste existence, sans espoir d'une fin prochaine.

V

Près de Varna, 24 juillet 1854.

Le choléra n'a pas cessé de sévir dans l'armée depuis notre arrivée en Turquie. C'est bien notre plus cruel ennemi. Les grandes agglomérations d'hommes, dans un espace restreint, sans les avantages de bien-être des villes, développent cette terrible épidémie. Il nous en arrive une fatale nouvelle de Gallipoli : La mort des deux généraux laissés malades et que j'avais particulièrement soignés, le duc d'Elchingen et M. Carbuccia. J'en ressens un grand chagrin. Ils me témoignaient, tous deux, une véritable affection. Je les avais connus en Afrique; des relations de famille et du monde me rapprochaient davantage du premier, dont la perte va affliger toute la société de Paris. La veille de notre départ, en lui faisant mes adieux, j'espérais mieux de sa forte constitution et je rassurais les siens, par une lettre écrite à M. de Vatry (1), beau-frère de la duchesse. La mort de ce digne fils du maréchal Ney aurait pu être plus glorieuse, mais non moins méritante, car notre guerre en est la cause unique. Il a voulu la faire, malgré tous les avantages de la plus heureuse existence !

Quant au général Carbuccia, c'est une perte pour moi,

(1) M. de Vatry, ancien officier supérieur du premier Empire, député sous la monarchie de Louis-Philippe.

comme pour l'armée. Depuis le siège de Zaatcha, nos relations d'amitié n'avaient jamais cessé; éloignés, nous nous écrivions souvent pour nous communiquer nos impressions sur les événements de France. Il était membre correspondant de l'Institut, ce qui est une distinction exceptionnelle dans notre grande famille militaire. On pouvait donc fonder sur lui les meilleures espérances. La nouvelle de ces deux morts a d'autant plus impressionné l'armée, qu'elle venait s'ajouter à celles plus mauvaises, venant de l'épidémie qui nous décime. Ces épreuves, il est vrai, donnent l'habitude des dangers; mais on s'en passerait bien !

De sérieuses opérations de guerre vont bientôt commencer. Les trois premières divisions viennent de partir, la nôtre seule reste sous les murs de Varna. Les flottes aideront aux mouvements de nos troupes. Il avait d'abord été question de débarquer en Crimée et d'y faire le siège de Sébastopol; l'ordre en était venu de Paris, où l'on ne doute de rien ; mais les moyens matériels manquent, on ne saurait être prêt de longtemps, pour une si grande entreprise; son succès doit être assuré, à tout prix. Nos effectifs de 60 à 80,000 hommes n'y suffiraient pas. Il faut donc attendre pour porter la guerre en Crimée.

> Patience et longueur de temps
> Font plus que force ni que rage.

Les impatients de Paris et de Londres voudraient assister au dernier acte de notre tragédie, jouée en ce moment, sans attendre ceux qui le précèdent. Pour le premier acte, car jusqu'à présent, nous n'en sommes qu'à l'ouverture, nous devons nous rendre dans la Dobruska, y atteindre les Russes, leur reprendre les places dont ils se sont emparés sur les Turcs et faire prisonnière, si possible, leur flottille du bas Danube. Je ne serai pas de cette première expédition, et ne pourrai vous en parler que par ouï-dire. Les journaux vous en feront part avec détails.

VI

Les nouvelles que je vous envoie sont des plus tristes. Le choléra nous fait perdre beaucoup de monde. Le maréchal de Saint-Arnaud, pour faire changer d'air à son armée, avait imaginé une expédition dans la Dobruska ; la première division y était engagée, et pour comble de malheur, sans le général Canrobert, envoyé en reconnaissance sur un des navires de la flotte, vers les côtes de l'Asie et de la Crimée. Il avait été remplacé dans son commandement par le général Espinasse, caractère ardent, esprit aventureux, téméraire, ne doutant de rien. La vaillance, qui est sa qualité comme son défaut, nous a été fatale. Elle lui a fait engager sa division si loin des voitures de transport, qui ne pouvaient la suivre, qu'à un moment, elle a manqué de tout, dans un pays n'offrant aucune ressource en vivres : pas d'eau potable, pas de bois pour les feux de bivouac, avec un personnel insuffisant. Aussi le choléra avait-il prise sur nos hommes affaiblis par la marche et les privations, dans ce pays marécageux, dont les Russes avaient gardé, autrefois, le plus mauvais souvenir.

Les morts, laissés sans sépulture, jalonnaient la route au retour ; la moitié de l'effectif de cette première division, composée des meilleures troupes de l'armée d'Afrique, a trouvé là son tombeau.

Les malades, parmi les survivants de cette fatale expédition, n'entrent aux hôpitaux de Varna que pour être enterrés ; les moins éprouvés sont envoyés à Constantinople, par les bâtiments de la flotte, pour s'y rétablir; c'est une situation capable d'affaiblir le moral de nos soldats, qui passent une partie de leur temps à descendre, des camps aux hôpitaux, les malades atteints du choléra, à les soigner comme infirmiers auxiliaires, puis finalement à les porter en terre.

Mon bataillon fournissait, hier, 200 hommes pour remplir ces pénibles devoirs. L'officier qui les commandait m'a rendu compte que le fossé, creusé de 80 mètres de long sur 4 de profondeur, pouvait bien contenir 200 corps morts que l'on y avait jetés pêle-mêle, sans plus de précaution. Ces misères de la vie à la guerre nous apparaissent dans toute leur horreur.

Pour vous donner une idée de la violence de cette épidémie, à une de mes dernières visites à mon ami Rességuier, je le trouvai auprès de son capitaine, qui, à mon arrivée, m'offrit à boire. Je lui refusai, prétextant que je ne buvais ni vin, ni absinthe, ni liqueurs : « Vous avez bien tort, mon cher camarade, c'est le seul moyen de ne pas attrapper le choléra. » Et il se versa, devant moi, comme pour m'engager à l'imiter, plusieurs rasades. Le lendemain, cet officier de cuirassiers, jeune encore et d'une force à défier toutes les maladies, était mort.

Nos effectifs se trouvent tellement réduits, qu'il est impossible, pour le moment, de rien entreprendre. Si l'Allemagne ne nous prête pas son appui, même moral, si la Russie ne veut pas d'un arrangement équitable, pour le règlement de cette éternelle question d'Orient, comme on ne pourra venir à bout de cet empire invulnérable de tous côtés, il n'y a pas de raison pour que la guerre, à peine commencée, finisse.

Nous qui voyons les choses de près, nous jugeons que l'Empereur de Russie n'avait pas tort de vouloir protéger les chrétiens, victimes du plus mauvais gouvernement, servi par des fonctionnaires avides et incapables.

N'ayant pu s'entendre avec les autres puissances de l'Europe, il a voulu se charger seul d'un devoir sacré pour lui. C'est une mission qui a bien sa grandeur et qui est toute à l'honneur de ce puissant souverain.

VII

Des environs de Varna, 24 août 1854.

Nous sommes dans une période de fatalité ; l'armée a failli être perdue dans Varna. Un incendie, qu'on peut croire préparé par des mains ennemies, a été allumé dans le quartier de nos deux poudrières, renfermant toutes nos munitions de guerre. C'était plus qu'il n'en fallait pour faire sauter la moitié de la ville avec ses habitants. Le danger était des plus menaçants.

Mon bataillon, campé des plus près de Varna, fut un des premiers à se porter au secours. Nous arrivons devant la principale poudrière, où se trouvait le maréchal de Saint-Arnaud, avec les officiers de son état-major ; il présidait au sauvetage de ce que nous avions de plus précieux avec beaucoup de sang-froid, mais avec l'air bien attristé, non sans raison.

Les murs, la toiture en dôme de ces poudrières (le tout, heureusement, en maçonnerie), étaient protégés par des couvertures de campement, que l'on s'était empressé d'y fixer et que nos marins de la flotte inondaient d'eau, sans interruption. Malgré tous les efforts, deux fois, la chaleur constatée des murs donna les plus vives inquiétudes, deux fois le cri d'alarme occasionna un sauve-qui-peut général, tout le monde se précipitant vers les portes, très étroites, comme celles de toute place forte, mais, chaque fois, le passage en était obstrué par les troupes qui se croyaient obligées d'accourir, à leur tour, pensant se rendre utiles. C'était une affreuse bousculade, personne ne pouvait sortir; Varna devenait ainsi une véritable souricière.

Dans une si terrible aventure, aucune disposition n'avait été prise pour prévenir ces désordres. Au lieu de laisser entrer du monde dans la ville, il aurait fallu renvoyer presque tous ceux qui s'y trouvaient, ne servant à rien. Forcé d'y rester, inutilement, avec mes hommes, sans pouvoir donner aucun ordre, j'ai passé presque toute la nuit, devant la principale poudrière, en curieux, assistant au spectacle effrayant, mais grandiose, de cet incendie. La moitié de Varna en a été détruite, avec nos approvisionnements en subsistances et objets de campement, (on parle de 30 000 couvertures brûlées), nos dépôts de tous les corps; les magasins d'approvisionnements particuliers, ressource si utile pour les repas des officiers; aussi, nous manquons de tout et sommes réduits, comme nos soldats, aux vivres de campagne.

Un de mes camarades, se trouvant près du maréchal, lui a entendu dire : « J'ai tout contre moi, Dieu et les hommes, la peste, la retraite des Russes de Silistrie, l'incendie. »

Le matin, toute inquiétude avait disparu, mais on avait dû faire la part du feu, pas une faible part, assurément.

Si nous avons pu échapper à cet extrême danger, le choléra ne nous épargne pas; il fait les plus grands vides dans nos rangs. Nous avons perdu 7 à 8,000 hommes et près de 150 officiers; autant sont retournés en France, par congé de convalescence. Nos chevaux de cavalerie ne peuvent résister à ce climat; ils meurent presque tous, excepté ceux qui viennent d'Afrique, plus acclimatés.

Pour une expédition en Crimée, nous n'avons pas plus de 30,000 soldats Français. On fait venir, de Constantinople, 8,000 Turcs, pour combler nos vides; les Anglais nous offriront une vingtaine de mille hommes. C'est donc avec une armée d'un effectif de 60,000 combattants, diminué de ce qu'il faudra laisser à Varna, que nous pourrons commencer à nous mesurer avec la puissance Russe en Crimée, là où elle a concentré toutes ses ressources de défense. L'opération est hardie.

Débarquer, livrer bataille, faire le siège de Sébastopol, qui passe pour imprenable, ne sera pas sans les plus grandes difficultés. Mais, il faut en finir à tout prix; on est fatigué d'attendre.

VIII

Varna, 3 septembre 1854.

C'est probablement demain que les flottes alliées embarqueront les 48,000 hommes d'excellentes troupes (24,000 Français, 16,000 Anglais et 8,000 Turcs), destinés à l'armée de Crimée. Le maréchal de Saint-Arnaud en a le commandement en chef.

Une des opérations les plus hasardeuses, un débarquement devant l'ennemi, va être tentée. Les généraux Canrobert et Bosquet, que je vois journellement et qui me témoignent une confiance dont je suis très fier, blâment les lenteurs apportées à cette résolution. Ils disent que l'on n'aurait pas dû perdre des mois à Gallipoli, où l'on ne réunissait l'armée que par fractions, qu'il aurait fallu être prêt plus tôt ; se rendre directement à Varna, sans laisser le temps aux Russes de préparer, en Crimée, tous leurs moyens de défense, comme ils ont dû le faire. Le mieux, d'après leur opinion, aurait été de se rendre, le plus promptement possible, au secours de Silistrie, d'avoir l'honneur d'en faire lever le siège, de poursuivre l'armée russe, dans les provinces danubiennes et de lui livrer bataille.

Dans l'état-major anglais, il paraît que l'on n'avait pas d'autre plan. Des ordres, venus de Paris et de Londres, ont

tout changé. Le résultat en a été de nous faire souffrir cruelle·
ment du choléra, de subir un échec désastreux dans la
Dobruska, et, finalement, d'arriver à la saison des équinoxes, la
moins favorable, pour la navigation, dans la mer Noire. Cette
expédition, entreprise aujourd'hui, dans des conditions moins
bonnes, peut nous mener loin.

On laisse 15,000 hommes de troupes à Varna, le sort m'y
retient, avec 250 hommes de mon bataillon que je commande.
Je ne puis me plaindre de ma position, car, souffrant depuis
quelque temps de fièvres très fortes, je n'aurais pu faire,
qu'avec la plus grande peine, cette nouvelle campagne.
Comme elle sera longue, j'aurai tout le temps et l'occasion
d'être appelé en Crimée.

Ce qui me désole, c'est l'absence d'officiers avec lesquels je
vivais dans les meilleurs sentiments d'affection et d'estime ;
ils me manqueront bien, entre autres le capitaine Berthaud (1),
mon camarade de Saint-Cyr, attaché à l'état-major de l'armée,
qui, atteint du choléra, a été envoyé à Constantinople, dans
un état si désespéré, que nous craignons de ne plus le revoir.
C'était un officier d'avenir, qui avait déjà rendu des services,
depuis la guerre, par ses connaissances d'ingénieur géo-
graphe.

J'ai ici, pour me consoler, mon parent Bailloud (2), lieutenant
de vaisseau, chargé du transport de troupes et de ravitaillement, fonctions importantes, et que personne ne pouvait
mieux remplir que lui. Nous nous voyons presque tous les
jours. Sa société m'est d'autant plus précieuse, qu'elle est la
seule, pour moi, en ce moment, remplaçant toutes celles que
je perds.

(1) Berthaud, général de division, ministre de la guerre, mort en 1888.
(2) Bailloud, mort capitaine de frégate, père du colonel Bailloud, qui
a rendu, à Madagascar, les mêmes services que son père, à Varna, et
de la manière la plus digne d'éloges, l'opinion de l'armée entière de
l'expédition lui rend cette justice.

IX

Varna, 24 septembre 1854.

Pour la première fois, depuis ma présence à l'armée d'Orient, il m'est permis de me réjouir des nouvelles que nous venons de recevoir : le débarquement des armées alliées en Crimée, la victoire de l'Alma, à laquelle le général Canrobert a eu la plus grande part, la marche sur Sébastopol. Malheureusement, nous apprenons aussi la mort du vainqueur de la journée, qui comptera, dans nos annales militaires, parmi les plus brillantes.

Le maréchal de Saint-Arnaud était, dit-on, assez souffrant, depuis un mois, surtout le jour de la bataille ; je lui ai toujours trouvé un air triste et résigné, dans les rares occasions où il m'a été permis de me trouver près de lui. Il se sentait malade, le poids de la plus grave des responsabilités avait affaibli sa santé qui n'a su résister à une attaque de choléra. La récompense du dernier service qu'il venait de rendre à l'Empire lui a été refusée dans ce monde, mais on peut dire que Dieu lui en a accordé une plus grande, en l'enlevant, au milieu de son triomphe, pour le recueillir dans son sein.

Le général Canrobert était désigné pour lui succéder dans le commandement en chef de l'armée ; je pense que, malgré sa blessure reçue à l'Alma, il sera, déjà, en état de prendre ce pouvoir suprême. Dans ce cas, je ne tarderai pas à le rejoindre, ayant la promesse de faire partie de son état-major. D'un autre côté, comme dans les deux armées ennemies il y aura des plaies à panser, une trève s'impose avec l'hiver, avant de reprendre les hostilités. J'aurai alors le temps de rétablir ma santé assez affaiblie, pour continuer la guerre, qui sera encore longue.

Je n'ai pas plus de détails sur les nouvelles que je vous envoie que vous n'en aurez par les journaux qui vous les donneront, peut-être avant ma lettre. Je me borne à me réjouir avec vous de ce qui nous arrive, comme un heureux présage des succès d'une entreprise que je croyais, comme bien d'autres, des plus téméraires !

Le gouvernement Russe devait connaître le triste état sanitaire de notre armée. Dans sa pensée, elle ne pouvait rien entreprendre de sérieux en Crimée ; de là, le peu de forces opposées, de sa part, à notre débarquement, comme à ses suites; ce qui prouve combien les renseignements les plus certains vous trompent à la guerre.

Cette première victoire donne à notre armée une grande confiance et un entrain qu'elle avait à peu près perdus. Les Russes, par contre, paraissent démoralisés. Les quelques prisonniers, arrivés à Varna, le disent. Ceux-ci ont l'air heureux du nouveau sort qui leur est fait : ils n'ont jamais été aussi bien traités, surtout pour nos vivres, dont ils se régalent.

J'avoue que j'éprouve une sorte de désenchantement, à voir une puissance que j'avais appris à estimer, et dont je préférerais l'alliance avec nous, réduite à cet état d'infériorité et de faiblesse. Mes relations du monde, avec de hauts personnages de ce pays, m'en avaient donné une toute autre idée. J'étais aussi resté sous l'impression de leurs succès, à la fin du premier Empire, causes de sa chute.

Malgré tout, je ne change pas d'opinion, pour la Turquie. Elle ne peut s'en tirer que par le concours et la protection de gouvernements étrangers. C'est un pays dont ils doivent prendre la tutelle. Le principal obstacle est la rivalité de la Russie et de l'Angleterre.

L'influence de l'ambassadeur anglais, lord Strafford, est prépondérante à Constantinople. Il ne s'y fait rien, sans ses conseils. On nous donne bien le premier rôle à la guerre, c'est certain ; mais nous ne l'avons pas dans les questions diplomatiques. Ce sont les Anglais qui tireront le meilleur parti, pour eux, de notre entreprise en commun.

Je suis toujours pris des fièvres du pays, qui ont tant éprouvé notre armée. Un congé de convalescence m'a été donné, pour me reposer en France, mais je préfère rester à mon commandement, facile et peu fatigant. J'attendrai, ici, les événements, et ce que me conseillera celui qui m'a toujours donné tant de preuves d'intérêt.

LETTRES DE CRIMÉE

I

Du quartier général devant Sébastopol.

Mars 1855.

Le temps s'est bien amélioré depuis quelques jours, et tout fait présager avec la fin d'un hiver rigoureux la reprise des hostilités. Je prévois qu'elles auront un caractère de violence particulier à ce siège, qui ne ressemble à rien de ce que l'on a vu jusqu'à présent. Faudra-t-il plaindre, faudra-t-il envier ceux qui doivent en éprouver les cruelles souffrances ?

Notre armée se trouve aujourd'hui dans une position inexpugnable. Nous avons quatre-vingt mille hommes à opposer aux Russes. Une partie de la ville de Sébastopol peut être prise ; mais pour investir et prendre le nord il faudrait soixante mille hommes de plus. La difficulté est d'approvisionner des armées si nombreuses. Pour avoir cent cinquante mille hommes en Crimée, il en faut trois cent mille autres disponibles, et alors nous ne pouvons rien faire en Europe. Voici comment nos effectifs se sont décomposés depuis le commencement de la guerre, mois par mois : un tiers des présents meurt ; un tiers revient en France par blessure ou maladie ; le dernier tiers reste. Au bout d'une année, une armée entretenue à l'effectif de cent mille hommes en a demandé le double. Jamais expédition n'aura coûté ni plus de sang, ni plus d'argent. Si encore les résultats pouvaient justifier de pareils sacrifices !

Le moral de l'armée est excellent. Ce sera l'honneur du général Canrobert de l'avoir maintenu tel pendant les dures épreuves de l'hiver. Avec des lieutenants comme Pélissier, Bosquet, il peut aujourd'hui tout entreprendre. Les soldats, fatigués d'une inaction forcée, ne demandent qu'à combattre. Nous serions plus avancés si les Anglais avaient été prêts ; mais, soit découragement, soit apathie, leur concours est des plus faibles. Nous ne pouvons même obtenir d'eux aucun renseignement sur les ressources dont ils disposent. C'est un grave inconvénient d'avoir des alliés sous des chefs différents. Celui de l'armée française, il est vrai, a une sorte de prépondérance que lui donnent, dans les conseils, la supériorité numérique de ses troupes, son expérience des choses de la guerre, et surtout la confiance qu'il a su inspirer à lord Raglan ; mais cela ne supplée pas au défaut d'unité. Toutefois, avoir su maintenir, malgré bien des divergences de vues, une harmonie parfaite entre les deux commandements, sera compté comme un des grands succès de notre général en chef.

L'état-major Canrobert est très bien composé. Nous avons le général Trochu (1), le plus jeune de son grade dans notre armée, esprit vif et brillant, beau parleur, d'une grande facilité de travail, faisant à lui seul plus de besogne que tous

---

(1) Fils d'un intendant militaire, général à 39 ans, général de division du 4 avril 1858, a rempli les premiers rôles dans l'armée et dans l'État. Sa vie de retraite a honoré sa mémoire. Décédé à Tours, le 4 octobre 1896.

les autres officiers du quartier général, ancien aide de camp de l'illustre maréchal Bugeaud, dont sa reconnaissance aime à invoquer le souvenir dans ses entretiens familiers; les lieutenants-colonels de Cornely (1) et Waubert de Genlis (2), d'une grande distinction et d'un commerce des plus agréables. Chaque arme y est représentée, la marine par le lieutenant de vaisseau Martin (3), le génie par le commandant de Villers (4), l'artillerie par le capitaine Brady (5). J'ai l'honneur de représenter l'infanterie, ce qui me met plus particulièrement en rapports avec les deux commandants de corps d'armée, Pélissier et Bosquet.

Le duc de Dino, qui a obtenu la faveur de servir pendant cette campagne, et M. de Molènes, connu par ses écrits dans la *Revue des Deux-Mondes,* en font aussi partie. Des souvenirs communs de Paris, un attachement plus particulièrement senti pour le général en chef, nous ont liés tous les trois. C'est sous la tente du duc que nous nous réunissons presque chaque jour, surtout à l'arrivée du courrier de France. Là, nous nous communiquons nos nouvelles. Celles que donne à son fils la duchesse de Sagan (6), sur la politique des cabinets de l'Europe, sont du plus haut intérêt; celles que je reçois de mon côté complètent nos renseignements, souvent utiles au commandement par les encouragements et les vœux qu'elles lui apportent.

L'Angleterre a des représentants à notre état-major : le général Rose (7), ministre à Constantinople, lors des incidents diplomatiques qui nous ont amené la guerre, type de l'officier anglais, caractère tenace, honnête, énergique, ne désespérant de rien, rassurant tout le monde autour de lui, et disant *oui*

(1) Mort colonel en retraite.
(2) Mort général de brigade, le 6 juillet 1878.
(3) Vice-amiral, en retraite.
(4) Mort général de division du génie, le 5 mars 1886.
(5) Colonel d'artillerie, en retraite.
(6) La belle duchesse de Sagan, qui a joué un rôle important au congrès de Vienne, où elle tenait la maison de son oncle, le prince de Talleyrand.
(7) Depuis pacificateur des Indes, pair d'Angleterre sous le titre de lord Strathnairn, et créé feld-maréchal.

à tout ce qui se dit, mais sachant très bien ce qu'il en doit penser. Entreprenant, décidé, s'il avait été le chef de l'armée anglaise, nous nous serions entendus en tous points; le major Folley, le capitaine Claremont (1), très sympathiques aux Français, surtout le capitaine Claremont, qui parle notre langue à merveille et nous rend de très grands services.

Les repas se prennent en commun, sous une grande tente de chef arabe, souvenir glorieux de nos guerres d'Afrique, et laissée par le maréchal Saint-Arnaud à son successeur. Il y a presque toujours des invités que les devoirs ou les affaires de service appellent au quartier général. Nous avons eu hier à déjeuner le jeune colonel Pajol (2), le chef d'état-major de la cavalerie, dont la gaieté d'esprit et l'amabilité de caractère contrastent avec l'air maussade de bien des ennuyés.

La table est frugale, je pourrais dire détestable. Le général Canrobert, qui est la simplicité et la sobriété mêmes, après avoir passé toute sa vie en Afrique, ne saurait rien entendre à des détails de cuisine. On goûte davantage sa conversation, qui est des plus attrayantes et des plus animées.

Notre quartier général, du plateau de Chersonèse, a l'aspect assez misérable. Situé sur un sol dénudé, où l'on enfonce dans une boue fangeuse et gluante, il se compose de quelques tentes et baraques en planches à demi ruinées par les pluies et les neiges de l'hiver. On voit sortir de ces habitations de sauvages des officiers avec leurs uniformes relevés de galons et de broderies d'or, ce qui est d'un contraste singulier. Le commandant en chef ne s'est pas choisi une demeure plus digne de sa haute position. Dur à lui-même, s'il ne l'est pas pour les autres, il couche et travaille sous une simple tente de soldat.

(1) Folley et Claremont devenus lieutenants généraux au service de l'Angleterre.

(2) Fils du général comte Pajol de l'Empire et petit-fils du maréchal duc de Reggio, général de division à la veille de la guerre de 1870, où il eut un commandement important, au siège de Metz, mort le 3 avril 1891.

II

24 mars.

Nous avons eu, l'avant-dernière nuit, une sortie des Russes très vigoureuse et parfaitement combinée contre nos ouvrages du siège de droite, du côté du mamelon Vert. C'est assurément la plus forte attaque que nous ayons eu à subir depuis Inkermann. Ils étaient de sept à huit mille, commandés par Khroulef. Nos troupes de garde ne s'y attendaient guère. Les tranchées, soudainement envahies par ces intrépides assaillants, ont été le théâtre d'un combat corps à corps des plus sanglants. Notre résistance énergique a fini par dégoûter l'ennemi, qui s'est retiré avec de très grandes pertes.

Une suspension d'armes de quelques heures a eu lieu aujourd'hui pour enterrer les morts. Il y avait au moins six cents cadavres sur le terrain. Des officiers et sous-officiers des troupes engagées des deux côtés, avec des hommes de corvée, viennent les reconnaître et faire enlever ceux qui leur appartiennent. C'est un triste spectacle. Ces victimes de la guerre sont pour la plupart défigurées affreusement; souvent il manque presque la tête, un bras ou une jambe. Quelles impressions pour ceux qui les avaient vus, la veille, dans la puissance de la vie et de la santé!

Pendant cette triste cérémonie, les officiers français et russes, qui se trouvaient là en assez grand nombre, ont fini par se rapprocher et échanger des paroles de politesse en se donnant force poignées de main. Des deux côtés, on faisait des vœux pour la fin d'une guerre qui mettait en présence deux armées plutôt sympathiques l'une à l'autre.

Un officier ennemi a déserté vers nous ; mais, circonstance atténuante pour l'honneur de l'armée russe, c'était un Polonais. Il nous a annoncé l'arrivée prochaine de renforts pour les assiégés et celle d'une forte division de leur garde.

Nous vivons au milieu d'un véritable charnier ; on rencontre à chaque pas sur le sol des chevaux morts ou des détritus d'animaux. C'est à peine si l'on a recouvert d'un peu de terre les monceaux de cadavres entassés pêle-mêle après la sanglante journée d'Inkermann. De ce côté, c'est un redoutable foyer d'infection, qui pourra nous donner le choléra à l'époque des chaleurs. De la chaux a été commandée à Constantinople pour y parer autant que possible, mais c'est déjà tard.

Il est question de l'arrivée de l'Empereur.

Les généraux Canrobert et Niel (1) ont écrit à Paris pour déconseiller ce projet. La présence d'un souverain, qui ne voyage pas précisément sans représentation, apporterait grand trouble et embarras dans nos opérations de guerre. D'un autre côté, cette nouvelle a mis en émoi le gouvernement ottoman, et l'ambassadeur d'Angleterre plus que personne. Notre manière de faire et d'agir à Constantinople donne beaucoup à réfléchir. Il est impossible de s'y poser plus en maîtres que nous ne le faisons, envahissant tous les quartiers importants de la ville, les quais, le port, les rues, les bazars, les hôtels, etc., etc. On ne voit que des Français partout, se comportant là comme chez eux, ce qui me fait dire que si nous n'avons pas Sébastopol, nous avons Constantinople, et c'est bien quelque chose.

M. Niel, qui a une mission de confiance, reste définitive-

(1) Maréchal de France, du 25 juin 1859, ministre de la guerre, organisateur de la garde mobile, écrivain militaire, mort le 13 août 1869.

ment en Crimée. Son rôle assez sérieux, mais nullement défini, consiste à voir les choses de très près et à en rendre compte directement au gouvernement français. Le général en chef, qui est au-dessus de tout sentiment de rivalité et de jalousie, fait un accueil plein de prévenances et de courtoisie à l'aide de camp de l'Empereur, lui donne l'hospitalité la plus généreuse, le place à sa table, toujours à sa droite. Cet hôte, très distingué d'ailleurs, se croirait volontiers au-dessus de celui qui le reçoit et parle avec assurance. C'est un esprit absolu, froid, sévère, mais, je crois, supérieur. Il s'exprime facilement, clairement, mais sans originalité et sans charme. Il passe pour être notre premier officier du génie après le maréchal Vaillant dont il était le chef d'état-major au siège de Rome.

Du reste, il est aimable pour moi, et m'a demandé avec intérêt des nouvelles des miens et de celles de M. et Mme Delessert, me priant de le rappeler à leur souvenir, ce que je fais ici, en y joignant tous mes bien tendres compliments.

III

29 mars 1855.

La partie sud de la ville de Sébastopol, objet de nos attaques, se divise en deux parties bien distinctes, séparées par le port militaire, qui avance entre les deux. La gauche, par rapport à nous, comprend : le bastion du Mât, le bastion Central, un mur crénelé surmonté de batteries menaçantes et des ouvrages avancés du côté du fort de la Quarantaine. La droite, qui contient ses établissements militaires, casernes, arsenaux, docks, est défendue par la fameuse tour Malakoff, ouvrage en terre, en forme de tour, qui est relié à un système général de défense dont le mamelon Vert est le poste le plus avancé.

Malheureusement pour le succès de nos opérations, les Anglais, moins nombreux et moins experts que nous dans l'art des sièges, ont eu pour leur part, à l'origine, l'attaque de droite, devant la tour Malakoff. Dès les premiers jours, nous avons été obligés de les aider, et maintenant nous les remplaçons presque entièrement. Sans cette circonstance, la plus grosse besogne serait presque terminée.

Nos travaux de la gauche sont très avancés. Je crois que là nous sommes forts et que nous pourrions commencer le feu avec succès. Maintenant, livrera-t-on un assaut partiel, ou attendra-t on l'achèvement des approches de nos attaques de droite pour une affaire générale et décisive, c'est ce que je ne puis dire. D'une manière ou d'une autre, il ne faut pas songer à être maître de Sébastopol avant bien longtemps. Il ne peut être question, pour le moment, de la prise des forts du nord, situés de l'autre côté de la baie.

Les défenses de la forteresse ou camp retranché, que nous assiégeons, sont formidables ; de plus, elles sont minées : aussi nous en coûtera-t-il cher de les aborder. Les assiégés travaillent sans cesse à leur défense. L'officier du génie Totleben, qui les dirige d'une manière remarquable, est un homme de premier ordre. Son nom résume à lui seul la défense ; il en est comme l'âme, l'inspiration. Il travaille contre nous, et on ne parle que de lui dans notre camp. Quel prestige ne doit-il pas avoir auprès de ceux dont il est le plus solide soutien !

Les Russes ont bien des avantages sur nous. On a eu trop l'air de dédaigner leurs forces. On s'attendait peut-être à voir tomber les murs de Sébastopol, comme ceux de Jéricho, au son de nos fanfares. Une ville armée de huit cents pièces de canon, s'étageant les unes sur les autres, avec cinquante mille défenseurs intrépides, bravement commandés, ne peut être prise si aisément. On ne devrait pas s'étonner à Paris, ville intelligente par-dessus toutes, des lenteurs obligées de ce siège, ni de la prudence de celui qui le dirige.

Notre armée a un moral, une résignation que l'on ne saurait trop admirer. Les soldats surtout, qui n'ont rien à gagner et leur vie à perdre, sont superbes. Il existe nécessairement dans les armées une force surnaturelle qui s'exerce sur les âmes et fait accepter les épreuves et les dangers sans murmures et sans crainte : c'est l'honneur militaire qui naît de la vie des camps, comme les principes de morale universelle naissent de la formation et de l'existence de toute société.

Le général en chef a su fortifier ces vertus militaires par les exemples qu'il donne lui-même dans son commandement. Chaque jour, il inspecte dans les tranchées où il approche le soldat, lui témoigne un véritable intérêt, relève son moral, le stimule. Déjà sa présence au milieu de ses travaux, aux endroits les plus exposés, est du meilleur effet. Vers la fin de la journée, il ne manque pas de se rendre aux ambulances pour visiter les blessés, les rassurer, leur promettre des récompenses, et par mille soins attentifs les fait patienter dans leurs souffrances. Ces sentiments d'humanité ne sont pas sans profit pour celui qui les inspire : la popularité dont il jouit ici, et qui le suivra partout, s'en accroît et facilite ses devoirs de chaque jour. Quels devoirs pour le commandant d'une armée de cent mille hommes devant l'ennemi ! Il n'est pas de charge publique qui demande autant d'intelligence, d'activité, de dévouement.

Pour toute distraction au quartier général, nous avons le dîner, qui a lieu vers la nuit. On reste assez de temps à table... Les soirées sont longues, et on ne peut mieux les employer qu'en conversations sur les incidents de la journée. Le général Canrobert sait nous charmer par la variété de ses récits ; sa parole est animée, facile, sa mémoire remarquable. Il connaît l'histoire de nos guerres d'Afrique dans tous ses détails, depuis la prise de Constantine jusqu'au siège de Zaatcha. Le maréchal Bugeaud, de vénérable mémoire, est souvent l'objet de ses entretiens. Son ancien aide de camp Trochu ajoute à ses récits ce qu'il sait par lui-même de cette existence guerrière, si populaire dans notre armée. Le général Niel, plus froid, plus solennel, nous parle du siège de Rome, où il a joué un rôle important (1). Le général Rose écoute avec sympathie, et prend le plus grand intérêt à tout ce qui se dit.

Avant-hier, c'était jour de régal, une grande exception : on nous a servi un magnifique morceau de bœuf fumé, qui était offert par la reine d'Angleterre, avec du vin de Porto. Cette attention nous a été très sensible. Il y avait parmi les invités à notre table l'ancien colonel de la légion étrangère, M. Bazaine, que j'avais connu en Afrique et que je retrouve ici général de brigade.

Depuis la dernière attaque des Russes, le 23 de ce mois, il n'y a eu que des sorties insignifiantes ; mais l'ennemi continue à tirer jour et nuit d'une manière insupportable. Il nous blesse et nous tue beaucoup de monde. Aujourd'hui un de leurs boulets vient de frapper mortellement, du même coup, un capitaine d'artillerie et son lieutenant. Les heures, qui s'écoulent trop lentement, fauchent nos malheureux soldats sans trêve ni merci.

(1) Général Niel, était chef d'état-major du génie au siège de Rome.

IV

14 avril.

A la suite d'une conférence chez lord Raglan, où se trouvaient le général Canrobert, les amiraux sir Edmund Lyons et Bruat, le feu a été ouvert, le lendemain de la fête de Pâques (lundi dernier), contre Sébastopol, par six cents pièces de canon. Il faisait un temps épouvantable, comme si Dieu avait voulu assombrir ce premier jour, avant-coureur d'une série de carnages. Tous les canons de nos batteries, dont les ouvertures avaient été démasquées la nuit, ont tonné à la fois ! Les Russes, pris à l'improviste, comme il arrive toujours en pareil cas, ont mal répondu à notre feu : de là notre supériorité de tir assurée dès le début. Nous leur avons détruit plusieurs batteries qui sont maintenant silencieuses, et nous avons fait écrouler en partie le mur crénelé. Nous savons aussi que nos obusiers ont causé beaucoup de dommage dans la ville, et que la garnison de Sébastopol, n'osant plus s'aventurer dans les rues, se tient blottie sous des blindages à l'épreuve de la bombe. Enfin, par d'autres rapports de déserteurs, nous savons que les munitions de l'ennemi commencent à s'épuiser. Déjà il nous est facile d'en juger par la manière dont ils ménagent leurs coups. Ils n'en sont pas moins de quarante à cinquante mille hommes dans la place, et, quand on pourra monter à l'assaut après plusieurs jours d'un feu d'artillerie tel qu'on en a jamais entendu de pareil, on les trouvera disposés à nous disputer vigoureusement le terrain. Ce sera là le difficile et le tragique à la fois de ce siège. Toutes les précautions sont prises d'ailleurs par le général en chef pour n'agir qu'à bon escient.

Depuis lundi, sous la protection de notre feu, nous avançons nos travaux, et cette nuit même nous avons pu construire une parallèle très près du bastion Central. De là on passera à une dernière, puis au couronnement du chemin couvert, et enfin à la descente du fossé. On sera alors à peu près maître de la partie de la ville qui se trouve à gauche du port militaire, dominée par le fameux bastion du Mât, dont on parle si souvent dans les récits du siège.

L'attaque de droite ne marche pas aussi bien, et, d'après ce que je vois, nous ne prendrons la ville que morceau par morceau. Je pense que nous y arriverons, mais ce sera long, pénible et très périlleux. Il ne faudrait donc pas croire à un résultat prochain et définitif. Quant à se rendre maître des forts du nord, c'est-à-dire de tous le système de défense qui se trouve établi de l'autre côté de la baie, il faudrait commencer par une campagne en Crimée, des victoires, la prise de Simféropol et l'investissement complet de ces dernières forteresses. Tout cela nous mènera bien loin.

Les Anglais sont toujours lents, inquiets, et, comme tous les ennuyés, ennuyeux. Ils ne nous donnent pas ce que nous attendions d'eux. Il faut constamment avoir des pourparlers avec lord Raglan pour le décider à entrer dans nos plans. On lui prête un mot qui caractérise les dispositions d'esprit de son armée : « Le meilleur plan de campagne est encore une bonne paix. »

Ils s'attendent chaque jour à recevoir des nouvelles pacifiques de Vienne par la voie de Varna. Ils les désirent. J'ai quelquefois l'honneur d'accompagner le général Canrobert chez lord Raglan; j'y vois un de ses aides de camp, son neveu, le fils de lord Westmoreland, ambassadeur d'Angleterre à Vienne. Les dernières lettres qu'il a reçues de son père sont dans ce sens.

Une partie de l'armée turque est arrivée d'Eupatoria par la voie de mer. Elle devait nous seconder dans les tentatives d'assaut qui devaient se faire après l'ouverture du feu de nos batteries. Omer-Pacha lui-même, le vainqueur de Silistrie et d'Eupatoria est ici. Il a déjeuné et dîné plusieurs fois cette semaine à notre quartier général, où on lui fait le meilleur accueil. C'est un homme fin, rusé, de manières agréables, de grande politesse, d'une intelligence supérieure. Il est un peu Français et s'en vante (il est né à Cattaro à l'époque où l'Illyrie faisait partie de l'empire français) ; il parle très correctement notre langue, comme presque toutes les langues, et nous montre beaucoup de sympathie. Malheureusement il est le seul représentant d'une armée qui ne manque pas de qualités militaires, qui est disciplinée, sobre, patiente et dévouée, mais où le cadre d'officiers fait complètement défaut. Aussi son général en chef est obligé de faire tout par lui-même : de là son système de guerre toujours purement défensif. C'est de cette manière que le général Canrobert compte employer les Turcs ; ils garderont nos lignes pendant que nous irons tenir la campagne.

Hier, j'ai accompagné le général en chef dans les tranchées de nos attaques de gauche. Il y est resté quatre heures pour tout voir par lui-même. En entrant dans une parallèle fort exposée aux feux de l'ennemi, une bombe a cassé les reins à un brave capitaine du génie, qui est mort quelques instants après. Plus loin, pendant que l'on discutait avec Pélissier un plan d'attaque des embuscades russes pour la nuit, un obus a éclaté près de nous. Heureusement ses éclats n'ont fait que briser deux crosses de fusil. On peut suivre les tranchées par les traces de sang qui s'y montrent. A chaque instant on enlève des morts ou des blessés.

De là nous nous sommes rendus dans les batteries construites et servies par des marins de la flotte. Le contre-amiral Rigault de Genouilly (1) les commande, nature ouverte et droite, gouvernant son monde paternellement et s'en faisant

(1) Amiral de France, ancien ministre de la marine, écrivain militaire, homme de bien, mort, à Nice, le 4 mai 1873.

aimer et estimer. Il a auprès de lui le commandant Pothuau (1) officier des plus distingués et des plus braves, avec qui je me suis lié et dont je goûte très fort la société. C'est, avec le bon amiral, un des familiers aimés de notre quartier général. Je me rends, aussi souvent qu'il m'est possible, à ce poste de nos marins, où règnent, mieux que partout ailleurs, l'ordre, la propreté, la bonne humeur et une parfaite courtoisie chez tous les officiers.

Pendant notre séjour dans cette importante batterie, un boulet ennemi rase le parapet, nous couvre de terre et renverse le chapeau à plumes blanches du général en chef. Il était bien à un doigt de la mort.

Cette tournée s'est terminée, comme d'habitude, par une visite aux ambulances. Que de misères et de douleurs! Le général me dit : « Voilà le revers de la médaille. » Oui c'est un revers taché de sang et de larmes ; mais, quand le temps a fait disparaître ces taches, la médaille n'en devient que plus belle et plus précieuse. Dans ces visites, notre chef, chéri de ses soldats, ne manque jamais de leur distribuer des pièces d'or qu'il a serrées exprès dans sa poche, et qui sont ce qui lui reste de ses appointements mensuels, qui, d'après ses principes, ne lui appartiennent pas et ne doivent servir qu'au plus grand avantage de sa haute mission.

---

(1) Vice-amiral, ancien ministre de la marine, mort le 7 octobre 1882.

V

21 avril 1855.

Nous avons continué à bombarder Sébastopol et à tirer vivement contre ses batteries. Pour les Russes, pouvant facilement réparer leurs pertes au moyen de leurs communications avec le dehors, ces dommages sont peu de chose relativement au mal que l'on comptait leur faire. Jamais on n'a fait un siège dans des conditions pareilles. Il est fâcheux que dès le début on n'ait pas mieux jugé les difficultés que nous avions à vaincre. Sébastopol est une ville immense, fortifiée avec tout le perfectionnement de l'art moderne, défendue vaillamment, avec des communications libres et une flotte intacte de plusieurs grands vaisseaux.

Les travaux nécessaires et à peine suffisants que nous entreprenons demandent une armée de cent mille hommes. Nos soldats n'ont qu'une nuit de repos sur deux ; ils quittent la garde de tranchée pour reprendre la pelle et la pioche. Ne pouvant détacher une partie de l'armée pour une opération en rase campagne, le mieux est encore de continuer comme on peut les opérations engagées. Nous faisons réellement quelques progrès, et depuis huit jours, grâce à la supériorité de notre feu et surtout à une mine que nous avons fait sauter en avant du bastion du Mât, nous sommes parvenus à construire une quatrième parallèle, qui nous rapproche du fossé de la place d'environ une cinquantaine de mètres. On se garde fortement dans cette nouvelle parallèle ; on construit une batterie plus rapprochée dans la troisième pour battre le bastion Central. On prépare ainsi les brèches qui permettront d'escalader l'enceinte de la ville. Il y aura encore des descentes de fossés à construire : on n'en est pas là. Il ne faut donc pas s'attendre à un succès définitif d'ici à longtemps.

De petits combats de chaque nuit mettent en relief la valeur de nos soldats. Les Russes construisent incessamment des embuscades à portée de nos travaux pour les arrêter et couvrir en même temps les approches de leur ville. Il s'agit de les enlever. C'est une opération délicate, dangereuse, qui ne peut se faire que la nuit. Nous y perdons beaucoup de monde : le général Canrobert ne signe pas un ordre de ces sortes de combat sans que son cœur saigne. Pour donner une idée de ses sentiments d'humanité, dernièrement il passe la revue d'un détachement que l'on réunissait le soir pour une de ces sortes d'affaires de nuit. Prévoyant qu'elle serait sanglante, il parle à cette troupe dans les termes les plus propres à enflammer son courage, et finit en disant que si quelqu'un de ces braves gens se sent faiblir devant le danger, qu'il rentre tranquillement sous sa tente, il ne lui sera rien fait. Le général aurait tenu parole, mais il ne pouvait parler un langage plus capable de toucher son monde et de lui inspirer les sentiments les plus élevés.

J'ai assisté avant-hier matin à une reconnaisance faite par Omer-Pacha, dans les environs de la Tchernaïa (1). Le but était de reconnaître l'état de la rivière et celui des chemins qui conduisent à l'ennemi. L'impossibilité d'agir de ce côté nous a été démontrée. La Tchernaïa s'étend en marécages dans une campagne boisée et trop accidentée. Avant de gagner la baie de Sébastopol, elle passe dans une vallée étroite, dont l'un des côtés est bordé par des montagnes abruptes que nous occupons, et l'autre par des obstacles de même importance fortifiés

(1) En russe, *noire* (*rivière noire*).

et défendus par les Russes. Ils ne peuvent pas plus nous inquiéter que nous ne pouvons les attaquer chez eux. Le général Canrobert avait bien espéré que, par suite de l'ouverture du feu contre Sébastopol et par cette démonstration des troupes turques, les Russes descendraient le plateau de Mackensie, et qu'à leur poursuite nous pourrions le remonter avec eux : mais ils n'ont pas été si simples que de faire notre jeu.

Dans cette reconnaissance d'Omer-Pacha, les cinq ou six bataillons russes que nous avons rencontrés, avec trois escadrons de leur cavalerie, se sont retirés à notre vue. Deux officiers anglais qui s'étaient réunis à nous en curieux ont trouvé le moyen de se faire prendre par les Cosaques. La curiosité est un des traits du caractère de l'Anglais : il veut voir et savoir. A tout bien considérer, mille fois mieux cette singularité que l'indifférence des Turcs, qui en fait comme des étrangers dans le monde civilisé, qu'ils ne savent ni voir ni comprendre.

Une bien triste cérémonie a eu lieu ces jours-ci : l'enterrement du général Bizot, officier des plus capables. Il dirigeait avec une intelligence et un dévouement remarquables, comme chef du génie, les travaux du siège. Il a été frappé mortellement en allant reconnaître, avec le général Niel, les travaux de contre-approche ennemis. Grande perte vivement sentie par toute l'armée. Les états-majors des armées alliées, lord Raglan en tête, ont voulu payer un juste tribut de regrets et de sympathie à cette victime du devoir. La cérémonie était des plus touchantes. Impossible de mieux parler que notre général en chef, avec plus d'âme, plus de cœur et d'éloquence... Il a fait venir des larmes à toute l'assistance. N'était-ce pas un spectacle nouveau et propre à impressionner que de voir Omer-Pacha, les officiers turcs, égyptiens, assister à cet enterrement religieux et jeter de l'eau bénite sur le corps d'un chrétien?... Cette guerre aura du moins pour résultat de faire disparaître bien des haines, bien des préjugés, et de faire entrer peut-être les peuples de l'Orient dans le mouvement de la civilisation chrétienne.

VI

28 avril.

Les nouvelles que j'aurais à envoyer manquent du caractère d'intérêt que donne l'actualité. Les Anglais, toujours prompts à utiliser les découvertes de la science moderne, et auxquels cet esprit d'initiative donne une supériorité incontestable sur les autres peuples de l'Europe, ont établi un télégraphe électrique de Bucharest à leur quartier général, en l'immergeant dans la mer Noire depuis Varna jusqu'au monastère Saint-Georges, près Balaklava.

Depuis deux jours ils sont en communication presque instantanée avec Vienne, Londres et Paris. Ce télégraphe a été mis obligeamment à notre disposition. Nous avons commencé à en profiter, ce qui va augmenter notre correspondance officielle, déjà pas mal chargée. Lord Raglan se mettra bientôt en rapport avec ses lieutenants au moyen de petits télégraphes, de sorte que, sans sortir de chez lui, il pourra savoir ce qui se passe à son corps d'armée et lui dicter ses ordres.

Quelle différence dans le caractère des deux armées comme dans celui de leurs généraux! Le soldat anglais est froid, silencieux, calme, discipliné; il soigne son linge, ses effets, s'occupe de sa cuisine. Le nôtre est toujours en train, gai, insouciant, raisonneur, propre par discipline, mais négligeant tout ce qui occupe les Anglais, et ne cherche dans les loisirs des camps que des occasions d'amusements et de distractions. Son général vit comme le soldat, sort, se montre partout, ne néglige aucun détail et prêche d'exemple. Lord Raglan, lui, ne sort presque jamais de chez lui. Installé dans une maison très confortable, avantageusement située près d'une fontaine, il vit là comme dans une maison de campagne des environs de Londres. Sa table est bonne, très abondamment servie. Il n'y manque rien ! Est-ce pour cela qu'il n'a jamais accepté à dîner au quartier général français ? J'accompagne souvent le général Canrobert chez lord Raglan. La vue de cet ancien aide de camp et parent de Wellington à Waterloo, avec le bras de moins qu'il a perdu à cette célèbre bataille, inspire le respect. D'une taille élevée et un peu forte, recherché dans sa tenue, il a l'air très grand seigneur. Son accueil, froid mais bienveillant, finit par devenir cordial. Ses talents militaires, que l'âge et l'inactivité forcée ont affaiblis, ne répondent pas à sa haute situation ; mais il n'en exerce pas moins une autorité réelle sur son armée et même sur la nôtre, où l'on ne fait rien sans le consulter avec toute la déférence qui lui est due. Ceci est à l'éloge de notre général en chef, qui n'aura pas peu contribué au maintien du bon accord entre les deux armées. Lord Raglan a une confiance médiocre dans le succès de notre entreprise ; de là les dispositions de son esprit qui lui donnent un air triste et préoccupé. Il se déride un peu quand la conversation tombe sur des sujets galants. J'ai toujours été traité par lui avec une affabilité dont je suis très fier. Les officiers de son état-major sont les hommes les plus polis et les plus comme il faut que je connaisse. Ils sont bien installés dans de grands bâtiments qui les garantissent de la pluie, du froid ; ils n'ont pas à souffrir, comme nous, qui vivons sous la tente, des intempéries des saisons.

On avait espéré qu'en ouvrant, il y a trois semaines, un feu d'enfer contre Sébastopol, l'armée russe, forcée par la nécessité, ferait une sortie qui nous permettrait dans notre poursuite d'entrer avec elle dans la ville. Le général prince

Gortschakoff, qui a remplacé le prince Menschikoff, n'est pas tombé dans le piège : les Russes se sont maintenus dans une prudente défensive... Nous n'avons pas eu de bataille renouvelée d'Inkermann ! Nous sommes ainsi forcés tout bonnement à nous en tenir à la poursuite du siège. C'est la partie gauche que nous serrons de plus près.

Omer-Pacha, qui était venu ici pour nous prêter le concours de ses troupes, dans l'espérance de combats sérieux avec l'armée ennemie, est reparti lundi pour Eupatoria. Il y a de ce côté des forces russes considérables; mais je crois qu'elles ne tenteront rien après leur échec du mois de février. Omer-Pacha, que les troupiers appellent le *Maire-Pacha*, a laissé ici une très bonne impression. Il paraît aimer les Français, qui ont le caractère aimable, sympathique aux étrangers ; mais il goûte moins les Anglais. Je perds de vue nos opérations. Le feu contre la place s'est fort ralenti; nous n'avions pas assez de munitions pour continuer comme aux premiers jours. Le brave général Lebœuf (1), commandant l'artillerie, plein d'ardeur, voulait faire feu de tout bois. On aime à le voir avec sa figure animée, inspirant la confiance et prédisant le succès. Malheureusement les choses en ce monde ne vont pas au gré de nos désirs. Il faut maintenant renoncer à une attaque directe. Il y a une combinaison qui doit assurer l'heureuse issue de la campagne ; mais il faut l'arrivée de grands renforts de troupes que nous attendons. Les Russes, il faut le reconnaître, font une défense admirable. Avec eux, l'opération d'un siége n'est pas chose facile !

Nous avons eu hier une grande revue passée par le général en chef. J'ai assisté à peu de spectacles aussi imposants. La division égyptienne, commandée par un des vainqueurs de Nezib, était réunie au corps d'armée du général Bosquet. Toutes les troupes, moins celles employées à la garde et aux travaux des tranchées, étaient massées sur les hauteurs qui dominent la vallée de la Tchernaïa, presque vis-à-vis des cantonnements russes. L'ennemi a dû être étonné mais en

(1) Maréchal de France, mort le 7 juin 1888,

même temps inquiet de tout ce mouvement d'un corps de trente à quarante mille hommes, avec l'accompagnement du bruit de toutes nos musiques. Aujourd'hui c'était le tour du corps d'armée Pélissier. Cette dernière solennité militaire a été rendue intéressante par la présence de lord Raglan, de l'amiral Lyons et de lord Redcliffe, venu ici pour voir les choses de très près. C'est un diplomate d'une figure fine, intelligente, d'un très grand air. On juge déjà, en le voyant, que les intérêts anglais qu'il représente à Constantinople ne seront pas compromis entre ses mains. Par ses représentants seuls à l'étranger, on s'aperçoit que l'Angleterre est une grande nation.

VII

12 mai.

On a fini par comprendre que la guerre contre les Russes n'est pas une plaisanterie. Depuis un mois on nous envoie des renforts considérables. Déjà les Piémontais sont arrivés. La Marmora, qui les commande, est venu, hier, à notre quartier général. Grand, élancé, il a un air martial et chevaleresque. Sa conversation est vive, ses manières agréables. Sans prétention, d'ailleurs, simple et modeste, quoique investi d'un grand commandement, il a le désir de nous prêter le concours le plus actif et le plus dévoué. On attend bientôt nos corps de réserve, avec la garde impériale, réunis déjà à Constantinople. Nous aurons, au plus tard vers le 20 mai, une armée, ou plutôt quatre armées, présentant un effectif de deux cent mille hommes ; nous aurons ensuite des moyens d'action immenses, des ressources de transport, des munitions, des approvisionnements de toutes sortes, comme on en a rarement réuni à la guerre. Alors on pourra commencer sérieusement les opérations. Tout ce que l'on a fait jusqu'à ce jour n'est que le premier acte du grand drame qui doit se jouer sur ce plateau de Chersonèse.

Ne nous faisons cependant pas trop d'illusions : la guerre a ses hasards, et l'on n'est jamais sûr de réussir. Ceux qui ne doutent de rien sont les plus dangereux à l'œuvre. On aurait pu tenter ces jours-ci un assaut, après les quelques tentatives plus ou moins heureuses de bombardement ; mais c'était fort chanceux. Un échec aurait eu des conséquences déplorables. N'est-il pas plus sage de s'engager dans le pays, d'attaquer les armées russes de secours qui arrivent par Simféropol, puis d'investir entièrement la ville ?

Il est toujours question du voyage de l'Empereur en Crimée. Ce matin même a débarqué un de ses officiers d'ordonnance, le commandant d'artillerie Favé (1), porteur d'une lettre importante. Peut-être en est-il question dans cette dépêche. J'ai dressé à cet officier une espèce de lit dans ma tente ; j'ai mis le peu que j'avais à sa disposition, mais je doute qu'il se trouve aussi bien là que dans le palais des Tuileries.

A l'un des derniers repas du soir, qui ont lieu assez tard, parce qu'on attend que toutes les tournées du camp soient terminées, nous avons été très intéressés par les conversations qui se sont produites à table. Le général Canrobert, d'une noble et ancienne famille du Quercy, nous a raconté que lorsqu'il avait dû être envoyé à l'institution de Senlis (2), où

(1) Général d'artillerie, ancien gouverneur de l'Ecole polytechnique, écrivain militaire, membre de l'Institut.

(2) Institution de Senlis, sous le patronage du vieux prince de Condé. D'après la règle établie par les chevaliers de l'ordre royal et militaire de Saint-Louis, chaque membre de l'ordre, sans se nommer, versait une somme qui était proportionnée à ses ressources personnelles. Le total de ces dons anonymes servait à payer les frais de l'éducation des fils de ceux qui se trouvaient sans fortune.

Les généraux Renault, tué au siège de Paris ; Ladmirault, Desmarest, Grandchamp, Guyot de Lespart, tué à Sedan, etc., etc., ont été élevés dans cette institution, qui était la meilleure école préparatoire aux écoles militaires qu'il y eût alors.

Le prince de Condé en était le président honoraire. Comme présidents, on comptait entre autres, vers la fin de la Restauration, le vieux maréchal de Vioménil, qui avait fait la guerre de sept ans ; le maréchal duc de Reggio, le lieutenant général vicomte de Gontaut-Biron ; le lieutenant général comte de La Gallissonnière, fils du vainqueur de l'infortuné Byng, accusé de s'être battu de trop loin. L'amiral de La Gallissonnière, ne pouvant aller à Londres, où il avait demandé à se rendre pour défendre l'amiral anglais, envoya un mémoire où il disait : « Est-ce que moi, vainqueur, je me suis battu de plus près ? »

étaient élevés les fils de chevaliers de Saint-Louis sans fortune, son père l'avait pris sur un cheval de ferme et conduit en croupe derrière lui jusqu'à la petite ville de Brives-la-Gaillarde. Là, il avait été confié au conducteur de la malle-poste pour être amené à Paris, chez son oncle, le général Marbot (1). On était loin encore de notre temps de chemins de fer, et on ne craignait pas alors de faire voyager seul un enfant de dix ans ! Plus tard, à sa sortie de l'École militaire de Saint-Cyr, sa mère, en se gênant beaucoup, lui remit quinze louis d'or, qui lui parurent une fortune. C'est la seule chose qu'il ait jamais reçue de ses parents pendant toute sa carrière, qui date de 1828 ! Très familier avec l'histoire de nos guerres d'Afrique et du premier Empire, il nous fait passer les heures les plus intéressantes par les épisodes qu'il nous en raconte.

Après le dîner, je me rends presque chaque soir auprès du général Trochu, qui me dicte ces rapports officiels que vous devez lire dans le *Moniteur*, et que vous devez trouver très bien faits.

Notre travail ne se borne pas à cela, comme vous le pensez bien ; nous avons une correspondance suivie qui nous prend une partie de la nuit, ce qui me donne l'occasion de me rendre utile dans cet ordre de mes fonctions. Je prends un grand intérêt à tout ce que je vois, à tout ce que je fais. Si j'ai des privations, des fatigues, j'en suis bien dédommagé par l'amitié bienveillante que me témoigne chaque jour davantage notre général en chef.

Les meilleures nouvelles de notre armée. La guerre la relève et la fortifie ; elle gagne beaucoup à être soustraite à la vie de garnison, qui n'a jamais convenu aux Français.

La cavalerie n'a encore rien pu faire depuis le siège, mais les autres armes auront payé pour elle. Son campement est avantageusement situé dans une vallée riante, au pied de notre plateau, à droite de nos lignes.

Le général Morris (2), un de nos plus vaillants officiers de

(1) Baron de Marbot, lieutenant général, historien militaire, aide de camp de S. A. R. le duc d'Orléans, etc.
(2) Général de division, mort à Paris, le 6 juin 1867.

cavalerie de l'armée d'Afrique, la commande ; chaque fois que je me rends auprès de lui, par devoir ou par agrément, j'en reçois l'accueil le plus cordial, en souvenir de mon beau-frère, le colonel de Thorigny, qui commandait, en 1837, le régiment des spahis, à Oran (1). J'ai le regret de ne pouvoir accepter les invitations à dîner de cet excellent général, qui, chaque fois, me rappelait celles qu'il recevait de mon père (2), dont la maison était des plus hospitalières pour les amis et frères d'armes d'Afrique de son gendre, qui se trouvaient en congé à Paris.

Je retrouve là, avec grand plaisir, le colonel Pajol, qui est toujours de bonne humeur et n'a que des paroles aimables à m'adresser ; mon cher camarade de collège, François de La Rochefoucauld (3), qui ne demande qu'à se battre, tant son tempérament guerrier l'y contraint ; enfin d'autres officiers que j'avais déjà reçus à leur débarquement à Gallipoli, et que j'étais bien heureux de revoir ici.

(1) Comte de Thorigny, mort le 17 mai 1838. C'est dans son régiment que servaient à cette époque, comme chef d'escadron, le futur commandant en chef du corps expéditionnaire de Chine, le général de Montauban, et comme capitaine, le futur commandant en chef du corps d'occupation de Rome, le général de Montebello.

Les généraux Fleury et du Barail, mes camarades de collège, y firent leurs débuts dans leur brillante carrière, comme simples soldats. Ces relations de jeunesse firent choisir au général Fleury ce régiment, où il devait compter sur le plus bienveillant accueil.

(2) Le chev. Bocher, ancien officier de cavalerie, colonel d'état-major de la garde nationale de Paris, dès la première année de la Restauration, gentilhomme honoraire de la Chambre du roi Charles X.

(3) Duc de La Rochefoucauld, retiré du service comme colonel, mort à Paris, le 2 décembre 1879.

VIII

Mai.

Omer-Pacha, qui était parti ces jours-ci pour Eupatoria, nous est revenu après nous avoir causé d'inutiles frais d'embarquement et de débarquement. C'est un esprit indépendant qui ne prend d'ordres que de lui-même.

Toutes ces allées et venues indiquent aussi qu'il n'y a pas de plan arrêté dans les conseils des généraux alliés, ou du moins que le général français ne peut faire prévaloir le sien. C'est bien difficile de faire marcher des armées qui ont des tempéraments opposés sous des chefs différents. Nous avons ici des Anglais, des Français, des Italiens et des Turcs. Placez à leur tête Napoléon, Turenne, Frédéric, le grand Condé, ils feront moins bien qu'avec un seul général, même médiocre.

L'amiral Bruat est venu déjeuner ce matin. Il y avait aussi à notre table un jeune midshipman de la flotte anglaise, de dix ans à peine. Cet enfant, neveu du général Rose, a l'aplomb d'un jeune homme qui sort de notre École navale. Il fait très bonne figure au milieu de ces officiers de la marine, tous beaucoup plus âgés. Des éducations pareilles sont assurément plus propres à former d'excellents officiers que ces études compliquées, inutiles, auxquelles on assujettit les élèves de notre marine jusqu'à dix-huit ans! Les jeunes officiers anglais du même âge ont sur eux une avance de sept à huit ans de service sur mer. On ne s'occupe pas assez chez nous du moral, du caractère et de la santé des jeunes gens. On croit que la science fait tout : elle ne supplée pas à l'expérience, et sert souvent à fausser le jugement, si précieux dans la conduite de la vie.

Après déjeuner, j'ai accompagné l'amiral Bruat chez Omer-Pacha. Comme il est très mauvais cavalier, je lui ai prêté un cheval d'une douceur peu commune. Quel type de vieux marin ! Il fallait le voir avec sa casquette de mer, une simple redingote d'uniforme, sans distinction de grade, un pantalon relevé jusqu'à mi-jambes, des chaussons de lisière et des gants de filoselle percés ! C'est dans cet accoutrement qu'il traversait les camps. Pour ne pas rire, il fallait savoir que c'était là le digne commandant en chef de notre flotte et l'homme le plus distingué, le plus respecté de toute notre marine. Omer-Pacha était bien installé dans son camp, on peut dire comme un pacha ; il a reçu l'amiral avec les plus grandes prévenances, a fait apporter du café, des confitures, et donné l'ordre à sa musique de nous jouer des airs français.

La garde impériale est arrivée. Les hommes débarquent chaque jour. J'ai vu hier mon frère Alfred, ce qui ne m'a pas causé un faible plaisir. Les nouvelles de famille qu'il me donnait étaient déjà anciennes. Quoiqu'il faille du temps pour se rendre de France en Crimée, nous avons sur les Russes cet avantage que, la voie de mer étant plus commode que la voie de terre et beaucoup plus courte à la fois, nos approvisionnements nous arrivent plus facilement, et nos soldats débarquent ici plus frais et dispos que s'ils étaient obligés de prendre la voie de terre. Ce que les Russes ont dû perdre de monde l'hiver, sur leurs routes glacées, est incalculable ! Par ce fait seul s'explique la faiblesse relative de leur situation et la confiance que nous devons avoir dans l'avenir.

La garde est commandée par le comte Regnaud de Saint-Jean d'Angély (1). C'est plutôt un homme du monde et d'admi-

(1) Comte Regnaud de Saint-Jean d'Angély, maréchal de France, mort le 2 février 1870.

nistration qu'un homme de guerre ; il n'en est pas moins aimé et estimé de ce corps d'élite, Son affabilité, ses manières distinguées, sa modestie, qui cache de grandes qualités, en font un général, sinon brillant, du moins très propre à ce commandement important. Je l'ai connu autrefois, je l'ai revu avec plaisir ici, où il m'a fort bien accueilli et m'a rappelé d'heureux souvenirs du temps passé.

J'ai été agréablement surpris de retrouver le général de Béville (1), ami de mon frère aîné, qui est arrivé des premiers avec la garde. Il m'apportait des nouvelles de Paris. Il en aura souvent de son côté, qu'il pourra me communiquer, et, le hasard me faisant trouver dans son voisinage, je pourrai me procurer le plaisir de sa conversation fine, aimable, intéressante et un peu caustique.

Les uniformes de la garde ont fait ici un singulier effet. Ces grands bonnets à poil et ces longues capotes d'uniforme rappellent les soldats du premier Empire, illustrés par Charlet. Cela n'est plus pratique dans nos armées actuelles : c'est une mise en scène bonne pour les parades ou les revues aux Tuileries. L'ordre a été donné d'envoyer toutes ces coiffures, ridicules pour un siège, dans les magasins de dépôt, à Constantinople. Le meilleur uniforme, à la guerre, est encore celui des zouaves ou des chasseurs à pied.

Le mois de juin sera fertile en gros événements. Malgré tout, on ne pourra guère se rendre maître de Sébastopol avant trois mois ; les opérations dans l'intérieur de la Crimée demanderont la fin de l'année : nous serons donc encore ici l'hiver prochain. Je ne puis m'empêcher de m'irriter de la crédulité ou de l'ignorance des journaux français et anglais qui parlent d'opérations sur le Rhin ou sur le Danube pour cette année... Mais avec quoi ? La résistance inattendue de la Russie calmera tous ces propos insensés. En attendant, si nous ne prenons pas encore Sébastopol, nous nous fortifions bien à Kamiesch et à Balaklava.

(1) Yvelin de Béville, général de division du génie, mort le 5 janvier 1885.

IX

Je viens aujourd'hui, bien tristement, vous parler de la nouvelle qui occupe si douloureusement l'armée d'Orient, et qui m'a été plus particulièrement sensible. Le général Canrobert, après d'insurmontables difficultés avec les Anglais, qui ne peuvent ni ne veulent démarrer de leurs camps, ne comprenant .pas qu'une grande entreprise en rase campagne est seule capable de nous tirer d'affaire, s'est décidé à se démettre de son grand commandement. Animé d'un zèle patriotique bien exemplaire, il a demandé à servir comme simple divisionnaire, c'est à dire au troisième rang dans cette armée dont il était hier le chef respecté. Voilà le sacrifice consommé pour l'union des puissances alliées. Il l'a été, on peut le dire, avec une dignité, une grandeur d'âme incomparables.

Le général a beaucoup insisté pour se démettre de son pouvoir ; il n'a voulu consulter aucun de ses amis dévoués, qui tous auraient été opposés à son projet. Les lenteurs du siège, les déceptions éprouvées et cet aveuglement trop commun de l'opinion publique qui s'en prend aux hommes plutôt qu'aux choses, avaient donné aux rapports du ministre de la guerre avec le général en chef un caractère peu en harmonie avec la dignité d'une âme si délicate et d'un cœur si haut placé.

Le chagrin est universel; l'émotion du premier moment a été des plus vives. S'il avait été tué, il n'y aurait pas eu plus de regrets. Aucun général en chef n'aura inspiré de plus profonds sentiments d'estime et d'affection à ses soldats. N'avait-il pas été le soutien de tous dans les jours d'épreuves et celui qui contribua le plus aux succès de l'Alma et d'Inkermann ?

Son état-major particulier devait être plus affecté encore de cette démission. Le matin qui suivit la nuit dans laquelle le télégraphe apportait la réponse attendue de Paris, nous fûmes mandés tour à tour dans la tente où n'avait guère dû dormir celui qui l'occupait. Le général Canrobert, nous annonçant lui-même sa démission, offrit à chacun de nous les avantages personnels qu'il pouvait encore nous donner dans les derniers instants de son pouvoir. Je ne demandais qu'à partager la fortune, bonne ou mauvaise, de celui que j'aurais été trop affligé de quitter, ce qui me fut accordé avec une bienveillance extrême. Je reste donc attaché à son état-major, avec le digne colonel de Cornely, son dévoué docteur Quesnoy et de Modènes (1), comme officier d'ordonnance.

Le général Trochu a le commandement d'une brigade; le lieutenant-colonel Waubert de Genlis devient l'un des aides de camp du général Pélissier, comme il avait été celui du maréchal de Saint-Arnaud. Le duc de Dino (2) est nommé commissaire français auprès de l'armée sarde, fonction que personne ne saura mieux remplir; Pierre de Castellane (3), arrivé depuis deux mois au milieu de nous, passe à l'état-major du général Bosquet. Le colonel de La Tour du Pin, qui, sans mission officielle, mais avec un goût sans exemple pour la guerre,

---

(1) Mort officier supérieur, d'une chute de cheval.

(2) Le duc de Dino avait fait la campagna d'Italie, en 1848, avec l'armée sarde, à l'état-major du roi Charles-Albert, et en a fait un récit dans la *Revue des Deux-Mondes*.

(3) Fils du maréchal de Castellane, auteur d'articles très estimés de la *Revue des Deux-Mondes*, a été longtemps consul général sous l'Empire; a su rendre des services à la France dans cette autre carrière.

s'était réuni à notre état-major, nous suit dans notre nouvelle fortune par amitié et par une estime toute particulière pour notre cher général (1).

(1) Un capitaine, M. Dechard, très estimé de notre général, qu'il avait accompagné à l'assaut de Zaatcha, refusa le grade de chef de bataillon, sous prétexte qu'il ne se sentait pas assez capable d'en remplir les fonctions. Il fut nommé sur l'heure officier de la Légion d'honneur. Quelque temps après, engagé dans une affaire des plus sanglantes, son général lui demanda où était sa compagnie? La voilà! répondit Dechard en montrant presque tous ses hommes gisant à terre, par le feu de l'ennemi. Il en était presque le seul survivant !

X

Du camp de Tracktir (1).

1er juin 1855.

J'espère qu'à Paris on aura jugé, comme à l'armée d'Orient, le rare mérite et la noble conduite pleine de désintéressement du général Canrobert. L'histoire offre peu d'exemples d'une telle abnégation ; elle ne nous parle que d'ambitieux capables de tout pour conserver ou saisir le pouvoir. L'impossibilité de faire adopter par les Anglais un certain plan de campagne, qui était le meilleur et le plus décisif, a fait tomber en d'autres mains la direction des opérations lentes et ruineuses du siège.

Le commandant du 2e corps avait été indiqué au gouvernement, par celui dont il était le lieutenant, comme le plus capable pour cette direction. L'opinion de l'armée était complètement d'accord en cela avec son digne chef. Les antécédents militaires de Pélissier (2), sa valeur personnelle, sa haute

(1) Tracktir, en russe *auberge*.
(2) Nommé maréchal de France le lendemain de la prise de Sébastopol, créé duc de Malakoff, ambassadeur à Londres, grand chancelier de la Légion d'honneur, gouverneur général de l'Algérie, mort à Alger le 22 mai 1864.

autorité sur ses compagnons d'armes, justifient cette confiance publique. Le nouveau général en chef n'est pas le même homme que celui qu'il remplace; c'est un tout autre caractère, mais c'est un caractère. Il a bien sa valeur. Fier, énergique, décidé, il saura tout sacrifier pour le succès, sa propre vie comme celle de ses soldats. D'une grande probité, il ne transigera ni avec ses opinions, ni avec sa conscience; il ira toujours droit au but, sans se préoccuper des autres. Peu aimé du soldat, qu'il traite durement, il saura s'en faire respecter et obéir. Méprisant par instinct ceux qu'il n'estime pas, il aime à s'entourer de gens distingués, comme le font tous les esprits d'élite. Pour de l'esprit, il en a beaucoup et du plus mordant; il en a souvent abusé envers ses inférieurs ou ses égaux, jamais par méchanceté. Il est un peu bourru, mais c'est un bourru bienfaisant.

Ses opinions sur les opérations du siège se rapprochent de celles de l'état-major anglais; cependant elles sont loin d'être partagées par Bosquet et Omer-Pacha, deux autorités en pareille matière. Ce manque d'unité de vues dans la conduite de cette guerre ne peut avoir que des résultats déplorables. Nous en souffrirons tous.

Ce qui me console de la démission de notre ancien général en chef, c'est l'affection, la popularité, la respectueuse sympathie qui le suivent dans son nouveau commandement. Les visiteurs ne désemplissent pas à notre modeste camp. Il nous vient plus de monde qu'autrefois au grand quartier général. La noblesse du caractère, l'élévation des sentiments, seront, malgré tout, les premiers titres à la considération et à l'estime des hommes.

Omer-Pacha, qui a su par ses talents militaires conquérir le premier rang, dans l'empire de Turquie, après le sultan, lui en donne une preuve bien touchante. Il ne veut pas survivre, comme généralissime des forces turques, à cette disgrâce de son ami, et il a demandé à son gouvernement d'être déchargé de ses hautes fonctions militaires. Dégoûté de tout, il veut se retirer aux États-Unis et y vivre en simple citoyen. Je l'ai engagé à se retirer plutôt à Paris, où il serait bien reçu et considéré. En attendant, sa démission n'est pas acceptée à Constantinople ; mais il insiste, et il met son gouvernement en demeure de le remplacer avant un mois. Il est venu déjeuner ce matin chez le général Canrobert ; il ne veut voir que nous et nous a invités à déjeuner à son camp pour dimanche.

Omer-Pacha ne demandait pas mieux que de servir sous les ordres du général Canrobert, dont il épousait tous les projets ; mais il ne veut pas subir les idées du nouveau commandant, qui, dit-on, l'a blessé dans son amour-propre, et surtout celles de lord Raglan. Son départ de Crimée, s'il a lieu, sera le coup le plus funeste porté à la puissance militaire de la Turquie, qui est déjà bien affaiblie. On ne trouvera personne qui puisse lui succéder avec la même autorité, le même prestige. Les quelques officiers qui servent après lui sont des Polonais, des Hongrois ; viennent après des Turcs, de pauvres diables mal tenus, sans éducation, sans instruction, qui diffèrent de leurs soldats on ne sait par quoi. C'est une armée qui à elle seule ne peut rien entreprendre ; elle est bien l'image de l'empire qu'elle aurait la prétention de défendre, empire fini, destiné à être partagé et effacé au moins de la carte de l'Europe.

Depuis le nouveau commandement, on s'est emparé de Kertch, à la suite d'une expédition par mer à laquelle tenaient beaucoup les Anglais. Mais c'était bien dans la pensée de l'ancien général en chef, qui voulait frapper tous les coups à la fois après l'arrivée de toutes ses réserves : chercher l'armée ennemie à Simféropol par la vallée de l'Aloutcha, attaquer en même temps, Kertch, Caffa, les établissements russes de la mer d'Azof ; faire une diversion sur le plateau d'Inkermann, et attaquer de front les ouvrages avancés de la place.

Le système Pélissier consiste à faire chaque chose nécessaire successivement : après Kertch, attaquer le mamelon Vert, puis les ouvrages blancs. La patience de l'armée sera à bout. C'est pénible pour ceux qui, arrivés au mois de mars de l'année dernière, sont privés depuis quinze mois de toutes les douceurs de la vie civilisée, sans espoir de retour prochain.

Une assez belle affaire a eu lieu ces jours-ci sur la Tchernaïa.

Les journaux vous en auront rendu compte. Le général Canrobert avait le commandement de cette expédition, et il a eu tout le mérite du succès. Nous avions marché toute la nuit pour surprendre les Russes à l'aube.

Le général Morris commandait la cavalerie, qui donnait pour la première fois, car elle n'a pu jouer qu'un rôle très effacé pendant les opérations du siège.

Partis de notre camp du plateau d'Inkermann à minuit, à deux heures du matin, infanterie, cavalerie et artillerie étaient réunies dans la plaine, devant les feux des bivouacs russes. A trois heures le mouvement commençait. Les avant-gardes ennemies, averties ou prévenues par le bruit de notre marche, se sont repliées. Nous avons passé la Tchernaïa au pont de Tracktir, et le combat s'est poursuivi au delà, jusqu'à une forte redoute qu'occupaient les Russes et que nous avons détruite. Depuis cette affaire, nous sommes maîtres de toute la plaine qui s'étend des environs de Balaklava aux bords de la Tchernaïa, ce qui nous donne accès dans la vallée de Baïdar, que nous ne tarderons pas à occuper.

XI

9 juin 1855.

Nous avons eu la nuit dernière, à la droite de nos attaques, une affaire très chaude : l'enlèvement du *mamelon Vert* et des *ouvrages blancs*. Le général Canrobert voulait éviter cette série de combats meurtriers qui finiront par nous faire prendre Sébastopol, mais sans détruire l'armée russe; tandis qu'une victoire remportée sous les murs de Simféropol nous rendait d'un seul coup maîtres de la Crimée et terminait la guerre ! Ne pouvant décider les Anglais à sortir de leurs camps, il a bien fallu se résigner à procéder par assauts successifs.

Jusqu'à présent nous n'avons dû nous occuper que des ouvrages de contre-approche, c'est-à-dire extérieurs à l'enceinte bastionnée de la place, et déjà, pour les enlever, nous avons fait des pertes énormes. Au combat d'hier soir, trois à quatre mille hommes ont été couchés par terre; et à l'avant-dernier, du côté des attaques de gauche, nous comptions déjà près de trois mille tués ou blessés! Si cela continue, nous perdrons bien trente à quarante mille hommes avant d'en finir avec ces intrépides assiégés. Ce n'est plus de la guerre, c'est une boucherie. En effet, voici comment les choses se passent. Une division d'infanterie de sept à huit mille combattants, renforcée de troupes de réserve, se masse derrière les parallèles les plus rapprochées des ouvrages que l'on doit attaquer. A un signal donné, après un feu d'enfer dirigé contre la défense, tout le monde sort pour ainsi dire de dessous terre; officiers et soldats s'élancent pêle-mêle contre ces retranchements ennemis. Si, malgré l'audace et la valeur des assaillants, on ne réussit pas une première fois, l'on revient précipitamment se terrer derrière les parallèles; puis on repart sous une fusillade et une mitraillade épouvantables, sans s'occuper des morts ni des blessés. On finit par arriver, comme cela s'est passé dans la journée d'hier, mais pas toujours : il n'est de certain que le nombre considérable des victimes. L'officier ne joue là qu'un rôle secondaire, et l'art militaire n'y est pour rien : c'est affaire de courage des soldats et d'élan. Sous ce rapport, les nôtres ne le cèdent à ceux d'aucune armée. Avec une faible distribution d'eau de-vie et de café avant le combat et quelques bonnes paroles que nos officiers savent si bien trouver dans leurs âmes guerrières, il n'en faut pas plus pour rendre les Français capables des efforts les plus héroïques !

Cette attaque du mamelon Vert ayant eu lieu sur un théâtre fort restreint, deux divisions au plus y ont été engagées : aussi nous n'avons pas eu à nous en mêler ; mais quelle n'a pas été mon anxiété pendant cette formidable canonnade, qui a duré la moitié de la nuit, sachant mon frère Alfred et un de mes cousins germains (1) dans cette bagarre ! Heureusement que, ce matin, j'ai pu être rassuré sur leur compte. Toutefois, j'ai fait une perte très sensible : le brillant Lavarande, que j'avais connu à Zaatcha, à Narah, et que je voyais presque chaque jour ici, car il était de nos fidèles. La veille de sa mort, le général Canrobert disait au jeune officier général, commandeur de la Légion d'honneur : « Je n'ai jamais oublié l'inscription gravée sur la porte du cimetière de Senlis : *Hic arguantur vanitatis præterita* (c'est ici que toutes les vanités de ce monde auront à rendre leurs comptes) (2). C'est par cette porte qu'il nous

(1) Comte Dillon, capitaine démissionnaire.
(2) Tirée de l'*Ecclésiaste*, chap. XI. — En 1850, sous la deuxième République, on avait remplacé cette première inscription par une autre qui ne la valait pas : *Où règne l'égalité, la vanité succombe.*

faudra passer tous, un peu plus tôt, un peu plus tard, » ajou-
tait-il. Et la conversation se traînait sur ce terrain peu gai,
comme vous voyez, sans se douter qu'au sanglant drame du
lendemain notre digne et vaillant ami devait en être la plus
intéressante victime... Il a été coupé en deux par un boulet de
canon.

Avant cette affaire importante du 7 juin, nous avions pénétré dans la jolie vallée de Baïdar, qu'occupaient les Russes.
La division Canrobert et la cavalerie du général Morris avaient
été chargées de cette facile expédition. Partis de nuit encore
cette fois, nous avons surpris les postes ennemis, qui se sont
repliés successivement à notre approche. Nous sommes entrés
par une belle route dans une vallée délicieuse avec des villages, des maisons de postes abandonnés, et nous avons traversé
les bois du prince Woronzoff en visitant une jolie maison de
plaisance, sorte de rendez-vous de chasse, avec le regret de
ne pouvoir y rester; enfin nous sommes arrivés vers les dix
heures du matin à un village tartare (Baïdar) dont les habitants, bien sales et fort laids, nous ont apporté dans des
charrettes du vin pour toute la colonne expéditionnaire. A
l'avenir, nous occuperons toute cette vallée, qui nous fournira
mille ressources, des fourrages pour nos chevaux, du bois
pour l'hiver, et qui nous ouvrira un chemin pour Simféropol.

Omer-Pacha, toujours désireux de nous être agréable, nous
a encore offert à déjeuner, cette fois au monastère Saint-
Georges (1). Le repas était servi sous les arbres séculaires de
ce lieu célèbre en Crimée, et d'où l'on jouit d'une vue étrange
de la mer Noire par des apparitions de roches aux formes bi-
zarres et sombres se dressant non loin du rivage. Rien n'était
prêt pour le déjeuner, comme il arrive d'habitude : aussi nous

(1) Le monastère Saint-Georges, vénéré en Crimée, est situé non
loin de Balaklava, au bord de la mer. Se trouvant dans nos lignes à
notre arrivée sur le plateau de Chersonèse, le général Canrobert envoya
son escadron de spahis pour le protéger. Plus tard, il lui fit faire des
distributions régulières de vivres, à partir du jour où les faibles provi-
sions des moines vinrent à être épuisées.

Un archimandrite très respectable et de très bon air était le premier
personnage de ce monastère.

fut-il permis de visiter la chapelle où se chantaient les offices
de l'Eglise grecque. C'est là que j'ai été témoin d'un fait unique
peut-être au monde. Je me suis trouvé auprès des généraux
Canrobert et Omer-Pacha, assistant à un *Te Deum* et aux
prières chantées par l'archimandrite et les moines du monastère
pour le succès des armées russes et la plus grande gloire de
leur empereur, et cela pendant que nos canons tonnaient
contre leur ville !... C'était un dimanche. Comme le matin,
nous avions rempli dans nos camps, où se disait la messe, nos
devoirs religieux envers le Dieu des armées que nous invo-
quions, nous ne pouvions trouver mauvais que les Russes en
fissent autant.

Ce même jour, les officiers prisonniers à la suite de l'enlèvement du mamelon Vert ont été invités aux différentes tables
d'officiers français. A voir la cordialité qui règne à ces réunions, le désir que l'on a d'être agréable à ces étrangers, on
ne se douterait pas que l'on est en guerre avec eux. Rien ne
prouve davantage les sentiments de sympathie qui règnent
entre les deux peuples. Aujourd'hui ils apprennent à s'estimer
pour s'accorder et s'entendre sur les questions que nous réserve
l'avenir. Toute cette guerre n'est qu'un sacrifice fait à l'alliance
anglaise, si indignement méconnue par l'opposition du temps
du roi Louis-Philippe, qu'elle osait appeler tyran !... Je crains
bien que ce ne soit qu'un sacrifice inutile, et qu'une fois la paix
faite tout ne soit, plus tard, à recommencer !

XII

18 juin 1855.

J'avais attendu ce jour pour vous écrire, parce que je savais qu'il devait être décisif dans cette terrible et triste guerre. Malheureusement je n'ai que de mauvaises nouvelles à vous envoyer... Nous avons éprouvé aujourd'hui un *échec grave*. Malgré les avertissements du général Canrobert, qui avait précisément donné sa démission pour ne pas être l'exécuteur d'un plan que lord Raglan était seul à conseiller, on a voulu donner l'assaut à la place. On a été très cruellement repoussé.

L'armée française était partagée en trois corps d'armée : celui des attaques de gauche, qui attendait, pour donner l'assaut, que l'action de droite par le deuxième corps fût bien engagée, et enfin celui de notre côté sur la Tchernaïa, qui devait remonter le plateau de Mackensie et menacer la retraite de l'armée russe, après la prise de la ville. Ce programme n'a pu être exécuté, les assauts tentés à la droite ayant malheureusement échoué. Ils avaient pour objectif la tour Malakoff, le petit redan et la courtine qui relie le petit redan à Malakoff ; trois colonnes composées chacune d'une division d'infanterie de sept à huit mille hommes, plus une partie de la garde impériale en réserve, devaient concourir à l'attaque.

Ces trois colonnes, commandées par les généraux Mayran, Brunet et d'Autemarre, ont été lancées au petit lever du jour, un peu au hasard, sans bien connaître les obstacles que l'on rencontrerait ; l'artillerie de la place et la mousqueterie des

Russes, cachés derrière les parapets, les ont foudroyés avant qu'elles aient eu le temps d'arriver à des fossés infranchissables. La tête de colonne de la division d'Autemarre, seule, est parvenue à pénétrer dans les premiers ouvrages à droite de la tour Malakoff, mais sans pouvoir y rester. C'est là qu'Alfred de Gramont (1) et le jeune Roger (2) ont été grièvement blessés.

Les Anglais, qui devaient s'emparer du grand redan, ont pu encore moins remplir leur mission ; c'est à peine s'ils sont sortis de leurs tranchées, tant le terrain à découvert était sillonné par la mitraille.

Toutes ces troupes d'attaque sont revenues après avoir éprouvé des pertes telles qu'elles suffiraient pour dégoûter de longtemps des soldats moins aguerris que les nôtres ; les têtes de colonne surtout ont été écrasées. Les généraux de division Mayran, Brunet ont été tués, des généraux de brigade blessés. Nous avons bien perdu dans cette affaire de sept à huit mille hommes. C'est énorme pour le peu de monde engagé.

Depuis que le général Pélissier a pris le commandement de l'armée, il y a aujourd'hui un mois, nous avons eu près de dix-huit mille hommes hors de combat. Nous y passerons tous, si on veut se buter contre des obstacles que l'art de l'attaque des places peut seul vaincre.

Le général Canrobert, qui au coup d'œil militaire joint des sentiments d'humanité bien rares chez un guerrier de sa trempe, ne s'y était pas trompé. Après l'épreuve, suivant lui, décisive, de l'ouverture du feu, au mois d'avril, qui n'avait pu ruiner les défenses de la place, il avait renoncé à l'attaque de front, et voulait tourner la difficulté par une marche hardie sur les derrières de l'armée russe. Lord Raglan n'a pas voulu le suivre dans cette voie, prétendant qu'il n'avait pas de moyens de transport, et que, puisqu'on avait commencé le siège, il fallait le finir. Mais il ne s'offrait de prendre ni le

(1) Comte Alfred de Gramont, frère du général de division duc de l'Esparre, l'un des aides de camp du maréchal de Saint-Arnaud, à l'Alma, est devenu général de brigade, avec un bras de moins, qu'un boulet lui a fait perdre, à la bataille de Reischoffen ; mort le 18 décembre 1881.

(2) Mort de cette blessure, fils du comte Roger du Nord, un vétéran de nos assemblées parlementaires.

mamelon Vert, ni les ouvrages blancs, ni surtout la tour Malakoff.

Je me trouvais à l'enlèvement des morts le surlendemain de l'affaire du mamelon Vert. Les officiers russes furent pleins d'égard et de courtoisie. Je remarquai parmi eux un des aides de camp du général Luders, de la connaissance de Galliffet, qui nous exprima le désir de voir finir cette guerre pour n'avoir plus à nous traiter en ennemis. Nous nous donnions rendez-vous à Paris pour l'hiver. Sur ces entrefaites arrivent des officiers anglais en curieux, ils n'avaient rien à faire là. Les officiers russes se taisaient, un des Anglais parle de la prise prochaine de Malakoff, un officier russe se retournant dit : « Les Français pourront peut-être s'en rendre maîtres, mais vous, jamais ! » Il est à remarquer qu'il n'y a aucune animosité entre nous et les Russes, et que nous avons plus de sympathie pour nos ennemis que pour nos alliés. Cela tient à bien des choses ; mais il en arrive toujours ainsi lorsque l'on ne réussit pas dans une entreprise commune : on s'en prend à ses meilleurs amis.

J'espère qu'après l'épreuve de ce jour, on s'en tiendra à l'ancien plan du général Canrobert, qui était de rechercher l'armée russe dans l'intérieur de la Crimée, que l'exécution lui en sera confiée et qu'il aura la gloire de le faire réussir.

J'ai vu hier, au camp de la cavalerie, si différent du nôtre, par ses avantages, Rességuier, qui est bien portant et toujours gai. Le général Feray, gendre du maréchal Bugeaud, que j'ai connu en Afrique, qui désirerait me voir, plus souvent, pour me parler de notre monde de Paris et de l'Opéra dont il est un des fidèles habitués. Il commande une des brigades de cavalerie, ce qui ne lui donne pas beaucoup de mal ; ne se prive de rien, a une très bonne table, dont je ne puis malheureusement pas profiter, pas plus que de celle du général Morris, le commandant en chef, où je suis gracieusement invité, à chacune de mes visites. Il me faudrait revenir au camp, la nuit, au milieu des ténèbres ; il est vrai que le cheval que l'on monte vous conduit directement, sans s'égarer, par un instinct admirable !

XIII

30 juin 1855.

Depuis ma dernière lettre, il ne s'est rien passé d'important dans nos opérations de guerre. L'insuccès de la journée du 18 juin (anniversaire funeste) a fait réfléchir les plus impatients ; le général Pélissier finit par adopter le système méthodique de l'attaque des places, par M. de Vauban. Si l'on veut réussir dans ce monde, c'est toujours aux grands maîtres qu'il faut en revenir. Jamais, au point de vue de l'art de la guerre, on ne justifiera cette dernière aventure. Il fallait être enivré par les succès passés, dont les résultats, en définitive, ont été bien exagérés, pour s'engager plus avant et d'une manière si téméraire.

Le plan de campagne Canrobert terminait la difficulté. On négligeait la place de Sébastopol, véritable camp retranché de premier ordre, pour atteindre l'armée russe dans ses points les plus vulnérables. On pensait, avec raison, qu'il ne fallait pas se buter par entêtement contre une difficulté, quand elle paraissait sinon insurmontable, du moins pleine de hasards et de périls.

Vous aurez donc à attendre avec patience la prise de Sébas-

topol, et quant à la conquête de la Crimée, il n'y faut pas
songer cette année. Je me demande maintenant si la prise
même de Sébastopol, que l'on ne pourra jamais garder, vaudra
nos sacrifices d'hommes et d'argent?

Nous ne nous entendons pas ici avec les Anglais. Déjà,
presque en toutes choses, quand il s'agit de notre salut commun, nous n'y parvenons pas ! Ils manquent d'entrain, de
confiance, semblent se réserver, comme s'ils doutaient de
leurs propres forces, et, en définitive, ne font presque rien. Ils
se sont réduits aux attaques de la place au point d'y jouer un
rôle insignifiant. Leur armée est faible en effectif et incapable
de se mouvoir, sinon de se bien battre. Malgré cela, ils sont
les plus enragés pour la guerre, pour la prise de Sébastopol,
et surtout pour la destruction de la flotte russe ! Nous, Français, nous serons bien avancés après ! Aussi n'est-on pas content d'eux dans l'armée française : on leur attribue tout haut
nos ennuis, nos lenteurs, nos insuccès ; et l'on n'a peut être
pas tort.

Depuis quelques jours, le choléra nous a encore cruellement
éprouvés. L'armée sarde avait commencé par payer son tribut
trop chèrement ! Elle a perdu, dans un de ses généraux, le
modèle de l'honneur et du devoir (1) ; c'est encore elle, mais
surtout les armées anglaise et française qui en souffrent ; lord
Raglan en est mort hier. Cette nouvelle a fait une triste impression sur les Anglais, qui ont déjà tant de motifs de
découragement ! Lord Raglan, comme homme, était tout ce
qu'il y avait de mieux dans l'armée alliée. Ses manières de
grand seigneur, son air affable et digne, sa tenue soignée,
faisaient de lui le type de général en chef vénéré et vénérable
d'une armée réellement aristocratique.

Jamais sentiment vulgaire n'a dû entrer dans l'âme de ce
vieux gentilhomme. Ses anciens services, sa naissance, le

(1) Le général de division Alexandre de La Marmora, frère aîné du
commandant en chef de l'armée sarde. Non moins distingué que son
plus jeune frère, et plus ancien de grade, il voulut servir sous ses ordres.
Rare exemple de patriotisme et d'abnégation !

Le général en chef sarde a eu également deux autres frères lieutenants généraux.

bras même qu'il avait perdu à Waterloo, tout en lui commandait le respect. Sous ce rapport, il sera difficilement remplacé; mais comme général, et général en chef surtout, il n'était plus à la hauteur de ces importantes fonctions. Ses qualités d'homme privé étaient encore un inconvénient dans ses rapports avec les généraux des armées alliées qui, par un excès de déférence pour sa personne, craignaient de heurter de front ses opinions et sa volonté.

J'ai eu souvent l'honneur d'être admis auprès de lord Raglan quand mes fonctions m'appelaient au quartier général anglais; j'en ai toujours reçu le plus bienveillant accueil. Ce sera un de mes intéressants souvenirs de la Crimée, et, si Dieu me prête vie, j'en rapporterai plus d'un de cette guerre d'Orient.

Notre division se trouve toujours sur les hauteurs qui dominent la Tchernaïa. Nous avons des postes de l'autre côté, rive droite, mais très près de cette rivière. Hier et ce matin, de fortes reconnaissances ont été faites par l'ennemi en vue de nos avant-gardes. Des déserteurs assurent qu'une attaque générale est méditée contre nous et annoncée dans l'armée russe. Notre insuccès du 18 juin les a fort encouragés. Je ne leur conseille pas cependant de prendre l'offensive, leur défaite serait certaine en dehors des lignes qu'ils défendent.

Notre temps se passe, au camp, en tournées, visites de postes avancés, et après, le travail de correspondance, qui reprend ensuite dans la soirée. Je me sens particulièrement attiré, dans mes heures de liberté, vers le général Bosquet, qui a un état-major composé d'officiers d'élite. Le brave colonel de La Tour du Pin (1), que nous appelons *le marquis de la Tour Malakoff*, ne nous quitte pas. Sa tente est auprès de la mienne; nous pouvons nous parler et nous voir à chaque heure du jour et de la nuit, si nous devons nous tenir éveillés. Je me

(1) Marquis de La Tour du Pin, colonel d'état-major, mort en débarquant à Marseille, des suites de blessures reçues à l'assaut de Sébastopol, avait publié dans la *Revue des Deux-Mondes* des récits très remarqués de différents faits mémorables de nos guerres d'Afrique. Un des anciens aides de camp du général Cavaignac, dont il était resté l'ami.

félicite beaucoup de ce voisinage, qui me met en relations faciles avec le type le plus curieux, le plus original de notre armée. Figurez-vous l'âme d'un preux dans un corps maigre, chétif, infirme. Sourd et presque aveugle, il n'en est pas moins partout, au premier rang des combattants, et juge tout avec une supériorité prodigieuse. La guerre est sa passion ; il n'a plus que celle-là.

XIV

Du camp d'Inkermann.

7 juillet 1855.

Depuis hier notre division a quitté les bords de la Tchernaïa pour remonter sur le plateau de Chersonèse, devant les attaques de la tour Malakoff ; c'est ce morceau si dur à digérer, que d'autres n'ont pu enlever, que l'on nous destine. Tant qu'on a pu craindre une entreprise des Russes du côté de la Tchernaïa, ou lorsqu'on a eu la pensée de tourner l'armée ennemie pour investir Sébastopol, on nous a laissés campés sur les bords de cette rivière ; mais aujourd'hui que l'on s'en tient aux opérations du siège, malgré l'insuccès, ou peut-être à cause de l'insuccès du 18 juin, on nous rappelle pour nous charger de la plus difficile et de la plus périlleuse besogne. Je ne m'en plains pas pour moi, quoique je ne me fasse aucune illusion sur les chances que je cours ; mais je trouve assez surprenant que le général Pélissier charge le général Canrobert de l'attaque et de l'assaut de la tour Malakoff, lorsque précisément le général Canrobert s'est démis de son grand commandement pour n'avoir pas voulu le faire exécuter par d'autres, préférant des opérations en rase campagne qui utilisaient nos huit à dix mille hommes de cavalerie, condamnés

8

autrement à l'inaction, et qui nous auraient assuré la possession de la Crimée en moins de temps qu'il n'en faudra pour prendre seulement la tour Malakoff. En un mot, on veut faire exécuter par le général Canrobert, comme simple divisionnaire, ce qu'il a lui même condamné comme général en chef. Mais tout est extraordinaire et fatal dans cette guerre, et l'on sera bien étonné lorsque la vérité sur toutes choses pourra se dire un jour !

Par exemple, les Anglais, qui ont le plus encouragé cette aventureuse entreprise de Crimée, à laquelle ils sont les seuls intéressés, se sont faits si petits, si faibles, lorsqu'il a fallu agir vigoureusement dans ces derniers temps, qu'ils ont presque complètement disparu des attaques de Sébastopol, et c'est par une seule batterie élevée par eux à grand'peine dans un petit coin, que leur présence peut se constater. Mais je vois leurs officiers se promener partout à cheval et se montrer surtout chez les marchands cafetiers de Kamiesch et de Balaklava. Les Piémontais et les Turcs n'en font pas davantage. Depuis deux mois, ils n'ont pas perdu un seul homme par le feu des Russes ; nous, nous en avons perdu près de 20,000 (tués ou blessés !) En un mot c'est toujours nous qui tirons les marrons du feu, et d'autres qui les mangent. Dans nos différentes petites affaires ou reconnaissances du côté de la Tchernaïa, les divisions françaises étaient toujours en première ligne, les Piémontais venaient ensuite, puis après les Turcs, mais ceux-ci avaient bien soin de se tenir à grande distance. Tout cela est fort attristant. Demain, le général Canrobert monte sa première garde à la tranchée. Ses ordres ont été donnés avec la clarté parfaite qui distingue sa connaissance des choses du métier. Tout a été prévu par lui dans les plus petits détails ; et si l'on est surpris, ce ne sera pas faute de précautions et d'avertissements. On est heureux d'avoir de tels hommes dans les armées, outre les grands exemples d'abnégation et de patriotisme qu'ils nous donnent. D'après les travaux qui se font par l'artillerie et par le génie, je pense que l'on ne pourra pas commencer une nouvelle tentative avant quinze jours. J'aurai, j'espère, le temps de vous écrire encore

une de ces lettres que nous nous donnons assez de peine ici
pour vous rendre intéressantes.

Les maladies continuent à sévir cruellement. Je suis allé
visiter aujourd'hui l'ambulance de la division avec le général.
C'était pitié! et quelles réflexions, si on ne devait pas penser
et parler soi-même en soldat, on aurait à faire sur la guerre
et sur ses auteurs!

Nous avons assisté ces jours-ci à une cérémonie fort touchante, la translation du corps de lord Raglan à bord du
vaisseau le *Caradoc,* qui doit le ramener en Angleterre. Le
cercueil, recouvert du drapeau anglais, était placé sur un
canon, traîné par huit chevaux d'artillerie. Les quatre généraux en chef des armées alliées marchaient à côté, avec les
commandants des deux flottes. Puis, venaient tous les états-
majors et des détachements de chaque arme marchant entre
deux files de soldats échelonnés depuis le quartier général
anglais jusqu'à la mer. Que de tristes pensées, quels sujets de
méditation se présentaient à nos esprits pendant ce long et
imposant convoi! Les généraux en chef, les premiers jours de
cette guerre, lord Raglan, Saint-Arnaud, enlevés à leurs
soldats! L'empereur de Russie ne voulant pas survivre à la
défaite de ses armées! La mort, comme la foudre, qui frappe
d'abord les plus grands arbres, semble choisir de préférence
les hommes qui s'élèvent au-dessus de leurs semblables!

Le prince Édouard (1) accompagne le corps de lord Raglan
en Angleterre. J'ai profité de son obligeance pour écrire au
duc d'Aumale. C'est bien le moins que ce prince exilé, qui
serait si fier et heureux au milieu de nous, ait un souvenir d'un
de ses anciens compagnons d'armes de l'armée d'Afrique.

---

(1) Prince Édouard de Saxe-Weimar, devenu lieutenant général dans
l'armée anglaise, officier supérieur de la garde, attaché à l'état-major
de lord Raglan.

XV

14 juillet 1855.

J'ai eu, cette semaine, une grande satisfaction : mon frère Amédée (1), qui est de retour en Crimée depuis quelque temps avec son vaisseau le *Navarin,* a pu me rejoindre à notre camp. L'aîné, qui n'est pas loin de nous, est venu également nous y retrouver. J'ai beaucoup joui de cette réunion de mes deux frères cadets. Hier, nous étions tous les trois à la tranchée devant Malakoff : Alfred avec la garde, moi avec mon général, Amédée en amateur, car il n'avait rien à y faire.

Voici quelques détails sur notre service de garde : chaque jour une division entière, formant un effectif de 7 à 8,000 hommes, vient occuper les ouvrages d'attaque. Il ne suffit pas de les construire pour se mettre plus ou moins à couvert des feux de la place, en s'avançant vers elle; il faut encore empêcher que les assiégés ne nous en délogent, ce qui serait de l'ouvrage, du temps et bien des hommes perdus sans profit ; aussi bourre-t-on toutes les tranchées de troupes prêtes à combattre.

On part le matin à sept heures, après avoir pris le café et

(1) Lieutenant de vaisseau sur le *Navarin,* après le naufrage du *Pluton* dont il était le second. Démissionnaire après la guerre.

mangé la soupe, On arrive de huit à neuf heures aux postes désignés ; on reste là vingt-quatre heures sans bouger, exposé à tous les feux de l'ennemi, qui, s'ils ne nous touchent pas, n'en sont pas moins inquiétants et ne nous laissent pas un moment de repos. Des soldats de corvée apportent, le soir, la soupe et le café ; mais dans quelles conditions ! On dort ensuite comme l'on peut, accroupi à terre, à la place que l'on occupe.

Le général de division de garde de tranchée se tient à la batterie dite *de Lancastre*. C'est là qu'il domine tous les ouvrages de l'attaque et de la défense, et qu'il peut en apprécier l'ensemble. J'y passe tous les trois jours vingt-quatre heures. Dans la journée, par des chaleurs accablantes, le général parcourt à pied toutes les tranchées, pour bien examiner l'état d'avancement de nos travaux, se rendre compte de toutes les positions et se montrer à son monde.

La nuit, on est souvent assez tranquille, mais quelquefois une sortie des Russes nous force à prendre les armes et à nous tenir éveillés ; et, comme on n'est jamais prévenu, on ne dort que d'un œil. Ma plus grande inquiétude est d'apprendre, le lendemain, la perte d'un de mes amis que j'ai vu la veille. Je m'habitue au reste, mais je ne me fais pas si facilement à cela. Il est rare que le lendemain d'une garde je n'aille pas à l'enterrement de quelque officier de connaissance. La vie s'écoule ici au milieu des morts ; à l'entrée des tranchées se trouvent de larges fossés prêts pour leur sépulture. Chaque jour on en creuse de nouveaux ; à leur proximité, sur le chemin des tranchées, sont établies des ambulances. C'est une promenade peu faite pour vous égayer, et cependant personne ne s'en émeut : on s'accoutume à tout. La Providence donne d'ailleurs aux âmes un moral digne des situations extrêmes qu'elle leur réserve. Il faut que cela soit ainsi, puisque l'on ne voit personne faiblir. Le courage n'est donc pas si rare et si digne de ces vaines déclamations dont on croit payer ceux qui souffrent ou qui ont souffert. En temps de guerre, la noble satisfaction que font éprouver la grandeur et l'importance de la tâche relève singulièrement les cœurs !

Je retrouve à mes gardes de tous les trois jours plusieurs officiers de connaissance qui sont attachés au dépôt de tranchée, et qui restent là à poste fixe, entre autres Galliffet (1), qui fait très bonne figure au milieu de ses anciens. Il a l'esprit gai, vif, original, est plein d'entrain, et se porte à merveille. Nous le voyons avec plaisir à notre état-major. Hélion de Villeneuve (2), que j'ai beaucoup connu dans le monde à Paris, où je l'avais laissé secrétaire d'ambassade, et que je retrouve sergent de zouaves devant Malakoff! Je l'ai présenté au général, qui a été on ne peut plus aimable pour lui et qui l'a invité à notre modeste dîner. Le dîner est modeste, en effet, mais la compagnie est bien choisie; nous avons d'habitude quelque officier étranger de distinction qui, venu visiter nos tranchées, est retenu tard parmi nous; notre fidèle et brave La Tour du Pin, et le personnel de l'état-major particulier du général. A notre avant-dernière garde, nous avons reçu le courrier de France qui nous apportait le discours du comte de Montalembert faisant l'éloge bien flatteur et bien mérité de notre cher général; une lettre de Mme de Kalergi qui lui parle des sentiments d'admiration et d'estime du comte Molé pour sa personne; enfin une lettre du ministre, M. Achille Fould, nous annonçant l'état *intéressant* de l'impératrice (3). Ces souvenirs de France viennent apporter à nos camps de précieuses distractions. Nous en avons besoin au milieu de nos durs travaux.

Je ne vous parle plus de la fin prochaine du siège : tant de fois elle vous a été annoncée que le mieux est de n'en rien dire; seulement, quand je considère d'assez près les défenses accumulées et l'importance des moyens de résistance, il m'est permis de ne pas croire à un succès si prochain. Beaucoup de bons esprits commencent à douter et ne parlent plus de

---

(1) Alors sous-lieutenant, devenu le plus jeune général de division de notre armée, aujourd'hui en retraite, après une carrière brillamment remplie.

(2) Avait quitté la diplomatie, après y être parvenu à une position élevée, pour s'engager comme simple zouave, dans cette guerre où il a trouvé la mort en héros. Il n'est pas un plus bel exemple de courage et de patriotisme !

(3) Qui aurait pu prévoir à ce moment tant de fins tragiques,

prendre Sébastopol comme avant l'affaire du 18 juin. Le mieux est donc de se taire pour ne plus tromper personne. Je continue à me bien porter, quoique nous occupions un camp très malsain, sans abri ni ressources contre les chaleurs les plus accablantes que l'on puisse avoir en Crimée. Je désire aller ainsi jusqu'au bout. Ce ne serait pas mon seul vœu, mais je n'ose pas en faire de plus ambitieux.

XVI

Avec l'existence de veilles et de fatigues que nous avons ici, les distractions sont fort rares. Grâce à Dieu, il m'a été permis de passer une agréable matinée à bord du *Navarin*, vaisseau de cent canons. Il en est peu dans la flotte qui soient plus grands, plus beaux et mieux tenus. Lorsque l'on quitte ce rocher nu de Chersonèse, surtout la partie occupée par la division *Canrobert*, où aucune trace de végétation n'existe, et où l'on ne respire que de la poussière et des miasmes délétères, et que l'on se retrouve dans un milieu propice, paisible, où la brise vous apporte un air frais, pur et vivifiant, on éprouve un grand bien-être, et l'on jouit d'un bonheur relatif qui vous fait envier le sort des officiers de marine.

En montant sur ce puissant navire, quelle satisfaction n'ai-je pas éprouvée de l'accueil qui nous y était fait, de la distinction des officiers, de la tenue des marins, de leur bonne mine, de l'air de propreté et de l'ordre que l'on remarque partout! Quelle différence avec l'aspect de nos camps, où les fatigues, les maladies, les blessures, l'usure des vêtements, le manque d'eau et de soins hygiéniques, donnent à ceux qui les habitent un air si misérable!

J'ai déjeuné à la table des officiers : elle était servie avec un certain luxe et une sorte de recherche, auxquels mes yeux n'étaient plus habitués. Ce luxe m'a paru, tant les situations changent les points de vue, au-dessus de la table de la rue Saint-Dominique, table que je regrette bien un peu, et que nous aimons à citer souvent comme contraste avec ce qui est loin d'y ressembler ici.

Mon frère Amédée était heureux de me revoir. Nous avons passé de bons instants à nous rappeler les souvenirs de la famille.

Au-dessous du carré des officiers, se trouvait le poste des aspirants, occupé par de très jeunes gens, dont le plus âgé n'avait pas vingt ans. Ils étaient là, criant, jouant, courant comme des échappés de collège. Ne pensant à rien de sérieux, n'ayant aucune responsabilité, s'amusant de tout, ils sont bien les plus heureux de l'armée, et assurément plus que leurs égaux en âge qui sont encore enfermés dans les écoles.

J'ai quitté le *Navarin* avec regret ; il me semblait que j'avais fait un rêve en me retrouvant le soir dans un endroit si différent !

Un de ces jours passés, ayant une mission à remplir auprès du général Pélissier, je fus retenu très obligeamment à déjeuner ; je profitai du voisinage pour rendre visite au digne chef de l'état-major de l'armée, M. de Martimprey (1), que je voyais presque chaque jour autrefois, lorsqu'il venait prendre les ordres de celui auquel il était fort attaché. Je retrouvai auprès de lui le colonel Jarras (2), le commandant Renson (3), mon bon camarade de l'école Saint-Cyr, et le jeune de Cadore (4), lieutenant de vaisseau, détaché à notre état-major général pour les relations journalières entre l'armée de terre et l'armée de mer.

(1) Comte de Martimprey, général de division, gouverneur des Invalides, mort à Paris, le 24 février 1875.
(2) Mort général de division, le 3 mai 1890.
(3) Mort général de division, le 21 mars 1884.
(4) Duc de Cadore, démissionnaire ; est entré dans la diplomatie, a été ministre plénipotentiaire sous l'empire.

Après de trop courts moments d'affectueux entretiens, je revins à notre ancien grand quartier général, que je trouvai bien embelli. Cette boue noire dans laquelle nous pataugions tout l'hiver avait été enlevée ; à la place, on voyait des allées sablées, bien entretenues, qui conduisaient à des tentes neuves, à des baraques proprement construites par les soins du génie militaire. Dans l'une d'elles, d'assez grande apparence, se trouvait servi le déjeuner. On a commencé par offrir une excellente soupe au lait, ce qui est une grande rareté dans nos camps. Voyant que je l'aimais beaucoup, le général Pélissier me dit malignement, mais très obligeamment, qu'il avait pris une vache à Kertch pour m'avoir son lait. Je voyais le moment où il allait me dire qu'il avait fait exprès l'expédition de Kertch pour cette vache.

Sa table est beaucoup mieux soignée que de notre temps, mais la conversation n'y est plus aussi familière, aussi libre ; on sent que l'on est sous l'ordre d'un chef sévère qui vous observe et qui ne vous passe rien. J'ai retrouvé là, à la même place, le brave général Rose, Waubert de Genlis, le colonel Reille (1), caractère aimable, loyal, dévoué, à qui m'attachent tant de souvenirs communs du monde et de l'armée ; le jeune Montauban (2), ancien compagnon d'armes et charmant fils du général d'Afrique, ami particulier de Pélissier. Le capitaine d'artillerie prince de Polignac (3) fait également partie de cet état major si bien composé, esprit original, très cultivé, mais un peu paradoxal. Son beau-frère, Sosthènes de la Rochefoucauld (4), est venu ici chercher dans cette vie des camps une

(1) Fils du maréchal Reille et petit-fils de l'illustre Masséna, mort général de division, à Antibes, le 19 janvier 1887. Pélissier avait été lui-même l'un des aides de camp du père de celui qui servait alors auprès de lui.

(2) Mort général de brigade. Fils du général comte de Palikao.

(3) Prince Alphonse de Polignac, démissionnaire, après la guerre, auteur de travaux scientifiques, mort en 1863.

(4) Sosthènes de La Rochefoucauld, duc de Doudeauville, membre de nos assemblées parlementaires, ambassadeur de France en Angleterre, venait de perdre sa première femme, sœur du prince de Polignac. Deux frères de la regrettée duchesse, Alphonse et Camille, servaient en même temps à l'armée de Crimée,

diversion à son trop légitime chagrin. Je l'ai vu quelquefois, et s'il n'avait pas été en un si grand deuil, je lui aurais rappelé les fêtes qu'il nous a données à Paris dans des jours plus heureux.

Dernièrement encore je suis allé chez les Sardes. Le général La Marmora (1) m'avait également invité. Voilà beaucoup de déjeuners en peu de temps, mais le hasard seul avait multiplié pour moi ces occasions de distractions en aussi bonne compagnie, et j'étais heureux d'en profiter.

Rien de plus simple et de plus modeste que cette table de l'état-major sarde. Ces officiers, distingués d'esprit et de manières, sans prétention, sans embarras, font très bien leur devoir. Le général Cialdini (2), militaire ferme, énergique, dont on fait grand cas, était là. J'ai retrouvé aussi le duc de Dino, le commissaire français auprès de cette armée si bien commandée. La Marmora, ce vaillant général, ne le cède à aucun des nôtres en bravoure, en qualités militaires ; vigilant, infatigable, il est le premier levé le matin, a tout inspecté avant personne. Par l'activité et le mouvement qu'il se donne, on voit son désir de faire valoir ses soldats et de les rendre dignes de ceux auprès desquels ils combattent. S'il m'a fait l'accueil le plus cordial, j'en rapporte tout le mérite aux sentiments de sympathie et d'estime qu'il professe pour les Français, et particulièrement pour celui qui en est le plus digne et que je n'ai pas besoin de vous désigner autrement.

Les officiers sont jeunes dans cette petite armée ; les nôtres ne sont pas plus âgés : c'est ce qu'il faut pour la guerre ! Nos premiers divisionnaires, Canrobert, Bosquet, n'ont pas beaucoup plus de quarante ans ; nos généraux de brigade, Trochu, Espinasse, Saint-Pol, Clerc, Frossard, Bourbaki, sont loin de les avoir. Le plus âgé de beaucoup, celui qui nous commande tous, Pélissier, en a soixante. La force, la santé,

(1) Général d'armée en Italie, position au-dessus de celle des généraux de division, équivalente à celle de maréchal dans d'autres États, ancien président du conseil des ministres, sénateur, etc.

(2) Général d'armée, ancien président du conseil des ministres, ambassadeur d'Italie à Paris,

l'énergie, le courage, sont les compagnons inséparables de la jeunesse.

D'après cette lettre, il vous semblerait que nous ne pensons plus au siège. N'en croyez rien ; les travaux de tranchées, de mines, se continuent mieux que jamais, au milieu de petits combats si souvent répétés qu'il est inutile de vous en parler, Les résultats, comme l'action elle-même, ne varient pas. Attendons les grands coups !

XVII

27 juillet 1855.

Aucune nouvelle saillante depuis ma dernière lettre. Si je parlais comme les journaux, habitués à déguiser la vérité, je vous dirais que l'on doit bientôt monter à l'assaut, et que tout sera fini avant quinze jours. Mais ceux qui parlent ou qui écrivent ne sont jamais venus ici, et il en est même peu de ceux qui sont venus qui aient visité la dernière parallèle, la plus rapprochée de Malakoff. J'y ai passé une partie de la journée d'avant-hier, et je puis vous en parler sciemment.

Depuis l'insuccès du 18 juin, insuccès que l'on chercherait vainement à cacher, il a fallu procéder régulièrement contre la place et cheminer à couvert. Après cinq semaines de travaux qui ne se font pas sans combats, et par conséquent, sans pertes sensibles, on est arrivé à faire une dernière parallèle à environ 180 mètres des défenses de la place. A cette distance, le danger augmente par la facilité qui est offerte à l'ennemi de nous envoyer force obus et paquets de mitraille ; et ses boulets traversent très bien les épaulements en terre derrière lesquels on se croit à l'abri. De plus, comme je l'ai bien examiné, cette parallèle, derrière laquelle on abritera les colonnes qui devront monter à l'assaut, est parfaitement en vue des batteries russes de l'autre côté de Sébastopol ; quand on recommencera le feu sur toute la ligne, on ne pourra guère y rester. Mais ce n'est pas tout : de cette parallèle, il faut aller jusqu'au fossé de Malakoff, combler ce fossé qui a été fort agrandi, et passer pardessus le parapet en terre, où l'on peut difficilement faire brèche. Une fois sur le parapet, il faudra que les têtes de colonne puissent s'y maintenir sous le feu d'une mousqueterie qui sera terrible, sous le feu des mille canons de la ville et des vaisseaux dont pas un n'a encore été endommagé par nos bombes. Je ne m'occupe pas de ce que Malakoff soit miné ; c'est cependant un gros danger, mais je dis que la prise de Malakoff est une de ces affaires de guerre de premier ordre comme difficulté, et que l'on peut en affirmer d'avance le succès.

Après Malakoff, il faudra aller plus loin : prendre successivement les autres défenses de la ville jusqu'à la mer ; puis il faudra ensuite tourner les positions de l'armée russe, pour être maîtres de la partie de Sébastopol qui se trouve de l'autre côté de la rade.

Et enfin la ville une fois prise, il ne nous sera pas facile de nous en aller. Quels sacrifices d'hommes et d'argent seront nécessaires pour achever la guerre !

Tout cela peut nous mener loin, à moins qu'une paix honorable et promptement conduite ne vienne tirer tout le monde d'embarras. Quant aux sacrifices d'argent, vous les connaissez ; mais pour les sacrifices d'hommes, jamais vous ne vous en douterez. Le chiffre que les journaux vous donnent, quadruplez-le et vous serez encore au-dessous de la vérité ! Tous les régiments qui sont ici ont été renouvelés jusqu'à trois fois. Les bâtiments de guerre et de transport ne servent qu'à ramener en France ou à Constantinople nos malades et nos blessés !

Je viens de perdre dans ma division deux officiers auxquels je m'étais attaché, Romieu (1) et Villeneuve. Le premier a été

(1) Fils de M. Romieu, qui a exercé de hautes fonctions publiques et si connu par ses écrits et par son esprit. Il m'avait confié ce fils unique, qui était plein de cœur et d'espérance.

tué d'une balle au cœur dans les tranchées, au moment où nous passions près de lui ; le second a eu la mâchoire fracassée par un éclat d'obus. C'étaient deux vaillants jeunes gens ! A notre dernière garde de tranchée, le général a fait une tournée très longue, périlleuse et pleine d'aventures tragiques. En retournant à notre poste, il me dit : « Voilà, mon cher ami, comme le chemin de la gloire est semé de douleurs et de ruines... » Un esprit de camaraderie, une estime mutuelle, et surtout ces sentiments d'affection et de dévouement que l'on ne rencontre que dans les armées, nous consolent et nous soutiennent dans ces dures épreuves.

XVIII

4 août 1855.

Le général Canrobert est rappelé en France. Son noble caractère, ses éminents services, comme ses talents militaires, lui conservaient dans l'armée un prestige, une autorité morale, qui ne devaient appartenir qu'au nouveau commandant en chef. Il a fallu toute une négociation pour obtenir ce départ; les scrupules d'une conscience si délicate n'ont pu être vaincus que par un ordre de l'Empereur. Le général Pélissier, par intérêt pour une santé fort affaiblie et qui lui était aussi chère qu'à personne, conseillait à son ami un repos momentané, trop justifié d'ailleurs. La réponse a été digne de celui qui l'a faite : « En acceptant ma rentrée en France, pour cause de santé, je donnerais à l'armée un mauvais exemple, et je me pique de ne lui en donner jamais que de bons. »

Tout triste que je sois, je me console en pensant que cette vie si précieuse sera conservée à la France. Elle en aura sûrement besoin et elle n'aura jamais de cœur plus dévoué à son service. J'ai eu aussi quelque adoucissement à mon chagrin. Il me fut dit très affectueusement que tout le monde s'était préoccupé de ce que je deviendrais. J'ai demandé à faire partie de l'état-major du général Bosquet, ami de Canrobert, ce qui m'a été accordé tout de suite.

Celui que je devais bientôt quitter a été d'une bienveillance extrême pour moi ; il m'a promis que s'il était désigné pour un grand commandement, pour une mission diplomatique ou le ministère de la guerre, il me rappellerait immédiatement par le télégraphe auprès de lui. Ce témoignage de confiance et d'amitié suffit bien à mon ambition et m'honore plus que tout le reste. Il m'a laissé en souvenir son cheval de bataille, blessé à l'Alma, et qu'il montait à Inkermann : l'Empereur, à qui le vice-roi d'Egypte l'avait envoyé, l'avait lui-même donné au général, la veille de son départ pour l'armée.

Il conserve avec lui M. de Cornély, son premier aide de camp, le plus parfait officier d'état-major, et de Molènes, que je regrette beaucoup, car nous nous entendions très bien pour tout et sur tout. S'il écrit, comme il sait le faire, ce qu'il a vu, ce sera intéressant.

C'est ainsi que toute cette famille qui entourait notre chef de l'armée française en Crimée sera dispersée. Les choses de ce monde ne vont pas autrement; il n'y a pas de lendemain ! Ce qui nous reste au moins, c'est la satisfaction d'une vie bien remplie, une mutuelle estime et des souvenirs communs, bien faits pour nous lier à jamais.

Le gouvernement saura bientôt à quoi s'en tenir sur notre situation actuelle par l'arrivée en France de celui qui est le plus capable de l'en instruire. Il lui sera dit que Sébastopol est loin d'être pris, et qu'il nous faut encore ici des hommes et des moyens d'écrasement. Si l'on doit continuer le siège, et aujourd'hui il n'y a pas d'autre parti à prendre, il faut anéantir la ville sous le poids des bombes, en la rendant inhabitable. Après, on aura encore assez de mal pour s'emparer de ces ruines fumantes, qui seront vaillamment défendues, n'en doutez pas. A Paris, on est plus impatient qu'ici, où nous sommes cependant bien payés pour l'être, on croit que chaque courrier apporte la nouvelle de la prise de la ville, et dans la crédulité publique, que vous partagez, Sébastopol est pris, ou va bientôt l'être. Eh bien soit ! Sébastopol est pris ; n'en parlons plus !

XIX

Du quartier général du 2ᵉ corps devant Sébastopol.

11 août 1855.

Le départ du général Canrobert me délivre d'une crainte continuelle que j'avais pour sa vie. Les adieux les plus flatteurs lui ont été faits. Presque tous les officiers généraux et supérieurs qui n'étaient pas retenus par leur service l'ont accompagné jusqu'à la plage. De là, il s'est rendu avec le général Pélissier à bord du *Montebello*, où l'amiral Bruat a donné un grand dîner en son honneur.

Après, il s'est séparé de nous, non sans une pénible émotion, pour monter à bord du bâtiment qui devait le ramener en France. Les canons du vaisseau amiral l'ont salué à titre d'ancien général en chef de l'armée d'Orient.

L'amiral Bruat avait toujours eu pour lui les plus grands égards. Une certaine analogie de caractère devait rapprocher ces deux hommes de guerre. La bonhomie, la simplicité au milieu des honneurs, les distinguent également ; l'un est aussi modeste dans sa cabine que l'autre sous sa tente. Aucune recherche, aucun objet pouvant rappeler le confortable des villes. La cabine de Bruat n'est ornée que du portrait de sa femme et de ses jeunes filles ; en revanche, son état-major est des plus brillants. Le capitaine de vaisseau Jurien de la Gravière (1), digne fils du vice-amiral de ce nom, en est le chef : jeune encore, il seconde dignement celui qui exerce le commandement en chef. Dans la flotte, généralement sévère dans ses jugements, on a une très haute opinion de lui.

J'ai retrouvé là l'aspirant Robert de Fitz-James (2), presque adolescent, que la mort qui a frappé son jeune et intéressant ami La Bourdonnaye (3), attaché comme lui à l'état-major de Jurien de la Gravière, a heureusement épargné. Ils étaient près l'un de l'autre aux attaques du 17 octobre contre les forts de Sébastopol : *His amor unus erat pariterque in bella ruebant*, lorsqu'un boulet, venant emporter la tête de La Bourdonnaye, fait rejaillir sur la figure de Fitz-James les éclaboussures de la plus horrible des blessures. Touchant épisode de ce siège mémorable !

J'ai quitté le *Montebello* avec regret, après avoir admiré ce magnifique vaisseau à vapeur, le plus important, le plus beau de notre flotte, et remercié les officiers du bord, qui nous en avaient si bien fait les honneurs. Fitz-James nous a accompagnés dans le canot de l'amiral, pour notre retour à la plage, où le général Pélissier, qui est rarement aimable pour personne, mais qui l'est souvent pour moi, m'a offert une place dans sa voiture pour remonter au camp, une voiture russe, prise à Kertch, et traînée par des chevaux du train. C'est une véritable rareté, la seule qui se trouve sur toute l'étendue du plateau.

J'ai repris mon service auprès du général Bosquet ; je remplace Pierre de Castellane, rappelé en France pour une de ses lettres publiée dans le *Constitutionnel*. Dans cette lettre, il faisait, avec son esprit ordinaire, la critique de nos opérations

---

(1) Jurien de la Gravière, fils d'un illustre amiral du premier Empire et de la Restauration, vice-amiral à 50 ans, écrivain militaire de grand mérite, collaborateur de la *Revue des Deux-Mondes*, membre de l'Académie française, de l'Académie des sciences, mort à Paris, le 5 mars 1892.

(2) Comte Robert de Fitz-James, s'est retiré volontairement du service étant capitaine de vaisseau.

(3) Avait le pressentiment de sa mort. En allant au feu, il l'annonça à son commandant.

de guerre, et parlait de notre échec du 18 juin, en restant encore au-dessous de la vérité ; mais toute vérité n'est pas bonne à dire, encore moins à écrire. C'est le vieux et sévère maré‑chal de Castellane qui ne sera pas content! mais il saura faire rendre justice à son fils, assurément officier des plus capables. Nous avons à l'état-major Bosquet le commandant Balland (1), le capitaine Fay (2), d'un concours précieux pour le général, tous deux officiers des plus capables ; Galliffet, qu'on retrouve toujours avec plaisir ; M. de Dampierre (3), celui qui était tombé aux mains des Russes au début de notre expédition de Crimée, et qui a été si bien traité à Saint‑Pétersbourg.

Le jeune général de Cissey, dont j'ai été camarade à ma première campagne d'Afrique, en 1840, est le chef d'état‑major du 2ᵉ corps d'armée. Ses importantes fonctions l'empêchent de se réunir aussi souvent à nous que nous le désirerions.

On a beau dire, le choléra sévit cruellement dans l'armée. Il y a peu de jours, nous avons eu encore un général mort : c'est le dixième depuis le commencement des hostilités. Tous les deux jours, j'assiste à un enterrement. Depuis un mois surtout, j'ai eu le malheur de perdre beaucoup d'officiers de ma connaissance. C'est ce qu'il y a de plus triste à la guerre. Nos épreuves sont vraiment cruelles ; nous devrions inspirer, à notre retour en France, le même respect que nous éprouvions dans notre première jeunesse pour les hommes qui avaient fait la campagne de Russie en 1812. A part le danger du feu, ceux qui ont quitté leur pays depuis dix-huit mois ont subi de douloureuses privations. Je ne parle pas de l'absence de la famille, de tout ce qui fait le charme de la vie dans notre société de civilisation avancée. Ce qui me décourage, si je devais être découragé, c'est de penser que tout ce que nous ferons, c'est pour étayer, défendre un empire qui n'existe pas : car ne pas avoir d'avenir, c'est ne pas exister.

L'empire de Turquie, c'est l'absence de toute autorité, de

(1) Mort général de brigade, commandant l'Ecole supérieure de guerre.
(2) Général de division en retraite, après avoir commandé un corps d'armée.
(3) Mort général de brigade.

toute sécurité pour les personnes comme pour les choses, de toute richesse, excepté les richesses territoriales, qui sont rendues stériles par les lois musulmanes ; c'est, en résumé, le contraire de notre civilisation européenne. On ne fera jamais rien d'un peuple qui marche en pantoufles, c'est-à-dire qui ne marche pas, et qui ne pense qu'à fumer, ou qui ne pense à rien.

XX

18 août 1855.

J'ai assisté au combat qui a été livré le 16 août sur la Tchernaïa. L'endroit où le grand effort de l'ennemi a eu lieu présentait le spectacle d'un carnage affreux. J'avais l'honneur d'accompagner le général Bosquet, commandant en chef de toutes les troupes engagées, faisant partie de son corps d'armée. Je l'ai trouvé admirable de sang-froid et de présence d'esprit: ses ordres étaient clairs et précis. Il juge tout de suite le parti à prendre et fait faire sans embarras le nécessaire.

Depuis longtemps, nous étions prévenus (par les déserteurs) que nous serions attaqués, et depuis trois nuits nous dormions à peine. Enfin, le 16 au matin, les Russes ont profité d'un brouillard, tel qu'il s'en forme souvent dans les vallées, pour se réunir en grandes masses derrière la Tchernaïa, et recommencer l'entreprise qu'ils avaient tentée déjà avec si peu de succès à Inkermann. A la pointe du jour, ils ont passé la rivière au pont de Tracktir; après avoir culbuté nos avant-postes, ils étaient parvenus à gravir les pentes fort raides au sommet desquelles nous étions établis. Heureusement que l'on a pu prendre très vite les dispositions de défense, et grâce à l'irrésistible entrain de nos troupes, commandées par le général de Failly (1), on a réussi à repousser l'ennemi. Les Russes sont revenus à la charge une seconde fois avec une ténacité remarquable. Deux fois ils ont repassé la Tchernaïa ; la dernière tentative leur a coûté cher : ils ont couvert littéralement le terrain de leurs morts. Notre artillerie envoyait des boulets, des obus dans ces masses serrées qui encombraient le pont, et chaque coup leur portait la mort.

Après le combat, qui a bien duré six heures, car on s'est longtemps canonné encore à travers la Tchernaïa, le général Bosquet s'est rendu sur tous les lieux où gisaient les morts et les mourants ; il a fait enlever les blessés des deux armées, les Russes ayant dû abandonner les leurs. Cette triste corvée était à peine terminée à la nuit, tant le nombre en était considérable.

A cette occasion, il s'est emporté avec violence contre les officiers anglais, qui par une indiscrétion blâmable, venaient se repaître de ce triste spectacle, et enlever les objets laissés sur le champ de bataille, comme souvenirs d'un combat auxquels ils n'assistaient même pas. Il est juste de dire que le général Simpson, aussitôt prévenu, nous arrivait avec la garde anglaise, nous offrant ainsi, sans hésiter, un concours sérieux qui aurait pu nous être très utile. Les Piémontais ont trouvé là, pour leur début, une occasion de combattre à nos côtés. Ils ont fait très bonne figure, et celui qui nous a donné l'éveil est leur infatigable général La Marmora, qui, levé le premier de tous les camps, est le premier aussi à visiter ses avant-postes.

La journée du 16 s'est terminée pour le général Bosquet par une visite aux ambulances. Faute de place sous les tentes, les blessés russes étaient couchés par terre, en plein soleil, gémissant, se tordant dans des souffrances atroces, et laissant voir les plus affreuses blessures. Nos soldats leur apportaient à boire, les consolaient et les traitaient de leur mieux. Un entre autres, ancien prisonnier de guerre chez les Russes, disait : « J'ai été si bien traité par eux, que je veux leur donner

____

(1) Général de division.

tout ce que je pourrai. » Et il leur offrait des pipes, du tabac, de l'eau-de-vie étendue d'eau, et tout cela avec un air de sim - plicité touchante qui devait faire comprendre à ces malheureux blessés qu'ils n'avaient plus affaire à des ennemis. Nous sommes rentrés ce jour-là à six heures passées du soir ; j'étais depuis près de treize heures à cheval.

Les Russes ont dû perdre énormément de monde. C'était un véritable carnage ; on comptait près de 2,000 cadavres sur le champ de bataille, et autant de blessés accueillis dans nos ambulances. Sang bien inutilemennt répandu ! Bataille sans résultat, coup de désespoir des assiégés !

On a rouvert le feu contre la place, mais faiblement, pour ne pas épuiser nos approvisionnements. L'artillerie russe nous répond coup pour coup, de sorte que les choses en restent à peu près au même point. Cette nuit cependant, le bombarde- ment a recommencé d'une manière plus violente. Beaucoup de victimes de part et d'autre. Dans cette guerre, longue et trop sanglante, la vie des hommes est comptée pour rien ; sans cela, elle serait déjà terminée. L'humanité aurait conseillé une paix de transaction, qui finira bien par arriver.

XXI

25 août 1855.

Depuis notre affaire du 16 de ce mois, qui fait le plus grand honneur aux troupes françaises et sardes, nous vivons sous l'impression d'alertes continuelles. J'ai passé quatre nuits sur sept, soit aux tranchées, soit près de la ligne de la Tchernaïa. Deux fois, dans la nuit, les Russes ont simulé des sorties contre nos approches. Ils ont fait un tel feu de leurs batteries et de leur mousqueterie, que nous avons cru à des attaques à fond. En pareil cas, on se rend en toute hâte vers les premières parallèles pour renforcer les gardes de tranchée.

Le général Bosquet, qui commande en chef le siège de droite, ayant pour objet la tour Malakoff, la Courtine et le petit Redan et aussi les divisions de la ligne de la Tchernaïa, est toujours le premier arrivé sur le terrain. C'est un esprit fort calme, très prudent, et en même temps d'une grande activité. Il est parfait pour ses officiers, et je me félicite de terminer ma campagne de Crimée auprès de lui.

Deux fois aussi, cette semaine, on a été averti par des espions tatars et par des déserteurs que l'armée russe, qui était renforcée par de nouvelles troupes venues d'Odessa, allait recommencer de nuit son attaque du 16 ; et comme ces renseignements, qui se complétaient les uns par les autres, précisaient les dates, il nous a fallu passer deux nuits sous les armes. C'est un métier très dur et très fatigant que celui que nous faisons ici, et pour le supporter longtemps, il ne faudrait pas être élevé, comme nous le sommes, pendant des dix ans en serre chaude, dans les collèges et les écoles militaires, où le tempérament s'affaiblit plutôt qu'il ne s'aguerrit.

Les opérations du siège se poursuivent lentement et très péniblement. Nous n'avançons pas de plus de 10 mètres par nuit (on ne travaille que la nuit), nous trouvant très près de la place.

On n'est plus qu'à 50 mètres de la tour Malakoff. Mais il y aura à préparer la descente du fossé, et à faire la brèche. Nous cheminons maintenant sur un terrain miné par l'ennemi. C'est fort dangereux, car l'on est menacé à chaque instant de sauter en l'air; mais avec beaucoup de précaution, et par un système de contre-mines fort connu, on détruit les travaux de l'ennemi. Seulement, tous ces obstacles retardent d'autant les opérations finales; et je crains que le général Pélissier ne se soit un peu avancé en promettant à l'Empereur la prise prochaine de Sébastopol. Voici bientôt un an que l'on dit la même chose. Mais il paraît que l'on ne peut conduire les peuples qu'en leur promettant ce qu'ils désirent. Le vulgaire veut être trompé, qu'on le trompe : *Vulgus vult decipi, decipiatur.*

Galliffet, véritable enfant gâté à qui les défauts et les faiblesses réussissent autant que ses qualités, retourne en France. Il s'embarque mardi prochain. Il sera regretté de tous ses camarades de l'état-major.

Rességuier, qui a plus d'esprit que personne, le meilleur garçon que je connaisse, est retombé malade. Ce n'est pas la fatigue qui aura éprouvé beaucoup la cavalerie; jamais, dans aucune guerre, elle n'a été plus inactive. Ils n'ont perdu des hommes que par le choléra, et ils en ont perdu beaucoup; cependant ils occupent les meilleurs cantonnements dans une vallée ombragée, avec une verdure que nous n'avons jamais connue sur les rochers dénudés que nous habitons. Nos ambulances sont toujours remplies de malades et de blessés. J'y vais souvent pour mon service. Dans une de mes visites, j'ai rencontré un capitaine d'artillerie russe, magnifique officier, plein de distinction, à côté d'un autre capitaine d'artillerie français de ma connaissance. Tous deux avaient eu la poitrine traversée d'une balle à l'affaire de Tracktir, en combattant l'un contre l'autre. Aujourd'hui ils sont très bons amis. Les prisonniers russes sont soignés comme les Français ; si l'on fait une différence, c'est plutôt en leur faveur. Les nôtres, qui reviennent de Russie, ont trouvé partout les plus grands égards. Il n'y a aucune animosité entre les deux armées ennemies, et, quoi qu'on en dise, on y désire également la paix. Nous sommes toujours en froid avec les Anglais. Le général Simpson, qui est un homme sage, modéré et conciliant, le sent bien ; ce n'est pas sans raison qu'il a fait dernièrement un ordre du jour si flatteur pour l'armée française à l'occasion de la bataille de Tracktir. Si quelqu'un a peu ou point l'air militaire, c'est bien le général Simpson ; il a plutôt celui d'un intendant d'armée ; il porte des lunettes, avec de longs faux-cols. Rien de guerrier dans sa tenue. Il sort peu de sa maison, écrit beaucoup à son gouvernement, et se montre rarement à ses troupes. C'est une singulière armée ; elle ne fait pas grand'chose, mais elle fait encore moins de bruit. Les soldats ne sont occupés qu'à laver leur linge et à faire la cuisine ; les officiers, à courir partout sur de petits chevaux dans toutes les directions. A les voir, on dirait qu'ils font la guerre en amateurs, pour leur distraction. Je suis loin de leur en faire un reproche, c'est une preuve d'intérêt pour tout ce qui se passe, sans préoccupation du lendemain. On s'arrange déjà pour passer l'hiver prochain en Crimée. Je demande quelle récompense on accordera à ceux qui auront vécu sans interruption deux années entières à cette armée d'Orient : ils auront bien fait leur purgatoire sur cette terre. Je crains qu'une fois la guerre finie, leurs services ne soient oubliés et qu'ils ne se trouvent pas plus avancés que ceux qui seront restés tranquillement à Paris, où l'on pense bien peu à nos misères, puisqu'il se donne des fêtes et des réjouissances qu'il aurait été mieux de réserver pour la paix. Les journaux de France en parlent bien plus que de nos faits et gestes de Crimée, qui semblent leur paraître moins dignes de leur publicité.

XXII

1er septembre 1855.

Depuis ma dernière lettre, les opérations du siège se sont poursuivies avec lenteur, mais avec sûreté. Nous sommes arrivés à vingt mètres de la tour Malakoff, ou plutôt de son fossé. Il y aura encore bien des opérations secondaires avant de livrer l'assaut. Ainsi se trouve réalisé ce que j'annonçais dans mes lettres des mois de mars et d'avril. J'écrivais qu'on ne pourrait rien faire ni rien espérer avant de s'être approché par des travaux de sape du bord des fossés de la place. Toutes les forces humaines ne peuvent surmonter certains obstacles matériels qui n'ont pas été accumulés pour la défense, apparemment, sans raison. Ne pas en tenir compte, parler de prendre Sébastopol avant de les avoir écartés, c'était parler comme les gens du monde, en ignorant. On en rencontre partout, des ignorants, des gens qui ne doutent de rien, qui ne savent rien, mais qui parlent beaucoup !

Au fur et à mesure que nous avançons vers la fameuse tour Malakoff, nous faisons des pertes plus sensibles : il n'est pas de jour que nous n'ayons deux cent cinquante à trois cents hommes tués ou blessés. Calculez ce que ces nombres répétés doivent représenter au bout d'un mois. Les Russes sont encore plus éprouvés que nous.

Nous avons eu cette semaine deux terribles accidents : une poudrière, réserve des approvisionnements de la défense du mamelon Vert, a sauté dans la nuit de mardi à mercredi. Le choc a été si fort que tout le monde, dans les camps, a été réveillé en sursaut. On ne savait pas d'abord la cause de cette violente explosion. Les généraux, les chefs de service se sont rendus au mamelon Vert ; on a reconnu que le malheur n'était pas si grand, quoique l'on ait eu à déplorer bien des victimes. Les poutres de la poudrière ont été projetées au loin, dans une même direction, et dans leur chute, elles ont écrasé deux compagnies de la garde. Nous avons passé là une partie de la nuit. Le général en chef est arrivé aussi de son côté, suivi d'une partie de son état-major. Pendant ce temps-là, les Russes, qui se doutaient de tous nos mouvements et de l'empressement de nos troupes à réparer le dégât des batteries détruites, ont lancé une grêle de bombes et d'obus sur le point qui leur avait été indiqué par l'explosion comme but de tir.

La nuit suivante, deux officiers et un sous-officier de notre armée sont entrés dans une poudrière russe abandonnée ; elle se trouvait encore remplie de bombes et d'obus. Le feu a pris instantanément, tout a sauté en l'air avec grand fracas, sans qu'on ait pu trouver vestige de ces malheureux.

Pour vous donner un aperçu de cette guerre, il se fait en ce moment devant Malakoff un travail de mines souterrain où les mineurs des deux camps se livrent des combats dont on n'a aucune idée. Le général Niel, qui a l'expérience consommée de son métier, disait que jamais, dans aucun siège, on n'avait donné, à beaucoup près, une pareille extension à ces moyens d'attaque et de défense. J'admire ces mineurs qui sont appelés à faire une véritable guerre de taupe ; les épreuves qu'ils endurent si patiemment en font les hommes les plus intéressants de l'armée.

J'ai assisté lundi, au quartier général anglais, à la distribution des croix de l'ordre du Bain par lord Strafford Redcliffe. Cette cérémonie, faite avec un certain apparat, m'a beaucoup touché. L'amiral Lyons, l'amiral Stuart, le général Sir Colin Campbell, ont été honorés du grand cordon. L'amiral Lyons avaìt très grand air en recevant les insignes des mains de l'ambassadeur anglais. Celui-ci avait bien lui-même la haute distinction de ces vieux diplomates d'une époque que j'ai à peine connue, mais dont je me rends compte par les types que nous représente encore l'aristocratie d'Angleterre, et que je retrouve ici. Après la solennité, rendue assez longue par les discours qui ont été prononcés, le général Simpson nous a invités à un *lunch* qui réunissait les principaux personnages des armées alliées. J'en ai vu là qui étaient bien désappointés. Le fait est que l'on devait s'attendre à voir honorer de la croix du Bain les généraux Pélissier et Bosquet, l'amiral Bruat; ils étaient présents, et devaient penser qu'on ne les avait pas invités uniquement pour être témoins de la cérémonie. Le général Rose, notre commissaire anglais, voulut bien nous assurer que le général Simpson avait insisté auprès de son gouvernement pour que cela fût comme nous le désirions, mais que l'Empereur avait fait remettre l'échange des décorations à une autre époque : prétexte, car, de même que dans la vie ordinaire, les présents entretiennent l'amitié, entre deux grands peuples, ces témoignages de mutuelle estime et de reconnaissance pour des services rendus, cimentent les alliances et préviennent souvent, comme dans ce cas-ci, des refroidissements fâcheux. Je dois donc avouer qu'on a été généralement très froissé de ce mécompte.

J'ai reçu là, d'officiers anglais qui sont toujours d'une grande courtoisie pour nous, plusieurs invitations à dîner : l'une, entre autres, chez le fils de lord Londonderry, lord Vane, colonel de la garde, où doit se trouver le duc de Newcastle, l'ancien ministre de la guerre, arrivé en Crimée depuis huit jours; l'autre chez lord Rokeby, le commandant de la garde royale, officier d'un grand mérite, qui avait beaucoup d'estime et de sympathie pour le général Canrobert.

Ma santé est meilleure depuis quelques jours, celle de mes frères est également bonne. Nous recevons exactement des nouvelles de Paris : c'est notre consolation, comme c'est notre espérance de revoir un jour ceux qui pensent à nous.

XXIII

11 septembre 1855.

Mes frères et moi nous avons été fort heureusement épargnés dans ce sanglant et terrible assaut de Sébastopol. Ceux qui reviendront de cette guerre devront s'estimer fort heureux, ils seront l'exception. Mon frère Alfred en a été quitte pour une légère blessure au genou, et moi, je conserve un mal d'oreilles insupportable et des bourdonnements douloureux du fait du passage d'un boulet au-dessus de ma tête. Il a enlevé mon képi et m'a renversé tout étourdi, par la terre qu'il a lancée sur moi en passant à travers la crête d'un parapet. Une de mes épaulettes a été éraillée d'un éclat d'obus dont a été frappé mortellement un malheureux soldat qui se trouvait devant moi. Je ne crois pas qu'il y ait dans l'armée un combattant qui n'ait eu au moins quelque égratignure. Le chiffre de nos morts et de nos blessés est énorme ; et je ne puis me réjouir qu'à demi d'un succès si chèrement acheté !

Deux jours avant l'assaut, il y a eu grand conseil de guerre chez le général Pélissier, et le lendemain chez le général Bosquet, qui, comme chef du 2° corps d'armée, avait été chargé du commandement de toutes les attaques de droite. La veille au soir, tous les commandants d'armes, les chefs de corps appelés à concourir à l'assaut du lendemain, furent réunis à notre quartier général. Là, avec une netteté d'esprit et une clarté dans la parole bien faite pour inculquer aux autres sa pensée, le général Bosquet expliqua et l'ensemble du plan d'attaque et le rôle que chacun aurait à remplir. Les montres furent réglées sur la mienne, qui était bonne, pour l'heure où commencerait l'exécution du programme de ce terrible drame. L'infortuné Saint-Pol, qui, par caractère, n'avait pas beaucoup de confiance, me disait en sortant de cette réunion : « Quand des ordres sont si bien donnés, et que chacun sait ce qu'il a à faire, le succès est à moitié assuré. » Pauvre général, que j'aimais beaucoup et que je ne devais plus revoir !

Le lendemain matin, chacun fit ses préparatifs de combat comme si l'on devait aller à une revue. Je n'avais jamais remarqué moins de traces d'inquiétude. Il faut dire aussi que l'on était bien aise d'en finir, coûte que coûte. Les souffrances passées nous avaient d'ailleurs singulièrement aguerris contre cette dernière et solennelle épreuve. J'eus le temps d'écrire deux lettres qui vous portaient mes adieux, au moment où l'on songe et où l'on se prépare, non sans regrets, à l'éternelle séparation. A neuf heures, tout l'état-major du général Bosquet était prêt pour le départ. Le déjeuner, où, suivant mes habitudes, je prenais peu de part, fut servi comme à l'ordinaire. Il ne fut ni plus gai ni plus triste. Mon frère Alfred, passant près de nous avec ses soldats qui se rendaient silencieusement aux tranchées, s'en était détaché pour nous embrasser, et dire à celui que nous entourions de nos espérances et de nos vœux : « Nous ferons tous si bien que nous vous ferons gagner le bâton. » D'autres officiers se trouvant à portée de notre camp vinrent nous faire les mêmes souhaits, nous exprimer les mêmes désirs.

Vers dix heures, nous montons à cheval pour nous rendre à l'entrée des tranchées, qui se trouvait encore assez loin du camp. Nous formions un état-major aussi brillant que nombreux ; à celui du premier d'entre nous, s'étaient joints les généraux de Cissey, Beuret, Frossard, et tant d'autres officiers appartenant à des armes diverses, tous vaillants et de fort bonne mine. Nous rencontrons sur notre route des Sardes, le général Cialdini en tête ; des troupes anglaises : ceux qui les commandaient étaient serrés dans leur uniforme, avec de

grands cols empesés, comme s'ils se rendaient à la parade ; les
soldats étaient roides, compassés, sans laisser aller. Ils appa-
raissaient bien là ce qu'ils devaient être au feu : peu d'entrain
pour l'attaque, s'il s'agit de courir surtout ; mais forts, tenaces,
énergiques dans la résistance. Nos troupes françaises, officiers
et soldats, étaient toutes débraillées pour mieux se battre. Dès
le grand matin, la plupart se trouvaient réunies dans les tranchées. Pour ne pas donner l'éveil à l'ennemi, on avait profité
de la demi-obscurité de l'aurore. Je rencontrai, chemin faisant,
beaucoup d'amis, entre autres le général Bourbaki, les colonels
de Maussion, Chabron (1), que j'embrassai, car on est tendre
dans ces moments solennels, si près de la mort ! Le colonel
Chabron avait les manches relevées jusqu'au coude, et les
poings fermés comme un furieux.

Un peu avant midi, tout était prêt pour l'assaut ; chacun
était à son poste. La division Mac-Mahon (ancienne Canrobert)
massée dans les tranchées arrivant au pied de Malakoff, la
division La Motterouge dans celles vis-à-vis la courtine qui
relie Malakoff au petit redan, et enfin la division Dulac devant
le petit redan. Les régiments de la garde formaient la réserve
sous les ordres de Mellinet (2). Le général Bosquet avait le
commandement supérieur de toutes ces troupes, et comme ce
sont à peu près les seules qui aient réussi, c'est bien au 2ᵉ corps
d'armée et à son digne chef que revient pour la plus grande
part l'honneur de la prise de la ville.

Prélude nécessaire et obligatoire de tout assaut, notre artillerie de siège, formidable comme quantité et qualité, tonna
contre la place avec une violence extrême, et sur toute notre
ligne à la fois. Il s'agissait de déconcerter ses malheureux
défenseurs, et de les éloigner le plus possible des remparts
que nous devions escalader. A midi précis, heure tenue secrète,
mais convenue d'avance entre les généraux, le feu cesse instantanément, et le général Bosquet, qui s'était placé dans la
6ᵉ parallèle, la plus rapprochée de la ville du côté du petit
redan, et entouré alors de son état-major, tire son épée et

---

(1) Tous les trois devenus généraux de division.
(2) Général de division, mort à Nantes, dans un âge avancé.

commande d'une voix forte et menaçante : « Tambours et clairons, la charge ! Mes amis, en avant ! Vive l'Empereur ! » (Cri des Français, comme celui de « Vive le Roi ! » dans les dangers extrêmes ainsi que dans les grandes joies). Ce commandement se répète à la fois sur toute la ligne, l'air l'emporte ainsi que les sons de toutes nos musiques et de toutes nos fanfares. Aussitôt les troupes sortent à la fois des tranchées, les officiers en tête, l'épée nue. C'est là le signal, moment solennel ! des combats les plus sanglants auxquels il soit possible d'assister, qui ont duré toute une journée, et dont les détails vous seront donnés par des rapports particuliers et officiels. Dans une affaire de guerre de cette importance, embrassant un espace aussi étendu, — plusieurs lieues, — on ne voit que ce qui se passe près de soi, à portée de la vue.

Dans les premiers moments de l'assaut, nous avons cru tout enlevé et presque terminé comme par un coup de foudre ; mais les Russes, blottis d'abord pour se garantir de notre feu d'enfer sous des blindages ou sous terre, sont bientôt revenus à la charge, et c'est à peine si nous avons pu nous maintenir dans les positions conquises du côté de la courtine et du petit redan. Heureusement, la division Mac-Mahon tenait bon dans Malakoff, où nous avions la consolation de voir flotter le drapeau français. Bientôt, nous nous trouvons au milieu d'une véritable tempête de feu ; nous recevions une pluie de projectiles qui nous arrivaient de toutes parts ; c'était comme la grêle qui fauche les épis d'un champ.

Les morts, les blessés, s'entassaient sous nos pas. On ne savait où donner de la tête : ce flux et ce reflux de nos soldats qui revenaient en courant vers nous, après être partis vers l'ennemi, qui les repoussait, était bien fait pour la faire perdre. Le général Bosquet ne la perdait pas : d'un calme et d'un sang-froid parfaits, il donnait des ordres, envoyait les officiers de son état-major partout, et se faisait rendre compte de ce qui se passait en dehors de sa vue. La bataille se continuait ainsi avec des alternatives de succès et d'insuccès, et avec un acharnement inouï sur toute la ligne des remparts, lorsque vers trois heures, une bombe lancée de la ville vint éclater derrière nous. Le général Bosquet est frappé au côté droit, chancelle et s'évanouit ; me trouvant tout près de lui, je le reçois dans mes bras. A la souffrance exprimée sur ses traits, à sa pâleur, à ses plaintes déchirantes, je l'ai cru perdu (1). Quelle pénible impression autour de nous ! La perte d'un tel chef dans un pareil moment pouvait compromettre le succès ! Le courageux blessé eut encore la force de s'informer de tout, et d'envoyer prévenir le général Pélissier, qui se trouvait au mamelon Vert, pour le faire remplacer. Ce ne fut que plus tard, lorsque les forces l'abandonnèrent tout à fait, qu'il consentit à se laisser enlever du champ de carnage. Que de temps nous avons mis pour sortir des tranchées ! elles étaient encombrées de défenseurs, de morts et de blessés. Il fallait prendre mille précautions, s'arrêter à chaque pas, obéissant au général, qui souffrait cruellement. Nous cheminions souvent, en quittant les tranchées, sous une pluie de feu. Une batterie d'artillerie montée, qui nous croisait en descendant vers la ville, fut presque anéantie sous nos yeux.

Ce n'est qu'à la nuit que nous sommes arrivés à notre quartier général, et que nous avons déposé dans sa baraque en planches notre pauvre blessé. Là seulement, il a pu trouver un peu de soulagements à ses mortelles souffrances. Quelle nuit affreuse pour nous ! Lorsque nous avons quitté le champ de bataille, la partie n'était pas gagnée, et nous n'étions pas plus rassurés sur l'existence de celui qui nous était doublement cher à tous.

Nous n'avions plus de nouvelles du théâtre de l'action depuis que nous l'avions quitté ; les troupes engagées dès le matin étaient alors repoussées de partout et obligées de se réfugier dans les tranchées. D'un autre côté, des officiers russes, prisonniers de la première heure, et qui se trouvaient gardés à vue dans notre voisinage, nous assuraient que Malakoff était miné et sauterait cette nuit ! Vers minuit, de terribles explosions se font entendre ; personne ne venant nous avertir de ce qui se passait, nous pouvions croire tout possible, tout au

____

(1) Cette blessure a été la cause de sa mort, arrivée en février 1861, après des années de langueur et de souffrance.

moins l'échec de l'armée. Ce n'est que le lendemain matin, au retour de nos premiers officiers, mon frère Alfred entre autres, que nous avons connu la vérité. Nous apprenions que les Russes, voyant qu'ils ne pouvaient reprendre Malakoff, la clef de la défense, s'étaient retirés dans la partie nord de leur ville par ce pont qu'ils avaient établi à travers leur rade, et non sans avoir pris la précaution de faire sauter les ouvrages de la partie sud, qui étaient minés d'avance. C'étaient là ces explosions qui nous avaient tant effrayés.

La ville de Sébastopol est donc bien à nous (1), mais la partie nord est encore au pouvoir des Russes. Le plus difficile est fait, et cela n'a pas été sans peine. Le général Pélissier, qui, en compagnie du général Simpson, est venu rendre visite au général Bosquet pour avoir de ses nouvelles, lui dit : « Nous avons Sébastopol, mais nous l'avons payé bien cher. » En effet, nous avons eu de trop nombreuses et intéressantes victimes à mettre en ligne de compte. Que de brillants généraux enlevés au service du pays ! On me cite parmi les tués les généraux de Marolles, de Pontevès, Rivet, Breton ; parmi les blessés, les généraux Mellinet, Bisson, Bourbaki, La Motte-rouge, Trochu, Couston, Cler. Nous ne parlons pas au général Bosquet de toutes ces pertes : dans l'état de faiblesse où il se trouve, il a besoin de ménagements ; la nouvelle de la mort du général Rivet, qui était un de ses plus anciens et intimes amis, lui serait surtout trop pénible.

Je connaissais plus particulièrement les généraux de Marolles et Pontevès (2), officier aussi modeste que distingué ; il avait déjà mérité un avancement rapide en Afrique, où il avait servi longtemps, en sachant ajouter un nouveau lustre au nom qu'il portait si bien. Il est universellement regretté. On m'assure que, rapporté blessé grièvement sur le

(1) Dans cette lettre écrite sous l'impression de notre succès, j'ai pu dire que Sébastopol était à nous ; mais la vérité historique est que nous n'avons jamais pu l'occuper militairement, l'artillerie des Russes de la partie nord de leur ville nous en empêchait.

(2) Comte Edmond de Pontevès, frère aîné du duc de Sabran-Chevreuse qui s'est très distingué dans nos dernières guerres sous les ordres du général Charette.

dos de son fidèle aide de camp, le capitaine Lamy (1), du champ de bataille à l'ambulance, il avait encore reçu trois balles dans le corps. Pourquoi la mort s'acharnait-elle donc à une vie si noblement remplie.

Le brave La Tour du Pin devait finir par se faire tuer ou à peu près, car il est assez grièvement blessé (2). Il m'envoie, ce matin, demander un binocle, me faisant dire qu'ayant perdu toutes ses lunettes, et étant sourd, il ne pouvait plus ni voir ni entendre. La blessure du général Bosquet est grave ; on craint une fracture des côtes et un épanchement de sang dans les poumons. Il ne veut rien prendre qu'un peu de sirop de chez Tanrade, dont une personne que vous connaissez, qui pense beaucoup à nous, m'a envoyé, il y a peu de jours, une assez bonne provision. Le général Pélissier, les généraux des armées alliées, envoient tous savoir de ses nouvelles, s'ils ne peuvent venir ici eux-mêmes. C'est une procession de tout ce qu'il y a de plus considérable dans les armées alliées. Le général Bosquet mérite bien ces témoignages de sympathie et d'estime; il a joué un des principaux rôles dans toute cette guerre, et il a su le remplir en homme de valeur, doué des plus grandes qualités militaires. Pélissier, Canrobert, Bosquet, seront les trois personnalités éminentes de ce siège, où tant d'autres ont manqué.

Le jeune d'Harcourt (3), qui se montre si digne du nom qu'il porte, officier d'ordonnance du général Mac-Mahon, est heureusement sain et sauf. Le capitaine d'Andlau (4) va bien aussi ; son général, Saint-Pol, qui était de nos amis, a été malheureusement tué. C'est une grande perte. Je n'en finirais pas si je vous entretenais de toutes celles que nous avons faites et qui nous sont plus particulièrement sensibles. Le sang français a coulé à trop grands flots pour que nous puissions jouir entièrement de notre triomphe.

(1) Devenu général de division.
(2) Voir l'appendice.
(3) Duc d'Harcourt, capitaine de chasseurs à pied, démissionnaire, ancien député du Calvados.
(4) D'Andlau, fils du lieutenant général comte d'Andlau, mort général de brigade.

XXIV

22 septembre 1855.

Après une grande bataille, on panse ses plaies ; aujourd'hui, nous ne faisons pas autre chose. Elles sont trop saignantes encore pour que nous puissions nous réjouir beaucoup d'une victoire qui nous a coûté tant de sang. Aussi n'est-on pas plus gai qu'auparavant, et même ce silence, ce calme, succédant au bruit incessant d'artillerie qui remplissait l'air autrefois, enlèvent à nos camps ce caractère d'animation et d'entrain qui excluait les douloureuses pensées. Ce vacarme continuel que l'on entendait surexcitait les esprits et nous faisait oublier nos propres souffrances. Nous sommes à présent comme ces malades qu'une fièvre ardente vient de quitter : quoique sauvés, ils n'en sont que plus abattus et plus tristes.

Nous devons nous estimer très heureux de notre succès : le hasard joue un si grand rôle à la guerre ! Il ne nous a été permis d'entrer dans la ville que par suite de ces circonstances heureuses que la Providence réserve aux armées qu'elle favorise. Les Russes savaient par leurs espions que l'assaut n'aurait lieu qu'après l'ouverture du feu des flottes alliées, qui devaient ainsi opérer une utile diversion dans le plan d'attaque. Les vents, affreux ce jour-là, ayant repoussé les vaisseaux en pleine mer, le concours des deux marines a complètement fait défaut au moment où l'attaque allait être donnée : de là une fausse sécurité inspirée à l'ennemi, qui n'a pas pris, en conséquence, toutes les dispositions nécessaires pour la repousser, et qui a été ainsi surpris au moment où il s'y attendait le moins. Malakoff n'était pas suffisamment gardé, et une partie de la division Mac-Mahon a pu s'y établir facilement dès les premiers instants de l'assaut. Il est vrai que l'on avait fait auparavant un effroyable bombardement pour en déloger les défenseurs ; mais notre plus heureuse chance a été la découverte du fil électrique qui aboutissait à une mine que le général Todleben, en prévision de ce qui devait se passer, avait fait établir avec tous les soins imaginables. Sans cette découverte, qui empêcha les Russes d'utiliser cette mine, Malakoff sautait avec tous ceux qui l'occupaient.

Comme Malakoff est la clef de Sébastopol, et qu'une fois maître de cette position, on domine la ville, que l'on peut foudroyer en retournant contre elle les canons de la place, les Russes, ne pouvant ni la reprendre sur nous ni la faire sauter, se sont décidés à évacuer la partie sud, qu'il nous importait seule de conquérir, pour le moment.

En ne pensant pas à soi, car il faut penser aussi aux autres, même à ses ennemis, se figure-t-on le désespoir d'une armée vaincue, qui bat en retraite, la nuit, silencieuse, accablée de chagrins, de fatigues, de douleur et de tristesse, et qui n'a que la défaite, au lieu du triomphe, comme récompense de tant de sacrifices offerts à la patrie ?

Je suis allé visiter les ruines de la ville conquise. D'après l'inspection des ouvrages accumulés pour la défense, on s'explique la grandeur des difficultés que nous avons eues à vaincre.

Tout cela donne raison au plan du général Canrobert, qui ne voulait pas attaquer le taureau par les cornes. Quel spectacle que celui d'un pareil désastre ! Toutes les casernes, tous les établissements publics, magnifiques monuments élevés à si grands frais, sont troués, lézardés, abîmés par nos bombes et nos boulets ; ils ne tiennent debout que par miracle. Les vastes places sont remplies de ruines, de poutres noircies, d'amas de bois carbonisé, de débris d'armes, d'uniformes, d'effets de campement, d'équipement, etc., etc. La solitude ajoute à l'horreur des lieux ; on ne voit personne que quelques rares officiers, surtout des Anglais, car il faut une permission spéciale pour entrer dans la ville. Elle avait été envahie les premiers jours par les pillards, qu'on retrouve partout et que rien n'effraye. Il est dangereux d'y rester longtemps : on a eu déjà quelques victimes à déplorer ; des explosions ne cessent pas d'y éclater, et les Russes continuent de nous envoyer des boulets et des obus lancés de leurs canons de la ville du nord, plutôt par rage que dans l'espoir de nous faire grand mal. Je vous donne à penser ce qu'il a fallu de temps pour enlever les morts et les blessés qui gisaient de tous côtés, dans cette immense citadelle, après le jour de l'assaut ! Je ne connais pas nos pertes ; celles des armées engagées dans la bataille des deux côtés doivent être immenses. Les états officiels nous le prouveront plus tard, si jamais on les publie.

Les Russes ont fait sauter tous les bâtiments de leur fameuse flotte, qui était un épouvantail pour la marine anglaise elle-même. Ces magnifiques et imposants navires, qui, fiers autrefois, parcouraient la mer Noire en puissants dominateurs, disparus pour toujours au fond des eaux, et précédés de la mort de leurs illustres amiraux Nakhimof, Kornilof, sont bien l'image de la chute et de l'évanouissement des plus grands empires. L'heure de celui de la Russie n'est pas arrivée : l'énergie de la résistance, qui égale celle de l'attaque si elle ne la dépasse, prouve toute la vitalité de ce jeune et puissant empire.

Les récompenses pour les chefs de notre armée ne se sont pas fait attendre. Le premier entre tous est enfin maréchal de France : c'est honorer l'armée tout entière dans la personne de celui qui l'a si dignement commandée et à qui revient une grande partie de la gloire du succès. Qu'avait-il déclaré le jour de l'assaut ? qu'il était bien décidé à ne pas reculer. Ses soldats le savaient, se le disaient : c'est ainsi qu'il leur avait inspiré ses propres sentiments avec sa ferme volonté d'en finir

cette fois ! L'amiral Bruat est aussi nommé grand amiral.
Certes, la marine n'a pas eu à jouer un grand rôle dans la
prise de Sébastopol ; mais elle était capable de le jouer, et
d'ailleurs, par tant de sacrifices soufferts depuis dix-huit mois,
elle méritait bien aussi d'être récompensée.

Je n'ai pas besoin de vous dire que j'aurais désiré que le
commandant en chef du 2e corps ne fût pas oublié ; il en était
au moins aussi digne que le commandant en chef de notre
flotte, dont la nomination n'a pourtant surpris personne. Ce
qui nous console (je dis *nous*, car je connais le désir secret de
Bosquet), c'est que, tôt ou tard, il sera élevé à la première
dignité de l'empire. Je vous avoue bien confidentiellement qu'il
y pense beaucoup et m'en parle quelquefois : son amitié a peu
de secrets pour moi.

Voilà Alfred nommé chef de bataillon au 3e zouaves (1). Il l'a
bien gagné. Le maréchal Pélissier le lui a annoncé dans des
termes tels qu'ils suffiraient à sa plus complète satisfaction.

Le lendemain de cette bonne nouvelle, je me suis rendu au
grand quartier général. Sur la table d'un des bureaux se
trouvaient des listes sur lesquelles la plupart des officiers de
l'armée venaient s'inscrire pour féliciter le héros du jour.
Celui-ci m'apercevant, m'interpelle assez aimablement : « Vous
êtes donc comme tous ces cafards qui viennent, par intérêt
pour eux, me rappeler leurs noms. » Ma réponse fut que je
venais pour voir mes amis survivants de son état-major (son
premier aide de camp, le colonel Cassaigne avait été tué), et le
remercier de la nomination de mon frère. « Ah ! alors, c'est
différent, vous faites bien. »

Je rapporte ce fait pour prouver à quel point le maréchal
prisait peu ces démonstrations, généralement intéressées. Il
avait horreur de la platitude, comme de tout ce qui sentait
l'intrigue. La franchise, la loyauté, la fidélité à ses affections,
à ses sentiments, formaient le fond de son caractère. Sa franchise l'emportait souvent à dire tout ce qu'il pensait, quitte

(1) Voyez l'appendice.

à blesser les autres, mais à s'en excuser, s'il allait trop loin (1).

Je continue à faire le garde-malade auprès de mon général blessé ; je n'ai pas d'autre service en ce moment, ni beaucoup d'entrain pour des distractions que se permettent les autres officiers de son état-major.

———

(2) Après la Révolution de Juillet, le nouveau Gouvernement, par une concession au parti révolutionnaire, que sa faiblesse lui fit faire, témoigna aux officiers de l'armée, sans leur en donner l'ordre formel, son désir de ne plus leur voir porter, en uniforme, la croix de Saint-Louis, de cet ordre exclusivement militaire. Le capitaine d'état-major Pélissier fut peut-être le seul qui continua à s'en parer ; pendant le siège, elle brillait sur sa poitrine. Envoyé, sous l'empire, à Londres, comme ambassadeur, il n'accepta ce haut poste qu'à la condition d'y voir en toute liberté le duc d'Aumale, son ancien général d'Afrique, alors en exil, du fait du gouvernement impérial qui ne s'était pas contenté de ce sort immérité, aggravé par la confiscation des biens de la famille d'Orléans. De tels faits honorent l'illustre maréchal autant que ses succès de guerre.

XXV

4 octobre 1855.

Depuis que Sébastopol est en notre pouvoir, la plus grande partie, du moins, nous sommes restés dans un calme presque complet. On espère que les Russes abandonneront d'eux-mêmes la Crimée. La position n'est plus tenable pour eux : nous occupons la mer, les points principaux de la côte; nous avons tous les moyens faciles de ravitaillement; nous pouvons jeter des forces considérables sur un point quelconque, à notre choix; nous menaçons leurs communications avec Perecop. Il n'en faut pas davantage pour leur faire quitter la partie. Mais, d'un autre côté, ils ont tant de blessés et de malades sur les bras qu'ils ne peuvent pas facilement les abandonner. Les deux armées sont donc à s'observer jusqu'à nouvel ordre.

Toutefois, on harcelle l'ennemi du côté d'Eupatoria. Le général d'Allonville, avec une division de cavalerie, opère avec succès contre les convois russes. Il vient de s'emparer d'une batterie montée et a fait un assez grand nombre de prisonniers. Depuis ce dernier succès, on envoie de nouvelles troupes à Eupatoria, et on prépare, avec le concours des flottes alliées, une expédition contre la forteresse de Kinburn. L'hiver se fait déjà sentir. Après les chaleurs excessives de l'été, nous sommes passés brusquement aux pluies et aux froids. Ce pourrait être encore un obstacle à des opérations sérieuses, mais je ne me plaindrai pas de cette inaction forcée. La blessure du général Bosquet, qui est plus grave que l'on ne pense (1), l'empêchera de reprendre avant longtemps le commandement de son corps d'armée.

Je suis retourné à Sébastopol pour me rendre compte de l'importance de cette immense citadelle. Le caractère de grandeur et de solidité qui avait été donné à ses nombreuses constructions militaires est un objet d'étonnement. On apprécie difficilement ce qu'une vaste et ambitieuse pensée a dû faire de sacrifices pour fonder une ville pareille. Il en coûterait autant pour la rebâtir comme elle était avant, et ce ne serait pas fait dans un demi-siècle !

Ce pauvre La Tour du Pin est bien mal ; je crains fort qu'il n'en revienne pas. Sa figure porte déjà des marques fatales ; ses regards sont éteints ; sa conversation seule, toujours vive, attrayante, le fait retrouver tout entier. « Je ne regretterai pas la vie, me dit-il. Habitué à la vie militaire depuis ma jeunesse, aimant passionnément la guerre, que puis-je faire, à la paix, qui ne tardera pas à se faire ? J'ai perdu la plupart de mes anciens compagnons d'armes, les meilleurs, les plus dignes, les plus regrettables : car, comme disait le maréchal Bugeaud, ce sont toujours les mêmes qui se font tuer. Je veux aller les rejoindre... Je pourrais m'enfermer dans un couvent comme Charles-Quint, mais je n'en ai pas le goût. Sourd, aveugle, et maintenant estropié depuis ma blessure, la vie me serait insupportable. Je n'ai plus de consolation à espérer dans le monde, je n'ai plus qu'à mourir. Oui, mon cher ami, c'est dans la mort que reposent à jamais les douleurs, les peines, les souffrances qui agitent sans cesse les malheureux vivants. » C'est sur ces paroles pleines de tristesse et de résignation que j'ai quitté ce soldat philosophe, portrait vivant de ces preux chevaliers d'une époque bien différente de la nôtre, qui sacrifiaient leur vie pour les nobles causes, et dont cette terre d'Orient que nous foulons a conservé le pieux et brillant souvenir.

(1) Elle a causé sa mort ; il ne put jamais s'en rétablir.

J'avais ramassé à mes pieds et gardé précieusement l'énorme
morceau de fonte qui avait si fatalement blessé le général
Bosquet. Sachant que je le possédais, il me l'a réclamé, et j'ai
dû le lui rendre. J'aurais voulu garder ce souvenir du siège
qui me rappelait un moment bien douloureux. Si le général,
vu le temps froid et le vent glacial qui régnait ce jour-là, n'a-
vait pas mis sur lui un épais caban doublé de fourrures, le
coup qu'il a reçu l'aurait infailliblement tué. Avant-hier une
consultation de chirurgiens a décidé que la guérison de cette
mauvaise blessure exigeait le retour en France ; mais le général, qui tient beaucoup à son commandement, par goût d'a-
bord et par ambition ensuite, ne veut pas se décider. Il lui en
coûte de quitter une si haute position, même en faveur de sa
santé ! C'est un sacrifice que le général, que je connais, ne
fera qu'à la dernière extrémité. Quoi qu'il en soit, s'il le fait,
je partirai avec lui. Il est donc possible que vous me revoyiez
bientôt. La ville de Sébastopol prise, les opérations de guerre
remises forcément au printemps, je profiterai d'une circonstance
favorable pour jouir d'un repos que ma santé affaiblie me fait
désirer aujourd'hui. Les visites à notre quartier général ne
nous manquent pas, entre autres celle bien inattendue du
jeune et charmant duc de Valembrose qui, sans y être obligé,
a voulu être témoin des derniers faits de guerre de notre
siège. Il m'a très agréablement surpris, en apparaissant à
l'improviste sous ma tente.

Je n'ai pas besoin que l'on m'envoie d'argent : nous recevons ici une solde supérieure aux dépenses que l'on peut faire,
même en se montrant généreux pour nos malheureux
blessés.

Je ne me suis pas servi une seule fois de la lettre de crédit
que M. de Rothschild (1), avec une aimable attention qui lui

(1) Le Baron James de Rothschild, secondé par sa femme, de la plus
grande distinction, avait, à cette époque, la bonne fortune et le privilège
de pouvoir offrir la plus somptueuse hospitalité, dans son hôtel de la rue
Laffitte, à toutes les illustrations de France et de l'Etranger. Le célèbre
banquier donna, quelques mois après ces événements, un dîner merveilleusement servi, aux trois maréchaux Pélissier, Canrobert et Bosquet,
récemment promus à leur haute dignité. J'eus l'honneur d'être de cette

est habituelle pour moi, m'avait remise, il y a plus de dix huit mois, pour son correspondant de Constantinople. Je reviendrai donc plus riche que je ne l'étais au départ, chose rare à l'armée, ce qui caractérise les privations de toute sorte dont nous avons souffert, mais moins riche de santé, car c'est surtout à ses dépens que l'on fait la guerre.

Vous ne me croirez peut-être pas, mais je vous assure que, malgré tout le plaisir que j'aurai à vous revoir à Paris, je quitterai avec regret ce célèbre plateau de Chersonèse, où j'ai éprouvé bien des chagrins, ressenti bien des tristesses, mais où j'ai eu encore de plus grandes joies par la satisfaction du devoir accompli, par le spectacle des grandes choses dont j'ai été le témoin et le souvenir reconnaissant d'amitiés rares et si flatteuses pour mon amour-propre.

Le départ du général est fixé au 16 octobre. Je pourrai ainsi partir à cette époque.

fête, qui contrastait avec l'existence antérieure, pleine de dangers et de privations, que j'avais connue à ces trois hommes de guerre.

Aux questions qui leur furent adressées, au sujet du siège de Sébastopol, ils surent répondre galamment, en hommes d'esprit et de savoir.

Ce ne fut pas comme à un dîner offert par Talleyrand, ministre des relations extérieures sous le Consulat, à Masséna, peu de temps après son héroïque défense de Gênes.

Une des belles convives ayant demandé à l'illustre général quelques détails sur ce siège mémorable, il balbutia, s'embrouilla, ne put achever ses phrases. Pour en finir, il interpella son aide de camp placé à l'un des bouts de la table : « Toi, tu étais là ; tu sauras mieux raconter que moi ce qui s'est passé ! » Ce plus grand capitaine des armées de la République et de l'Empire, après Napoléon, qui l'avait surnommé l'enfant chéri de la Victoire, n'avait reçu qu'une instruction des plus médiocres ; ce qui ne l'a pas empêché de remporter tous les succès à la guerre, dont il avait le génie qui supplée à tout.

De nos jours, avec ces examens pour la carrière des armes, il n'aurait pu arriver au grade d'officier ! C'est un système qui a bien ses défauts

CONCLUSION

———

Cette guerre, dont ces lettres ne donneront qu'une faible idée, a été terminée quatre mois après la prise de Sébastopol ; elle aura duré plus de deux ans (la sanglante bataille de Sinope est du 30 novembre 1853).

Les résultats obtenus ont été loin d'être en proportion de ces efforts et des dangers surmontés, car cette éternelle question d'Orient, que le traité de Paris (avril 1856) avait la prétention de régler pour toujours, est plus embrouillée, plus dangereuse pour les intérêts de l'Europe, plus insoluble qu'elle ne l'était avant.

On peut donc avouer que tous nos sacrifices (et jamais de plus grands n'ont été faits pour une cause étrangère), sont restés absolument stériles.

Cette leçon, si chèrement payée, doit nous profiter aujourd'hui... Que le sang des Français, qui a coulé à trop grands flots dans cette audacieuse entreprise de Crimée, ne soit répandu désormais que pour l'honneur et les intérêts les plus sacrés de la patrie !

LE SIÈGE DE ZAATCHA

SOUVENIRS DE L'EXPÉDITION DANS LES ZIBAN EN 1849

Le sud de l'Algérie est la partie la plus intéressante, mais la moins connue, de nos possessions d'Afrique. Il y a là toute une vaste région qui se distingue profondément, par le caractère du sol et des habitants, de la zône montagneuse et de celle du littoral ; c'est le Sahara algérien, véritable océan de sable brûlé par le soleil et dont les oasis sont les îles. Une chaîne de montagnes qui court parallèlement à la côte sépare le Sahara du Tell, pays labourable de l'Algérie : elles forment, sous diverses dénominations, une suite de groupes dont les plus élevés, les Djebel-Aurès par exemple, sont à l'est, et dont la hauteur va en diminuant vers l'ouest. De ces montagnes s'échappent de nombreux cours d'eau qui, pour la plupart, coulent du nord au sud et vont tous se perdre dans les sables du désert. Ceux qu'un ciel de feu n'a pas entièrement desséchés trouvent sur leur chemin des coins de terre que l'art

11

aidé de la nature a isolés des sables, et ainsi se forment les oasis, assez nombreuses dans le voisinage du Tell et de plus en plus rares à mesure qu'on s'éloigne des montagnes.

Cette région du désert, qui marque la limite méridionale de l'Afrique française, comprend autant de subdivisions que nos possessions comptent de provinces confinant au Sahara ; mais de toutes ces zônes distinctes celle qui correspond à la province de Constantine, et qui doit nous occuper ici, est assurément la plus importante. Sur aucun autre point du Sahara algérien, les oasis ne sont aussi multipliées, aussi fertiles. A défaut de ses riches cultures, cette partie du Sahara a d'ailleurs des titres imprescriptibles à l'attention de la France : elle a été en 1849 le théâtre d'un épisode mémorable, et qui a eu trop peu de retentissement à cette époque dans notre pays encore mal remis des agitations révolutionnaires. Il appartient peut-être à un soldat du siège de Zaatcha de donner aujourd'hui sur cette grande action de guerre des renseignements, des souvenirs qui jetteront quelque lumière sur un pays trop peu connu, sur une lutte trop oubliée, malgré les horizons nouveaux qu'elle semblait ouvrir à la domination française en Afrique.

I

Trois passages conduisent du Tell de la province de Constantine dans le Sahara. A l'est, c'est le défilé de Ghrzela : à l'ouest, celui de Mgaous ; — entre les deux, celui d'El-Kantara. Ce dernier passage est le plus direct, c'est celui que nos troupes suivent de préférence quand elles ont à opérer dans le désert. Le nom d'*El-Kantara* (le pont) lui vient d'un pont romain jeté sur un torrent à l'endroit où, à quelques journées de Constantine, la route des oasis s'engage et se resserre entre des masses de rochers d'un effet imposant, encore rehaussé par les teintes ardentes du ciel d'Afrique. En sortant de ce défilé, on a devant soi un ravin dont le fond disparaît sous les cimes des premiers palmiers qu'on rencontre dans la direction du désert, et, au milieu de ces palmiers, le gros village d'El-Kantara, important comme position militaire. D'El-Kantara une journée de marche à travers un pays très accidenté et couvert de ruines romaines vous conduit à la petite ville d'El-Outaya, que la guerre a privée de son antique forêt de palmiers. Enfin, en une dernière journée, si l'on n'est pas trop contrarié par le vent du désert, on peut gagner une des plus importantes de nos positions militaires, l'oasis de Biskara, qui comprend la ville du même nom, chef-lieu d'un cercle d'oasis appelées *Ziban* dans le langage saharien. On est alors sur les confins du Sahara. Au sortir de Biskara, on entre dans le pays des *Ziban* (pluriel du mot *zab* qui signifie *réunion d'oasis*). les Ziban forment trois groupes principaux : le *zab Daharaoui*, ou du nord; le *zab Guebli*, ou du sud; le *zab Cherki*, ou de l'est.

C'est au milieu de ces groupes d'oasis que s'engagea, en 1849, la colonne expéditionnaire appelée à réprimer l'insurrection des tribus sahariennes; mais, avant de suivre nos soldats dans les hasards de cette longue et pénible campagne, il y a quelques événements qu'il est bon de rappeler; il y a surtout quelques traits propres à la nature du pays, au caractère des habitants, qu'il faut indiquer pour mieux faire comprendre les difficultés toutes spéciales d'une guerre dans les Ziban, et la position nouvelle que l'expédition de 1849 crée à la France sur la limite du désert.

Du haut de la mosquée de Biskara, on peut déjà se familiariser avec la nature saharienne, on a sous les yeux un pays tout différent de celui qu'on a parcouru depuis Constantine. Derrière soi, vers le nord, on aperçoit bien encore les dernières ramifications des montagnes du Tell; mais au sud, à l'est, à l'ouest, le regard se perd sur un horizon sans fin. De ces trois côtés, on ne découvre au loin qu'une mer de sables où quelques teintes vertes, mêlées aux teintes rougeâtres qui dominent, indiquent seules la présence des oasis. L'oasis de Zaatcha est à sept lieues vers l'ouest, cachée par un pli de terrain. Tous ces îlots de terre cultivable, disséminés sur un sol aride et qui n'apparaissent de loin que comme des taches de verdure, sont autant de petits districts comprenant dans leurs limites plus ou moins étroites des villes ou des villages fortifiés. Qui a vu un de ces centres de population les connaît tous. Partout on y retrouve des forêts de palmiers qu'arrosent des rigoles combinées avec beaucoup d'art, et où se réunissent les eaux, soit d'une rivière voisine de l'oasis, soit de sources naturelles et jaillissantes. Au milieu de ces forêts où l'on ne pénètre que par de rares sentiers, des espaces plus ou moins étendus sont occupés par des villages, par des villes même, dont les habitations sont construites ordinairement en briques cuites au soleil. Ces bourgades, quelle que soit leur importance, sont désignées dans la langue du pays sous la dénomination générale de *ksours*. Plusieurs de ces ksours ont une muraille d'enceinte protégée par un fossé plein d'eau et qu'entourent un grand nombre de jardins fermés de murs.

Le pays qui sépare ces oasis est d'une affreuse aridité; c'est le désert dans toute sa tristesse. En avançant toujours vers le sud, on arrive à une partie du Sahara où l'eau est très rare, et qui n'a jamais été visitée par nos colonnes, mais qui relève entièrement de notre autorité. Tuggurt, l'oasis la plus considérable de cette zone, située à quatre-vingts lieues de Biskara, obéit à un chef qui paie tribut à la France et entretient avec nous d'excellentes relations. La région du Sahara soumise directement à la France, la seule dont nous ayons à nous occuper ici, est administrée par le bureau arabe de Biskara, composé de deux officiers et d'un interprète. Il est difficile de trouver un système d'administration plus simple et moins coûteux. Le bureau arabe de Biskara, aidé par une petite garnison française, suffit cependant à sa tâche, qui comprend, avec l'administration de tous les Ziban, la perception de l'impôt, très fructueux pour la France (1). Biskara est le plus avancé et le plus exposé de tous nos postes en Algérie. Presque tous les chefs qui s'y sont succédé ont payé de leur vie l'honneur de ce commandement de confiance (2).

La population des Ziban comprend deux races distinctes : les nomades qui émigrent dans le Tell ; les habitants sédentaires des oasis, qui cultivent la terre et font la récolte des dattes. Les nomades sont en quelque sorte les seigneurs des *ksours ;* ils y commandent en maîtres et méprisent le villageois, l'homme sédentaire, qui, la plupart du temps, n'est que leur fermier. L'Arabe de la tente croirait s'humilier s'il donnait

(1) Le cercle de Biskara verse annuellement près de 700,000 francs dans le trésor français.

(2) Voici les noms des commandants supérieurs de Biskara depuis notre domination, qui date de 1845 : M. Petitgand, assassiné en 1845 ; M. Thomas, aujourd'hui colonel du 11ᵉ léger ; M. de Saint-Germain, tué dans la dernière guerre des Ziban ; M. Saade, mort victime du choléra en 1850.

sa fille en mariage au plus riche habitant des villes. Les populations des oasis jouissent cependant d'une assez grande prospérité, due principalement à la production des palmiers, toujours très abondante, et à la fabrication des *haïks* fins, des *burnous* et des riches tapis que l'on rencontre sur les marchés d'Alger, de Constantine et de Tunis. Une autre source de cette prospérité est la situation même du pays des Ziban, heureusement placé pour faciliter les relations des peuples de l'Afrique centrale avec les habitants des côtes. A ces titres divers, on comprend que les Turcs d'abord, et après eux les Français, aient attaché un sérieux intérêt à transformer ces tribus indépendantes en populations tributaires, soumises à leur administration. Le secret d'asseoir cette administration sur des bases solides, c'est là ce que les Turcs avaient su découvrir; c'est là ce que nous cherchons encore. Ces tâtonnements, quelques erreurs regrettables coïncidant avec d'autres causes de désordre, expliquent l'insurrection de Zaatcha, dont il faut chercher les origines, non seulement dans la situation du pays des Ziban en 1849, mais dans son histoire depuis quelques années.

Sous la domination turque, il y avait une petite garnison à Biskara; cinquante hommes occupaient le *bordj* (fort) de Razel-Ma, aujourd'hui en ruines, près la prise d'eau qui alimente l'oasis, et pareil nombre se tenait dans la *casbah* de la ville. Cette garnison était changée tous les ans, après avoir prélevé l'impôt, qui était environ le dixième de la récolte. C'était sous sa protection que partaient les grands convois de chameaux chargés de dattes et d'autres produits de l'industrie du désert. Cette protection rendait plus facile aux Turcs la domination des Ziban; mais ils n'auraient pu la maintenir, s'ils n'avaient eu un représentant de leur autorité dans la personne d'un des chefs puissants des nomades auquel ils conféraient la dignité de *cheik-el-arab*; ce chef avait droit de commandement sur les oasis, mais il était responsable de la tranquillité du pays. Ce fut d'abord Ferhat-ben-Tadjin, de la famille de Bou-Akkas, qui eut pour successeur un parent du dernier bey de Constantine, Bou-Aziz-ben-Ganah. Bou-

Aziz garde encore aujourd'hui les mêmes fonctions sous la domination française. C'est lui que l'on désigne sous le nom de Grand Serpent du Désert. Ce fut, dit-on, au sujet de cette nomination, mais sous le prétexte toujours commode d'une question d'impôt, qu'une révolte partielle éclata en 1833. Le bey de Constantine Ahmed fut obligé de se rendre de sa personne dans les oasis à la tête d'une colonne de trois à quatre mille hommes, il fit rentrer facilement dans l'ordre la plupart des révoltés ; Zaatcha seule résista. L'armée du bey campa à l'endroit même où était établi le camp français en 1849. La défense de Zaatcha fut si habile et si vigoureuse, qu'après un combat qui dura toute une journée, le bey dut se retirer en toute hâte vers Biskara, laissant un grand nombre des siens frappés dans les jardins de l'oasis, et deux pièces de canon, qui ont été rapportées depuis à Biskara par nos troupes. Ainsi, déjà à cette époque, Zaatcha s'était acquis un certain prestige aux yeux des populations des Ziban, et tout était préparé pour que ce prestige pût encore s'accroître.

Abd-el-Kader, qui, dès l'année 1838, avait cherché à étendre son action sur les Ziban, voulut plus tard les attacher davantage à sa politique ; il leur donna pour chef, en 1844, Bel-Adj, de Sidi-Okba, personnage très riche et très influent ; mais les gens du zab Daharaoui n'ayant pas voulu le reconnaître, et lui ayant refusé l'impôt, Abd-el Kader leur envoya des troupes et un de ses lieutenants, Si-Ahmed-Ben Amar, qui vint avec deux mille réguliers, trois mille hommes de goum et quatre pièces de canon, mettre le siège devant Zaatcha. La résistance fut énergique ; les assiégés battirent en retraite, après des pertes considérables. Bou-Aziz-ben-Ganah, qui, dès 1839, avait été investi par les Français de l'autorité dans les Ziban, arriva bientôt du Tell, avec les nomades du désert, pour presser la retraite du lieutenant d'Abd-el-Kader et assiéger Bel-Adj dans l'oasis de Sidi-Okba, où il s'était retiré.

C'est peu de temps après ces événements que M. le duc d'Aumale arriva pour la première fois à Biskara, au printemps de 1845. Ben Ganah, ne pouvant venir à bout de Sidi-Okba, s'était rendu à Constantine pour réclamer le secours du jeune prince. Bel-Adj, voyant à quels hommes il avait affaire, se retira du côté du désert de Tunis, à Souf, d'où il n'a jamais cessé de nous susciter des embarras. M. le duc d'Aumale, qui ne pouvait mieux faire que de continuer la politique des Turcs, laissa une faible garnison à Biskara, en maintenant Ben-Ganah (1), dont le dévouement ne pouvait nous être suspect, dans toutes les prérogatives de son ancien commandement.

Cependant, après le départ des forces qui étaient venues mettre l'ordre dans les Ziban et y établir notre domination, Bel-Adj, qui entretenait toujours des relations avec le pays, revint à Biskara par le conseil des habitants eux mêmes, et fit massacrer dans une nuit la petite garnison française. M. le duc d'Aumale fut bientôt de retour à Biskara, prit cette fois des otages, envoya les principaux meneurs du complot prisonniers à Toulon, et confisqua leurs biens. Il fit augmenter les fortifications de la Casbah pour y installer une garnison respectable, et nomma commandant supérieur un officier de choix, le commandant Thomas, avec la mission de surveiller tous les Ziban. Après l'installation du nouveau chef, le pays recouvra un peu de tranquillité, et on n'y eût pu découvrir aucun germe de révolte, lorsque la révolution de février vint donner de fausses espérances à ces populations soumises, mais non vaincues.

Personne n'ignore que la révolution de février a eu un contre-coup déplorable dans toute l'Algérie, et qui devait se faire sentir plus particulièrement dans les Ziban. Grand nombre de gens de ce pays émigrent à Alger, où ils sont connus sous le nom de Biskri. Ils font tous un métier, surtout celui de portefaix, amassent un petit pécule, et reviennent au pays acheter un jardin. Plusieurs ne font qu'aller et venir faire le commerce des dattes. Ils furent témoins des désordres politiques dont Alger offrait alors le triste spectacle. Chacun

(1) C'est le même chef qui, en 1840, prit trois drapeaux, deux canons et cinq cents fusils à un lieutenant d'Abd-el-Kader, et coupa cinq cents têtes, dont il envoya les cinq cents oreilles droites au général Galbois.

entendait dire que les Français, depuis le départ de leur
sultan, étaient divisés, que nous allions avoir la guerre avec
toute l'Europe, et que déjà l'Angleterre nous fermait la mer
avec ses vaisseaux. Ils voyaient une partie de l'armée abandonner l'Afrique, rentrer en France sans être remplacée par de
nouvelles troupes. L'espoir de nous chasser un jour, espoir
qui semblait éteint dans le cœur des musulmans, se réveilla;
les hommes des Ziban retournèrent dans leur pays, y portèrent
la bonne nouvelle, et ne manquèrent pas de l'exagérer dans le
sens de leur fanatisme satisfait.

C'est alors que l'ex-bey de Constantine, qui s'était retiré du
côté de la frontière de Tunis, crut le moment favorable pour
tenter de nouveau la fortune des combats. Il avait su se créer
de nombreux partisans dans le pays montagneux de l'Aurès
comme dans les oasis, et la disposition générale des esprits
lui donnait quelque chance de succès. Heureusement pour
nous, le colonel Canrobert commandait dans ce temps-là le
sud de la province de Constantine. Cet habile officier sut com-
primer les premières tentatives de révolte; il surprit un matin,
dans les gorges étroites de l'Aurès, après une marche des plus
hardies, Ahmed lui-même, qu'il fit prisonnier avec sa smala
et ses principaux chefs (1). Il ne fallait rien moins que la prise
de ce personnage six mois après celle d'Abd-el-Kader pour
neutraliser les conséquences de la révolution de février, qui
aurait, sans cela, porté un coup funeste à notre domination.
La crise ne fut pourtant que retardée, et une agitation générale vint troubler toutes les provinces au printemps de 1849.
La guerre sainte se respirait dans l'air, on ne parlait que de
l'apparition de chérifs; plusieurs chefs se mirent en état de
révolte ouverte, deux surtout en Kabylie, qu'il fallut combattre par de fortes colonnes, et, comme d'habitude le bruit
de leurs prétendues victoires se répandit chez les Arabes.
L'exaltation de nos ennemis ne connut plus de bornes.

Dans ces circonstances critiques, une expédition fut décidée

(1) L'ex-bey de Constantine est en ce moment interné à Alger, où il
vit fort retiré avec sa famille; le gouvernement français lui fait une pen-
sion; il se montre très reconnaissant des égards que l'on a pour lui.

contre Ben-Rennen-ben-Azzedin ; mais, par suite des réduc-
tions successivement apportées au chiffre de l'armée d'occupation, il fallut, pour former la colonne, prendre des troupes
à Batna et diminuer la garnison de Biskara. Ce déplacement
de nos forces et le départ de M. de Saint-Germain, chef supérieur du cercle de Biskara, dont la présence dans le sud valait
seule des bataillons, inspirèrent aux Arabes une confiance
aveugle. C'est en ce moment aussi que dans Zaatcha surgit
un homme qui enflamma de son souffle inspiré toute une
population enthousiaste et crédule. Cet homme calculait que
les Français, occupés à la côte par le chérif d'El-Arouch, ne
seraient pas préparés à un soulèvement du sud. Il se nommait
Bou-Zian. Parmi les habitants de Zaatcha, c'était le plus
influent, le plus riche. Ancien chcik sous l'autorité éphémère
des khalifats d'Abd-el-Kader, on lui avait donné pour successeur une de ses créatures, un homme sans moyens, demi-
aveugle, nommé Ali-ben-Azoug. Bou-Zian s'était toujours mis
à la tête des petites séditions contre les Turcs. En 1833, lorsque le bey Ahmed vint attaquer Zaatcha, il se distingua par
sa bravoure et par son ardeur dans la défense de la ville. Bou-
Zian unissait d'ailleurs à une vive intelligence un caractère
énergique, et ses relations étendues dans les Ziban et dans les
montagnes limitrophes du Sahara, son ambition, son audace,
le rendaient fort dangereux.

On a prétendu que la question d'impôt, mal comprise par le
bureau arabe de Biskara, avait servi les projets hostiles de
Bou Zian et n'avait pas été étrangère à l'insurrection du pays.
C'est prendre le prétexte pour la cause. Tous les impôts des
Ziban étaient complètement et facilement payés à la fin du
mois de mars 1849, bien avant l'époque où Bou-Zian commença ses prédications. Jamais d'ailleurs la situation de cette
contrée n'avait été plus florissante. Ce qui détermina l'insurrection, c'est précisément cet état de prospérité, qui attirait
aux *Zabi* (1) les railleries jalouses des Arabes nomades. Ceux-

______

(1) Terme de mépris dans la bouche des Arabes pour désigner les
gens des Ziban.

ci, froissés par un système démocratique trop absolu, ne négligeaient aucune occasion pour leur reprocher le calme avec lequel ils subissaient notre domination. De là une sourde irritation, qui choisit la question d'impôt comme la seule arme dont elle pût disposer contre nous. Quand les prédications de Bou-Zian vinrent agiter les tribus sahariennes, elles trouvèrent un terrain bien préparé. Cette tranquillité même dont elles jouissaient sous notre domination était pour elles une injure qui appelait une réparation, et cette réparation, elles la cherchèrent dans la révolte.

Pour comprendre combien cette révolte était peu justifiée par la conduite de l'administration française, il faut se reporter vers l'époque antérieure à notre domination. Alors les gens des oasis étaient captifs au milieu de leurs palmiers. Le nomade, l'Arabe par excellence, battait la plaine et les routes, dépouillant le voyageur, souvent aussi l'habitant du village, pour lui revendre ensuite dans sa maison même ce qu'il lui avait pris. Dans les oasis même, l'homme du village était encore trop exposé aux brigandages de l'Arabe ; il était obligé de se réfugier au centre, derrière un inextricable dédale de petits canaux d'irrigation et de murs de clôture. Tous les ans, une faible colonne turque et les goums à sa suite venaient lever l'impôt. Les pauvres habitants des oasis ne pouvaient payer ; les Arabes payaient alors pour eux, mais ils se faisaient donner des jardins en gage, et s'arrangeaient pour en devenir propriétaires : c'est là l'origine des nombreuses propriétés des nomades dans les oasis. L'on ne voyait pas alors, comme aujourd'hui, un *zabi* portant le *haïk* du Djérid, le *burnous* des Beni-Abbès ; il était habillé de coton grossier, marchait pieds nus, et n'aurait jamais osé couvrir sa tête de la *brima* (corde ronde en poil de chameau), ornement ordinaire du chef ou du cavalier.

Sous notre protection, le zabi put prendre le costume de l'Arabe, qui vit cette transformation avec une surprise mêlée de colère. Le zabi devint insolent comme tous les gens habitués à une longue oppression auxquels on laisse lever la tête ; le zabi trouvait toutes les routes libres ; il allait à Alger, à

Constantine, et narguait en passant l'homme de la tente, qui regardait en frémissant son fusil et songeait aux beaux temps d'autrefois ; enfin, transformation monstrueuse aux yeux du nomade ! le zabi se donnait le luxe de deux femmes. C'était là toute une révolution. Comment l'homme des oasis en vint-il à se soulever contre les Français, contre ceux mêmes qui lui avaient fait un sort si doux ! Je l'ai dit, c'est exaspéré par les railleries des Arabes qu'il prêta l'oreille aux prédications anti-françaises. La question fiscale avait pu sans doute être impar-faitement résolue par nos agents : dans un recensement de plus d'un million de palmiers fait en moins de deux ans, des erreurs étaient inévitables ; mais notre administration accueil-lait toutes les plaintes légitimes, et promettait une revision (1). Peut-être aurait-il été plus politique d'exempter d'impôts les Arabes propriétaires, les Ahl-ben-Ali surtout, comme cela se pratiquait sous la domination turque ; mais des théories d'éga-lité démocratique prévalurent sur les idées de privilèges qui pourtant se conciliaient mieux avec nos intértês. Sans les ressentiments des nomades, sans leurs discours insolents qui faisaient honte aux gens des oasis de s'être soumis aux Fran-çais, aux chrétiens, avant d'avoir *brûlé de la poudre*, on peut affirmer que les menées de Bou-Zian n'auraient pu aboutir, surtout si d'autres causes d'agitation déjà indiquées n'étaient pas venues se joindre aux haines des Arabes pour servir tous les projets hostiles.

L'administration française de Biskara ne fut informée que très tard des menées de Bou-Zian, et lorsque le mal était déjà fait. L'officier adjoint au bureau arabe, M. Seroka, sortit aussitôt avec la mission de s'assurer de l'esprit des popula-tions, de leur porter de bonnes paroles, et de dissiper les mensonges. Il trouva tous les villages tranquilles, il fut accueilli partout comme d'ordinaire ; seulement il remarqua que l'on parlait beaucoup, que l'on se préoccupait de cet homme de

(1) Un palmier femelle rapporte 6 francs par an ; l'impôt français s'élève à 40 centimes ; c'est moins que le dixième des revenus qui pour-rait être exigé. A Tuggurth et dans le Djerid, qui est le Sahara de la la régence de Tunis, on demande un peu plus que nous à l'impôt.

Zaatcha, qui avait vu le prophète, qui tous les jours réunissait du monde, recevait des visites, tuait des moutons. Cet officier, bien au courant des mœurs indigènes, comprit alors la gravité du péril. Demander des renforts, des instructions, lorsqu'il voyait les germes de la révolte grandir en quelque sorte d'heure en heure, à mesure qu'il se rapprochait de Zaatcha, ce n'était pas possible : il fallait sans retard enlever Bou-Zian, qui, d'un jour à l'autre pouvait soulever toute la population de Zaatcha. L'officier prit avec réflexion son parti, il entra dans Zaatcha avec quelques spahis, qui enlevèrent Bou-Zian ; mais, le matin même, la guerre sainte avait été proclamée du haut de la mosquée, et le marabout, qui avait toute la ville pour complice, ne fut que quelques instants en notre pouvoir.

Cette entreprise avortée eut cependant un heureux résultat : elle dissipa toutes nos illusions. On comprit la nécessité d'une force imposante et permanente à Biskara. Il aurait suffi alors d'une colonne de trois cents hommes pour tomber à l'improviste sur Zaatcha, enlever Bou-Zian ou le forcer à prendre la fuite. Si on le prenait, tout était fini ; s'il se sauvait, il perdait son prestige, alors qu'il en avait le plus besoin pour entraîner les esprits. Biskara d'ailleurs couvre Batna, comme Batna couvre Constantine. La paix de la subdivision de Batna dépend de la paix dans le cercle de Biskara.

La tentative d'enlèvement de Bou-Zian ayant manqué, toutes les oasis du groupe dont Zaatcha fait partie, le zab Daharaoui, se mirent en insurrection complète. Le colonel Carbuccia commandait alors la subdivision de Batna. Il était occupé, comme tous les chefs de colonne de la province d'Alger et de Constantine, à réprimer les révoltes partielles des Arabes. Le colonel Canrobert opérait chez les Beni-Yala et chez les Beni-Menikeuch sur les versants sud du Jurjura. Le général Blangini venait de soumettre les Guetchoula, après le sanglant combat de Bordj-Bohgni. Les Ouled-Feradj, grande fraction des Ouled Naïls, qui habitent la frontière du Sahara, entre les deux provinces, tenaient contre une colonne partie de Médéah. Enfin le général Herbillon était chez les

Zouaghas. C'est dans le Hodna, au pays des Ouled-Sahnoun, qui étaient aussi en pleine révolte, que le colonel Carbuccia se trouvait, lorsqu'il apprit les événements des Ziban. Laissant derrière lui l'exemple d'un châtiment énergique, il prit la route de Biskara, pour se rendre devant l'oasis de Zaatcha, où il arriva vers la fin de juillet. Le colonel Carbuccia, qui s'est élevé eu peu de temps aux premiers grades de l'armée, est de ces officiers hardis, entreprenants, prompts aux coups de mains, de ces hommes que le succès accompagne dans les entreprises hasardeuses ; mais à la guerre, il y a de ces résistances imprévues qui justifient l'insuccès de l'audace. Là où, plus tard, une armée de cinq à six mille hommes pourvue d'artillerie n'a pu vaincre qu'au bout de six semaines de siège, le colonel Carbuccia ne pouvait réussir en une journée, avec le peu de force dont il disposait. L'échec fut grave, et l'effet moral en fut grand. Bou-Zian adressa des lettres aux gens de l'Aurès et des Ziban pour exalter la résistance et appeler aux armes. Une insurrection générale, qui gagna tout le sud de la province de Constantine, répondit au cri de victoire parti de Zaatcha.

Sidi Abd-el-Afidt, qui attendait depuis longtemps le moment de nous attaquer, fut un des premiers à prendre l'offensive. Après avoir réuni près de quatre mille hommes de l'Aurès et du zab Cherki (zab de l'est), il descendit jusqu'au village de Seriana. M. le commandant de Saint-Germain ne craignit pas de marcher à sa rencontre avec deux cents chevaux et trois cents hommes d'infanterie. Il y eut un choc terrible : deux cent cinquante indigènes furent tués, l'étendard de Sidi-Abd-el-Afidt fut pris ; mais le brave commandant de Saint-Germain tomba frappé d'une balle à la tête, et l'armée marqua d'un deuil ce premier succès. Bou-Zian arrivait à Seriana au devant d'Abd-el-Afidt ; à la nouvelle de la déroute, il se hâta de rentrer à Zaatcha.

Cependant le général Herbillon, commandant de la province de Constantine, était parti du chef-lieu de sa division avec une colonne renforcée de troupes qui lui étaient envoyées par mer de la province d'Alger. Il emmenait un nombreux convoi de chameaux, chargés d'outils, de sacs à terre et de munitions d'artillerie, pour être en mesure d'assiéger Zaatcha, véritable point de résistance de tous les révoltés : c'était Zaatcha qu'il fallait faire tomber avant de penser à dominer l'insurrection, dont le rayonnement se propageait de proche en proche jusque dans les provinces d'Alger et d'Oran. Le général Herbillon, qui joignait à des qualités militaires incontestables une longue expérience de la guerre d'Afrique, ne négligea rien pour assurer le succès de ses opérations et ménager à la fois la santé de ses soldats. Sa colonne expéditionnaire, qui s'était augmentée de troupes prises à Batna et à Biskara, pouvait s'élever à près de quatre mille hommes de toutes armes, lorsqu'elle arriva devant l'oasis, le 7 octobre au matin. A partir de ce moment, tout l'intérêt de la lutte engagée entre les gens des Ziban et les Français se concentra sur ce seul point. Les palmiers, les jardins de Zaatcha, furent le théâtre principal de la guerre cruelle dont nous avons montré les causes, dont il nous reste à retracer les incidents. L'engagement de Seriana avait été l'avant-coureur d'une série de combats acharnés et d'opérations continuées de notre part avec une persévérance héroïque à travers toutes les lenteurs d'un siège en règle.

La petite ville de Zaatcha est située vers la partie nord-est de l'oasis qui porte son nom. Une forêt de palmiers l'entoure de tous côtés, et ne laisse même pas découvrir le minaret de sa mosquée. A la lisière du bois, on voit une *zaouia* (1) dépendante de la ville, et auprès de laquelle un groupe de maisons forme comme un ouvrage avancé de la place. En partant de la *zaouia* pour pénétrer dans l'oasis, on est arrêté, dès les premiers pas, par une infinité de jardins enclos de murs à niveaux différents, suivant leur genre de culture, la plupart coupés par des canaux d'irrigation et comprenant, outre des palmiers, toutes sortes d'arbres fruitiers qui gênent la vue, et rendent toute reconnaissance impossible. Les rares sentiers qui mènent à la ville sont resserrés entre les murs de ces jardins, et ce n'est qu'après de nombreux détours que l'on arrive à un fossé large de sept mètres, profond, encaissé et entourant la forteresse d'un infranchissable obstacle. Au-delà se présente l'enceinte bastionnée et crénelée à différentes hauteurs pour favoriser la multiplicité des feux. C'est à cette muraille que s'adosse une partie des maisons de la ville, de sorte que les

(1) *Zaouia*, espèce de couvent habité par des Arabes savants, religieux et guerriers.

défenseurs, sans sortir de chez eux, pouvaient aisément prendre part à la lutte et rester à l'abri de nos coups. A l'intérieur de la ville, de grandes maisons carrées, prenant leur jour en dedans et percées seulement au dehors de petites ouvertures servant de créneaux, sont merveilleusement disposées pour les ressources extrêmes de la défense. Enfin, les murs des premiers jardins construits au bord du fossé forment déjà comme une première enceinte, et encore au delà, un petit mur à hauteur d'appui règne autour de la moitié de la ville, accessoire de l'obstacle principal, qui est la muraille bastionnée et parfaitement crénelée. Une seule porte donne entrée dans la place, mais elle se trouve du côté de la profondeur de l'oasis, opposée par conséquent au côté de l'attaque le plus rapproché de la lisière du bois ; elle est d'ailleurs défendue par une grande tour crénelée dont les feux dominateurs en couvrent toutes les approches. Que l'on suppose maintenant, dans cette forteresse, une population guerrière et fanatique, résolue à se défendre jusqu'à la mort, et l'on ne se fera qu'une imparfaite idée des difficultés avec lesquelles nous allions être aux prises. Au sud de Zaatcha, dans la forêt, se trouve le village de Lichana ; un autre, celui de Farfar, se cache à l'ouest à l'abri des palmiers. Ces villages, à l'époque du siège, envoyaient journellement des renforts à Zaatcha, qui recevait aussi de nombreux contingents des oasis voisines de Tolga et de Bouchagroun, et en général de toutes celles des Ziban et des autres pays révoltés, ce qui pouvait faire monter à un chiffre énorme le nombre des ennemis que nous avions à combattre.

Bou-Zian commandait en personne l'armée des assiégés ; secondé par Si-Moussa, son lieutenant, il exerçait sur les Arabes une autorité sans limites : il leur avait persuadé que les Français succomberaient sous la main de Dieu. Ne négligeant aucun des moyens matériels qui devaient appuyer ses prophéties, il avait fait des approvisionnements considérables, poussant la précaution jusqu'à confectionner des balles avec des noyaux de dattes recouverts simplement d'une feuille de plomb, afin de ménager ce métal si précieux à la guerre. Enfin, il avait gardé sa femme et ses enfants pour inspirer à tous cette confiance qu'il était le premier a éprouver, et il avait eu soin de faire partir tous ceux qui n'auraient pu servir activement dans la lutte en les chargeant du dépôt des richesses communes.

Le camp français fut établi sur les dernières pentes d'un contrefort des montagnes du Tell, qui se termine là au nord de l'oasis. On y était à peu près hors de la portée des balles ennemies. Pendant que les détails importants de cette installation étaient surveillés par le colonel Borel de Brétizel, chef d'état-major du général Herbillon, celui-ci fit former une petite colonne d'attaque, sous les ordres du colonel Carbeccia, pour s'emparer dès le premier jour de la zaouia et des maisons qui en dépendent, ainsi que d'une fontaine voisine, dont l'eau était indispensable au camp. Cette colonne, composée de deux compagnies du 5⁰ bataillon de chasseurs, de quelques compagnies de la légion étrangère, du 3ᵉ bataillon d'infanterie légère d'Afrique et d'un détachement du génie, fut lancée sur la zaouia, dont les défenseurs étaient déjà fort inquiétés par le tir de deux obusiers qui avaient préludé à l'attaque. La résistance ne fut pas longue; bientôt une partie de nos soldats s'établissaient dans ce premier village, et le colonel Carbuccia plantait lui-même son drapeau sur le minaret de la zaouia. Malheureusement les chasseurs d'Orléans, qui avaient dépassé le village, encouragés par ce succès facile et entraînés par un brillant officier, d'un courage à tout oser, leur capitaine adjudant-major M. Duplessis, se jetèrent dans les jardins à la poursuite des Arabes. Aucun obstacle ne les arrêtait; les premiers murs furent franchis bravement, mais chaque palmier, chaque pierre, cachait un ennemi redoutable, et ce n'était pas sans beaucoup de sang versé que l'on pouvait s'avancer dans ce labyrinthe. Bientôt les défenseurs de la ville vinrent se mêler aux Arabes qui se retiraient, et nos chasseurs, que leur audace avait isolés, furent contraints à une retraite plus périlleuse encore que ne l'avait été l'attaque. On vit dans la lutte les femmes de Zaatcha se mêler aux combattants et les exciter par des cris affreux. Plusieurs tenaient à la main des yatagans dont elles se servaient pour achever nos malheureux blessés, que la vivacité du combat ne permettait pas d'enlever. Bientôt deux autres compagnies de chasseurs, ayant à leur tête le brave capitaine de Cargouët, vinrent enfin au secours de celles qui étaient si sérieusement engagées, et, se portant rapidement sur leur flanc gauche, elles purent favoriser la retraite. Cette malheureuse affaire nous coûta une vingtaine de morts et quatre-vingts blessés. Sur sept officiers de chasseurs présents au feu, un fut tué, le lieutenant Bonnet, trois furent blessés assez grièvement, parmi lesquels le capitaine Alpy, qui arrivait du siège de Rome. Le docteur Castelly, chirurgien du bataillon, reçut lui-même une balle, et l'adjudant Davout, plus malheureux que tous, fut pris par les Arabes, qui mutilèrent affreusement son corps.

Le lendemain, quand on reprit les jardins abandonnés, un horrible spectacle s'offrit aux yeux des premiers arrivants ; les blessés, enlevés par les Arabes, mutilés par eux et attachés à des palmiers, expiraient dans les plus cruelles souffrances. C'étaient les femmes qui s'étaient surtout montrées cruelles envers nos malheureux prisonniers ; ce souvenir resta dans tous les cœurs, et nos soldats exaspérés n'en épargnèrent aucune à l'heure terrible de la vengeance.

Grâce à la brillante ardeur des chasseurs, qui ne s'étaient pas sacrifiés inutilement, nous étions maîtres, dès le premier jour, de la plus grande partie des jardins masquant la ville, et le colonel Pariset, chef de l'artillerie, put le soir même faire établir une batterie de brèche contre la place. A la suite de cette première attaque des chasseurs, une reconnaissance de la zaouia avait été faite par des officiers des armes spéciales. Ces officiers, protégés par deux compagnies du bataillon d'Afrique, se trouvèrent surpris dans leur mouvement de retraite. Ils furent presque tous atteints par les balles ennemies, entre autres le capitaine Thomas, le lieutenant Pillebout, du génie, et le capitaine Marmier, chef du bureau arabe de Batna, qui eut un œil emporté. Chaque arme, artillerie, génie, infanterie, fournit ainsi son contingent de victimes dans cette journée. Le soir, notre ambulance était encombrée de blessés, parmi lesquels on comptait treize officiers.

Le lendemain, la batterie qui avait été construite pendant la nuit fut armée de bonne heure et ouvrit son feu à travers un épais rideau de palmiers contre les murailles de la ville. Pour mieux juger de l'efficacité de ses feux et des obstacles qu'il s'agissait de surmonter, une nouvelle reconnaissance était nécessaire ; elle fut confiée par le général Herbillon au commandant Bourbaki, chef du bataillon des tirailleurs indigènes de Constantine. Cette mission convenait à merveille à ce jeune officier, plein d'ardeur et de courage, qui avait une grande habitude des guerres d'Afrique. Si un passage avait été praticable, si un coup de main eût été possible, nul doute que M. Bourbaki ne l'eût tenté ; personne alors dans tout le corps expéditionnaire n'était plus capable de réussir. Malheureusement les difficultés de l'attaque étaient au-dessus de tout ce que l'on avait imaginé. Le commandant, malgré un feu très vif qui partait surtout de la place, ne se retira qu'après avoir achevé sa mission, qui coûta cinq tués et quarante blessés à son bataillon. Toutefois, six des siens se firent frapper utilement, en enlevant des mains des Arabes un officier du 8ᵉ de ligne et un soldat du même corps, qui allaient être égorgés.

Pendant toute cette journée, on se maintint, non sans péril, au milieu des jardins conquis la veille par les chasseurs, et dans la nuit, l'artillerie fit établir une autre batterie à trente mètres en avant de la première, sous un feu continuel et meurtrier. Le lendemain, le colonel du génie Petit, chargé de la direction du siège, fut blessé mortellement au moment où il venait reconnaître l'emplacement d'une nouvelle batterie. Il était accompagné du capitaine Cambriels du 5ᵉ bataillon de chasseurs, et de M. Seroka, l'officier adjoint au bureau arabe de Biskara. La même balle qui frappa M. Petit traversa le col de M. Seroka et lui fit une grave blessure. Dans la journée, on désarticula le bras du malheureux colonel Petit, dont le moral ne faiblit pas un instant. Il continua jusqu'à ses derniers moments à diriger de sa tente, où il était mourant, les travaux du siège, se faisant rendre compte de tout ce qui se passait et attendant, sans la craindre, cette mort glorieuse qui couronne si noblement la vie d'un soldat.

Le lendemain de ce triste accident, le bataillon des tirailleurs indigènes essaya vainement, en perdant beaucoup de monde, de s'emparer d'une position fortement occupée un peu en avant de Zaatcha. Il avait affaire à un ennemi intrépide, dont la rage redoublait toutes les fois qu'il se trouvait en présence de ces indigènes qui sont à notre service, et que les Arabes considèrent comme des traîtres et des renégats. Pendant cette journée, l'artillerie ne cessa de tirer contre la place ; elle établit une batterie, appelée *Batterie-Petit*, et destinée à battre en brèche un des angles de la forteresse qui avait la forme d'un carré. Le génie, aidé par les soldats d'infanterie, fit les travaux de défilement et de communication nécessaires pour garantir contre les feux de la place les opérations du siège et les jardins que nous occupions. Il fut, dès lors, organisé un service régulier de garde de tranchées, comprenant près de la moitié des troupes disponibles. Nos soldats, impatients d'agir et de combattre, durent subir jusqu'au dernier jour du siège cette vie de garde continuelle qui répugne tant au caractère français. Après avoir percé de trous les murs des jardins qui les séparaient de l'ennemi, ils se faisaient un support de quelques pierres placées l'une sur l'autre, qui leur permettaient de s'asseoir près de leur créneau. C'est la plupart du temps dans cette position, l'œil au guet, que nos sentinelles, à tour de rôle, attendaient, jour et nuit, un ennemi toujours prompt à venir. Comme nous avions affaire à des Arabes aussi rusés dans les combats qu'habiles tireurs, sans cesse, malgré mille précautions, nous avions à déplorer quelques pertes. Le capitaine d'artillerie Besse fut tué d'une balle au front, au moment où il dirigeait le tir d'une pièce. On se figurerait difficilement la rage et l'audace de l'ennemi que nous avions devant nous ; tantôt il se jetait avec des cris féroces à la tête de nos travaux de sape pour les détruire après en avoir tué les défenseurs, tantôt il se glissait la nuit au pied d'un mur pour l'escalader à l'improviste et tomber sur nos soldats, qui, surpris, n'avaient pas le temps de se défendre. Le 11 et le 12, il y eut de ces sortes de combats au milieu même des tranchées.

Dans la journée du 12, vers les trois heures, le colonel de Barral arriva de Sétif pour rallier le général Herbillon avec une colonne de quinze cents hommes, ce qui élevait l'effectif du corps expéditionnaire à cinq mille combattants, en déduisant les pertes qui avaient été faites depuis le commencement des opérations. C'était un nombre à peine suffisant pour tous les travaux de l'attaque, pour leur garde et leur défense, pour celle du camp, pour l'escorte des convois journellement échangés entre Zaatcha et Biskara. L'insuffisance du corps expéditionnaire rendit impossible l'investissement complet de l'oasis ; ce fut une des causes de l'énergie de la résistance et des longueurs du siège.

Le lendemain 13 et les jours suivants, les opérations se continuèrent avec beaucoup d'activité ; l'artillerie établit de nouvelles batteries de brèche, et le génie avança ses travaux pour atteindre, le 16, le bord du fossé, vis-à-vis la brèche de gauche. Il faut que les troupes qui montent à l'assaut trouvent des rampes qui leur permettent de passer le fossé et de s'introduire dans la place : c'est au moyen des éboulements de pans de muraille battue par les boulets de l'assiégeant que se forment à la fois la brèche et les rampes ; mais cela ne suffit jamais. Le génie, au moyen de fascines et avec tous les matériaux qu'il a sous la main, achève de frayer le passage en le comblant. A partir du 16 au soir, le génie put s'occuper de la descente de fossé devant la brèche de gauche, mais il ne put atteindre, dans le même temps, le fossé devant celle de droite.

Le général Herbillon, qui montra durant toutes ces opérations une excessive prudence, était cependant pressé de livrer l'assaut malgré l'imperfection des travaux du génie. L'insurrection gagnait du terrain dans les provinces de Constantine et d'Alger. Si-Abd-el-Afidt réunissait de nombreux contingents et menaçait Biskara ; Hamed-Bel-Hadj, notre éternel ennemi, l'ancien khalifat d'Abd-el-Kader, marchait contre l'oasis de Sidi-Okba, qui nous était resté fidèle. Les Arabes du cercle de Bouçada étaient en pleine révolte, et les nomades du désert, faisant cause commune avec les habitants des oasis, quittaient le Tell pour nous attaquer. Enfin, les munitions de l'artillerie s'épuisaient au-delà des prévisions, et, comme les communications avec Constantine étaient interceptées et que l'on ne pouvait faire arriver qu'au moyen de convois de chameaux tout ce qui manquait à l'armée, il y avait nécessité de presser la fin du siège.

C'est le 20 octobre que le premier assaut de Zaatcha fut tenté. Comme il y avait deux brèches, il y eut deux colonnes d'assaut : la brèche de gauche, la mieux préparée par les soins du génie et de l'artillerie, devait être abordée par la légion étrangère, ayant en tête ses compagnies d'élite ; celle de droite, enlevée par un bataillon du 43e de ligne ; d'autres troupes suivaient pour appuyer les premières. Au point du jour, des tirailleurs indigènes et trois compagnies du 5e bataillon de chasseurs partirent, sous les ordres du commandant Bourbaki, pour occuper les jardins de gauche, par lesquels les Arabes n'auraient pas manqué de venir tourner les assaillants. En même temps, l'artillerie commençait son feu contre la place, et envoyait des obus dont les éclats, en inquiétant les défenseurs, devaient faire diversion à l'attaque projetée. Lorsque le commandant Bourbaki fut établi dans ses positions, le général Herbillon donna le signal de l'assaut. Aussitôt le bruit guerrier et animé de la charge mit en mouvement les deux colonnes, qui sortirent de la sape et s'élancèrent dans le fossé. Les premiers en tête de la colonne de gauche, entraînés par le vaillant capitaine Padro, du 2e régiment de la légion étrangère, parviennent facilement au haut de la brèche ; ils s'établissent sur la terrasse de la maison qu'ils trouvent devant eux... mais l'espérance du succès ne fait que traverser leurs cœurs. La maison minée s'écroule sous leurs pieds, et les engloutit tous avec un horrible fracas. Ceux qui suivent, aveuglés par la poussière des décombres, s'arrêtent, et tombent décimés par un ennemi invisible, qui tire à coups sûrs par mille créneaux ; ceux qui sont épargnés veulent passer outre, mais ils reculent, arrêtés par des obstacles infranchissables. Ils se retirent alors dans la sape, avec la rage dans l'âme et le désespoir de n'avoir pu venger leurs malheureux camarades.

Pendant ce temps, un bataillon du 43e se faisait écraser

à droite. Faute de moyens plus expéditifs pour pratiquer une descente de fossé, le génie avait fait avancer une charrette ; mais, comme il était difficile de la faire manœuvrer sous le feu de l'ennemi, elle tourna sur elle-même en descendant dans l'eau, et ne put ainsi servir comme on l'espérait. On avait préparé un autre tablier de pont avec des tonneaux vides, mais les hommes qui le portaient étaient tués avant d'arriver. Cependant il fallait passer pour donner la main à la colonne de gauche, que l'on croyait plus heureuse. Une section du génie et les premières compagnies du bataillon du 43e se jettent dans le fossé sans autre précaution. Les soldats franchissent péniblement le mur d'escarpe; guidés par l'infortuné chef de bataillon Guyot, ils courent à la brèche sous une pluie de feu, mais ils ont tant de peine à la gravir, qu'ils donnent aux Arabes le temps de diriger sur chacun d'eux un coup mortel. Pour comble de malheur, le petit nombre qui parvient à gagner le haut de la brèche ne peut se servir de ses cartouches gâtées par l'eau. Impossible de se défendre : il faut se retirer, mais en repassant sous le feu le plus meurtrier. Tout ce qui est blessé tombe dans le fossé et se noie. C'est un horrible spectacle que celui de ces malheureux se débattant dans une mare rougie par leur sang, et finissant par succomber dans les plus affreuses angoisses ! A leurs plaintes, à leurs cris déchirants, répondent les cris sauvages des Arabes qui triomphent. Jamais nos soldats, témoins de pareilles scènes, n'avaient ressenti de plus fortes et de plus douloureuses émotions. Ce malheureux bataillon du 43e, qui ne fut pas engagé tout entier, perdit dans cet assaut son commandant, M. Guyot, digne fils du général de division de l'empire et frère du capitaine Guyot, tué, comme lui, en Afrique; son adjudant-major, M. Berthe; deux capitaines et deux autres officiers. Il eut plus de trente tués et quatre-vingt-dix blessés, la plupart mortellement. Ce grand nombre de victimes pour si peu de combattants permet de juger de la gravité de l'action.

Malgré cet insuccès, nous gardâmes toutes nos positions. Le soir, les Arabes, encouragés par le résultat de la journée, tentèrent une attaque de nuit contre toute la ligne que nous occupions dans les jardins. Le combat dura deux heures; mais ils ne purent faire reculer nos vieilles troupes d'Afrique, et finirent par nous laisser tranquilles le reste de la nuit. Du 20 au 30, on reprit les travaux de tranchée, mais avec moins d'ensemble et de direction. Le 27, le capitaine du génie Graillet fut tué; il ne restait plus que deux officiers de l'arme, sur six qui avaient été attachés au corps expéditionnaire. Le feu de l'ennemi faisait chaque jour des vides cruels dans tous les rangs, et cependant on n'était pas au bout des épreuves de toute nature qui nous attendaient. Des soldats disciplinés et fortement trempés peuvent seuls en supporter de pareilles.

C'est dans cette période du siège que le général Herbillon, voulant s'attaquer aux intérêts des habitants de l'oasis, fit abattre des palmiers. Pour des gens qui vivent de la récolte des dattes, le tort qu'on allait leur faire était considérable, et devait exciter leur rage. Aussi, dans les premiers jours, les habitants de Zaatcha engagèrent-ils avec nos soldats travailleurs des luttes acharnées. Leur feu devenait si vif, qu'il fallut plusieurs fois céder le terrain, entre autres le 25 octobre, où eut lieu la sortie la plus vigoureuse. Un tambour, des outils, jusqu'à de malheureux blessés, furent laissés entre les mains de l'ennemi. Cette coupe de palmiers dura sans interruption jusqu'au dernier jour du siège. Le bruit de la chute de ces magnifiques arbres, dont plus de dix mille tombèrent ainsi, allait porter dans le cœur des habitants de Zaatcha plus de rage et de douleur que les détonations incessantes de notre artillerie et de notre mousqueterie.

Le camp français avait alors un aspect des plus tristes. Placé en partie sur le revers d'une montagne aride, il était entièrement exposé au vent du désert, si violent dans ces parages. Un sable fin, soulevé sans cesse en tourbillons épais, incommodait nos soldats et rendait aussi fatigant le repos des tentes que le travail de la tranchée. Ce sable, se mêlant à tous les aliments, que l'on ne pouvait préparer qu'en plein air, les rendait détestables; la viande de distribution provenait d'un troupeau de bœufs amené à la suite de l'armée dans le désert et auquel on ne pouvait donner qu'un peu d'orge. On choisissait pour l'abatage les bêtes qui mouraient de faim. Le biscuit de la ration journalière, vieux, moisi, plein de vers, avait été fabriqué pour l'armée de Paris pendant les événements de juin 1848 ; c'était l'armée du désert qui devait le dévorer, et encore, pour s'en servir, fallait-il le faire tremper dans l'eau. Les officiers n'étaient pas mieux traités que les soldats ; en expédition, les vivres sont les mêmes pour tout le monde. Les difficultés de communication avaient fait d'ailleurs tout sacrifier au transport des choses les plus indispensables, et nos soldats, après ces nuits de tranchée où souvent des torrents de pluie venaient glacer leurs membres déjà engourdis par la fatigue, n'avaient pas même une goutte de vin ou d'eau-de-vie pour la mêler à l'eau saumâtre des rigoles de l'oasis. Nul ne se plaignait cependant. Tous puisaient dans le sentiment du devoir accompli, et dans le juste orgueil qu'il inspire, la force nécessaire pour résister à tant de privations et de fatigues. Déjà plus de six cents hommes avaient succombé ; dès qu'ils étaient atteints par le feu ou par la maladie, on les évacuait sur Biskara, où, faute d'espace, ils ne pouvaient être reçus que sous des tentes. Le colonel Carbuccia, officier d'une activité rare, y fut envoyé en remplacement du colonel de Mirbeck, rappelé par le général Herbillon devant Zaatcha avec sa cavalerie que les attaques récentes des nomades devaient rendre très utile. Le colonel Carbuccia, chargé à la fois d'assurer tous les services et de surveiller avec la légion étrangère les communications de l'armée, s'acquitta de sa mission à la satisfaction de tous.

Les opérations du siège allaient enfin entrer dans une moins
triste période. Le colonel Canrobert accourait d'Aumale pour
prêter main forte à l'expédition. Il arriva le 8 au soir avec un
millier d'hommes. Le choléra s'était déclaré dans sa colonne
pendant sa pénible marche, et lui avait enlevé le huitième de ses
soldats (1). Malgré ce surcroît d'inquiétudes, l'arrivée du jeune
colonel à la tête de ses zouaves fut saluée avec joie comme
un heureux présage de la fin du siège. On le regardait comme
l'homme le plus capable de prêter un appui énergique et expé-
rimenté au général Herbillon. Depuis de longues années, le
colonel Canrobert avait su conquérir, dans de nombreux
combats, la confiance et l'affection de l'armée d'Afrique.

Dans la nuit du 10 au 11, les Arabes vinrent, à deux reprises
différentes, tirer de très près sur le camp du côté de Farfar.
Pour empêcher le renouvellement de cette agression, dans la
matinée du 11, on construisit une redoute à trois cents mètres
de la limite de l'oasis. L'ennemi, furieux de voir son projet
déjoué, fit de grands efforts contre l'achèvement de cette
fortification passagère, et mit dans ses attaques une audace
incroyable ; les compagnies du bataillon d'Afrique, qui occupaient l'extrême droite de la ligne de défense, battirent

(1) Le choléra fut ainsi au milieu de l'armée de Zaatcha ; depuis ce
our, il fit autant de victimes que le feu de l'ennemi,

en retraite un peu en désordre ; un flot d'Arabes débouchant de la plaine les fusillait à vingt pas. Dans ce combat acharné, quelques-uns des nôtres, tués ou blessés, furent abandonnés, et, sans l'énergie du lieutenant Peyssard, le mal aurait été plus grand. Cet officier se précipita sur les Arabes, entraînant avec lui quelques hommes de son bataillon, et parvint à leur arracher plusieurs victimes. Le soir, l'armée assistait à un douloureux spectacle : les têtes de nos soldats, plantées sur des piques, furent exposées au centre de chaque brèche ; nos canonniers se virent ainsi forcés de les abattre. De pareils actes de barbarie préparaient les plus cruelles représailles.

Le lendemain 12, l'ennemi essaya encore de nous attaquer ; il s'en prit cette fois à la cavalerie, qui était sortie pour faire son fourrage. A l'époque des pluies, il pousse près des oasis une espèce d'herbe dont se nourrit le chameau, et dont nos chevaux devaient se contenter faute de mieux ; aussi, tous les jours un détachement nombreux de cavalerie et d'infanterie partait du camp pour aller chercher la nourriture des escadrons et des bêtes de somme. Ce jour-là, le détachement était commandé par le colonel de Mirbeck ; il arriva sans difficultés à la pointe est de l'oasis de Bou-Chagroun. Les Arabes se montraient nombreux vers les bords de cette oasis. Quelques obus furent envoyés dans les groupes les plus audacieux, et la corvée put se faire assez tranquillement ; mais, au moment du départ, cinq cents chevaux et douze à quinze cents fantassins se précipitent sur le bataillon indigène, qui était resté à l'arrière-garde. Le commandant Bourbaki forme aussitôt son bataillon en carré et bat en retraite dans l'attitude la plus résolue. Au passage de l'Oued-bou-Chagroun, que les Arabes avaient choisi pour serrer de très près nos indigènes et les tourner, le combat devient très acharné. Plusieurs fantassins et cavaliers tombent du côté de l'ennemi ; le désordre commence à se mettre dans les rangs, lorsque le colonel de Mirbeck, arrivant avec sa cavalerie, charge à fond toute cette fourmilière d'Arabes, qui s'enfuit pêle-mêle du côté de l'oasis en laissant quatre-vingts cadavres sur le terrain.

Le même jour arrivait à l'armée de siège le commandant du

génie Lebrettevillois, chargé de remplacer le colonel Petit ; il
amenait avec lui un excellent officier, M. le capitaine Schœnnagel, qui venait de Rome, et qui eut ainsi le privilège bien
rare d'assister à deux sièges mémorables dans la même année,
et le mérite de se distinguer à tous les deux. L'armée fondait
de grandes espérances sur la direction nouvelle que ces nouveaux officiers ne manqueraient pas de donner aux travaux
du siège. Nous recevions en même temps le 8ᵉ bataillon de
chasseurs, un bataillon du 8ᵉ de ligne, un du 51ᵉ avec deux
pièces de douze, et force munitions d'artillerie, qui commençaient à manquer de nouveau. Le corps expéditionnaire devant
Zaatcha présenta alors un effectif de sept mille hommes. A
partir de ce moment, les choses prirent une tournure tout à
fait favorable à nos armes. Le 16, le général Herbillon partit
à deux heures du matin avec une forte colonne pour faire la
razzia des nomades, remise seulement à l'arrivée des derniers
renforts. On s'avança en silence ; les éclaireurs ennemis ne se
montrèrent point. Au point du jour, on arriva très près de
l'Oued-Djedi, à six lieues de notre camp. Les Arabes avaient
dressé leurs tentes entre le lit desséché de la rivière et l'oasis
d'Ourled. En un instant, la cavalerie, entraînée par le colonel
de Mirbeck, s'élance, traverse la rivière, et se précipite au
milieu des tentes. L'infanterie, formée en deux colonnes sous
les ordres de MM. de Barral et Canrobert, se jette à la baïonnette sur les douars et leurs défenseurs. Nous nous rendons
bientôt maîtres d'une ville de tentes et de tous les troupeaux
qui sont en dehors de l'oasis. Plus de deux mille chameaux et
des milliers de chèvres et de moutons tombent entre nos
mains. Cette prise importante devait faire éclater une joie
inusitée parmi nos soldats. Ils voyaient venir l'abondance au
camp avec la fin de leurs privations. Ils saluaient de leurs
acclamations bruyantes ce premier succès de la campagne,
qui leur en faisait espérer d'autres. Les nomades n'eurent pas
le courage de nous inquiéter à notre retour. Deux des principales tribus qui avaient tout perdu vinrent même traiter de
leur soumission pendant les heures de halte accordées par le
général Herbillon pour faire reposer la colonne.

La journée aurait été complète, si tout s'était bien passé devant Zaatcha; malheureusement les troupes auxquelles on avait confié la garde des tranchées se laissèrent prendre les jardins de gauche conquis la veille. Des fusils formés en faisceaux avec leurs cartouchières, des outils du génie, les habits des travailleurs furent enlevés. Nos soldats, pris à l'improviste, n'avaient pu résister. Le combat se continuait encore avec fureur, lorsque la colonne victorieuse rentrait au camp avec son immense butin. Les Arabes avaient profité de l'absence d'une partie de nos forces pour tenter un effort décisif; mais, après l'insuccès de leur tentative, ils durent sentir que le moment fatal pour eux approchait.

Cette razzia du 16 eut le plus grand effet sur les indigènes. Les lenteurs du siège avaient fort diminué le prestige de nos armes. Sur tous les points de la province de Constantine, les populations demandaient la *guerre sainte*, et des chefs secondaires surgissaient partout. Les hommes les plus influents, qui connaissaient mieux notre puissance, se tenaient encore sur la réserve; mais ils n'attendaient qu'un moment favorable pour se mettre à la tête des fanatiques. Le caïd des Ouled-Soltan, Si-el-Bey, venait d'être assassiné pour ne s'être pas déclaré contre les Français. Ceux de nos partisans qui n'avaient pas assez d'influence personnelle sur les populations pour calmer leur colère n'étaient plus en sûreté. Abd-el-Afidt réunissait contre nous des forces considérables, et Ahmed-bel-Hadj était arrivé à la tête d'un contingent de l'Aurès le jour de la razzia des nomades; le résultat de cette affaire l'avait seul déterminé à la retraite.

Il y avait, on le voit, nécessité et urgence à terminer le siège par un coup de foudre. Du reste, les opérations avaient marché rapidement depuis l'habile direction de M. Lebrette-villois. Le 17, on reprit les deux jardins abandonnés la veille, et l'artillerie construisit à droite une batterie pour les pièces de 12. Les travaux de sape de la tranchée auraient pris une plus grande activité, si les sacs à terre n'étaient pas venus à manquer. Il fallut les remplacer par des morceaux de palmier que l'on ne coupait sur ces arbres à fibres résistantes

qu'avec beaucoup de peine. Le même jour, la plupart des
nomades vinrent faire leur soumission, donner des otages et
racheter leurs chameaux. Leurs pertes s'élevaient à deux cents
hommes tués ; une seule tribu en avait perdu quatre-vingt-
quatre. Bou-Zian, de son côté, dans l'attaque de la tranchée,
avait vu tomber quarante de ses fidèles, et un de ses fils avait
eu l'épaule fracassée.

Pour nous, à cette époque du siège, nous avions affaire à
un ennemi plus redoutable que les Arabes. Le choléra sévissait avec rigueur dans nos rangs, et nous enlevait trente à
quarante hommes par jour. Une agglomération de tant de
monde dans un si petit espace, tel que celui des tranchées et
du camp, ne pouvait manquer d'aggraver cette cruelle épidémie. Les détritus d'animaux abattus, le voisinage de tant
de cadavres mal enterrés dans les sables et souvent décou-
verts par les bêtes féroces, exhalaient la plus funeste odeur.
Les nuits pluvieuses que l'on passait dans les tranchées devenaient mortelles. A chaque instant on entendait les plaintes
des malheureux soldats que venait frapper le fléau. Leurs cris,
mêlés au bruit continuel des coups de feu et au mugissement
sourd des palmiers toujours agités par les vents, jetaient dans
tous les cœurs la plus profonde tristesse. Quelles nuits
affreuses passées dans ces tranchées ! Quels souvenirs pour
les témoins de pareilles scènes ! Du côté des Arabes, les souffrances n'étaient pas moindres, l'épidémie sévissait dans les
murs de Zaatcha ; mais ces fanatiques supportaient avec un
égal courage et avec l'indifférence du fatalisme les maux de
la guerre et les horreurs de la maladie. Jamais ils n'ont parlé
de se rendre, la veille même de l'assaut, où tout était perdu
pour eux, ils refusaient les conditions du général, et préfé -
raient se faire tuer jusqu'au dernier.

Dans les journées du 18 et celles qui suivirent, on attaqua
les murs de la place avec des fougasses. Les travaux de la sape,
dirigés par le capitaine Schœnnagel, étaient poussés très
activement. Les pièces de 12 furent mises en batterie ; leur feu
fit le plus grand mal à l'ennemi, et détruisit les faîtes des maisons les plus élevées qui dominaient nos ouvrages. Les obusiers

ne réussirent pas aussi bien ; une grande partie des obus étaient avariés ; leurs éclats venaient continuellement tomber dans l'intérieur des tranchées et blesser nos propres soldats. Une troisième brèche avait été pratiquée ; elle devint brèche de droite ; le fossé en face fut comblé. Dans les journées du 22 et du 23, les deux autres passages de fossé furent aussi améliorés ; des fougasses, placées sur les brèches elles-mêmes, en rendirent l'accès facile. Nos progrès étaient évidents ; nos différents travaux d'attaque pressaient la ville comme une tenaille de fer. L'immensité du péril exaspéra au plus haut degré les défenseurs de Zaatcha ; encouragés par de nombreux secours, ils crurent devoir tenter un dernier et héroïque effort : tentative insensée ! Au point où nous étions arrivés, rien ne pouvait nous faire reculer.

Avec cette sagacité naturelle aux peuples voisins de l'état sauvage, ils avaient remarqué le désordre inévitable de nos tranchées à l'heure où l'on relève les gardes. Ils choisirent ce moment dans la journée du 24 pour commencer la plus sérieuse attaque dont nous eussions encore subi le choc. Rien ne pouvait nous faire soupçonner leurs projets. Leurs feux, ralentis avec adresse, répondaient à peine aux nôtres. Ce silence imposé dans leur ville, nous pouvions le prendre pour l'effet du découragement. La 7ᵉ compagnie du 5ᵉ bataillon de chasseurs occupait alors la sape de droite ; un petit mur en terre à moitié ruiné en fermait l'extrémité du côté de l'ennemi, une dizaine de chasseurs gardaient cette position. Ces hommes s'apprêtaient à céder leur place à leurs camarades du 8ᵉ bataillon. A la faveur d'un moment de distraction, les Arabes se glissèrent au pied du mur, et, à un signal convenu, réunissant leurs efforts, ils le renversèrent et se précipitèrent dans l'intérieur de la sape par cette espèce de brèche. Les quatre premiers chasseurs qui tombèrent sous leurs mains furent égorgés et décapités. La sape de droite fut bientôt entièrement envahie ; les chasseurs surpris cédèrent un instant, un combat corps à corps s'engagea dans cet étroit espace où le nombre des défenseurs nuisait encore à la défense. Des canonniers de la batterie d'obusiers autour de laquelle se passait la lutte se firent tuer en défendant leur pièce. Les Arabes ne purent l'enlever ; mais ils s'emparèrent d'une grande quantité de carabines, d'effets de campement, de havresacs et d'outils du génie : ce fut le seul profit de leur attaque. Le lieutenant Née Devaux, à peine remis d'une blessure grave, reçue à l'affaire du 7 octobre, fit charger les Arabes à la baïonnette par un petit nombre de chasseurs qu'il parvint à rallier. L'ordre dans le combat se rétablit à son commandement.

Dans le même temps, une sortie des plus vives avait lieu contre tout le côté droit de notre ligne d'attaque. Les femmes, plus féroces que les hommes, conduisaient elles-mêmes au feu tout ce qu'il y avait de plus fanatique et de plus résolu dans Zaatcha ; mais les chasseurs avaient eu le temps de courir à leurs retranchements, encouragés par l'arrivée de leur chef de bataillon, le commandant Levassor Sorval, et de son adjudant-major, M. Duplessis, tous deux prompts à se porter partout où est le danger ; ils reçurent les Arabes avec cet aplomb qui déconcerte l'attaque la plus audacieuse. Arrivés alors au milieu de la mêlée, le général Herbillon et le colonel Canrobert donnèrent aussitôt les ordres nécessaires pour faire tourner les Arabes. Trois compagnies de zouaves, sous le commandement du capitaine Larrouy, et les tirailleurs indigènes conduits par M. Bourbaki, furent appelés du camp ; mais, pendant leur manœuvre, le combat se continuait toujours avec fureur à la sape de droite, et nous ne parvînmes à en chasser les Zaatchiens qu'en essuyant des pertes cruelles. Dans les deux compagnies de chasseurs qui avaient été seules engagées, plusieurs officiers et soldats furent frappés ; le lieutenant d'artillerie Guérin, qui commandait la batterie de la sape de droite, fut blessé mortellement ainsi que son maréchal des logis ; le brave et regrettable capitaine Delmas fut traversé d'une balle au cœur. Le capitaine Hurvoy, du 8ᵉ de chasseurs, fut atteint au-dessus de l'œil, et l'adjudant de son bataillon tué à ses côtés.

L'arrivée de la colonne tournante sur les derrières de l'ennemi débloqua la tranchée : le plus grand nombre des Arabes n'eut que le temps de rentrer dans la ville, le reste se sauva du côté de Lichana; mais, lorsque le commandant Bourbaki reçut l'ordre de se replier vers le camp, les assiégés, que l'on devait croire découragés, sortirent en foule, et un combat très sérieux s'engagea de nouveau dans les jardins. Il fallut faire avancer d'autres troupes. Le général Herbillon lui-même était là et présidait à tout, secondé par son chef d'état-major. La lassitude de l'ennemi mit seule fin à cette sanglante journée. Dans la soirée, le génie avait tout remis en ordre dans la sape de droite : le lendemain, il ne restait aucune trace matérielle de cette attaque, effort suprême de la défense; mais le douloureux souvenir de nos dernières pertes était partout présent.

L'assaut, décidé pour le 25, dut être ajourné de vingt-quatre heures. Il avait fallu une journée d'intervalle pour le repos des troupes et pour les dernières dispositions. Les chefs de corps, prévenus secrètement les premiers, réunirent chacun leurs officiers pour communiquer les ordres du général Herbillon. Les trois brèches, parfaitement praticables, devaient être abordées par trois colonnes. Pour les former, on avait choisi parmi les bataillons les plus renommés de l'armée de siège. Chacun d'eux ne fournissait que trois cents hommes, les plus braves, les plus résolus. Cette réunion de soldats d'élite, éprouvés par tant de combats, devait présenter l'ensemble le plus vigoureux et le plus redoutable. Les chefs qui les commandaient étaient dignes de telles troupes : c'était le colonel Canrobert, dont la conduite dans cet assaut a excité l'admiration de toute l'armée; le colonel de Barral, qui devait avoir plus tard une fin si héroïque, et le colonel de Lourmel, un de nos premiers officiers d'Afrique.

La première colonne (de Canrobert), qui devait franchir la brèche de droite, la plus défendue, était composée, dans l'ordre de combat, des 1er et 2e bataillon de zouaves, du 5e bataillon de chasseurs, et de cent hommes d'élite du 16e de ligne.

La seconde (de Barral) devait attaquer cette brèche si funeste naguère au 43e, et qui, entièrement perfectionnée, ne devait plus présenter les mêmes difficultés. Elle était composée du 8e bataillon de chasseurs, rendu à jamais illustre par la sanglante et tragique affaire de Sidi-Brahim, d'un bataillon du 38ᵉ et de cent zouaves.

La troisième (de Lourmel), composée de deux bataillons du 8ᵉ de ligne et d'un bataillon du 43ᵉ, devait aborder la brèche de gauche. Une section d'artillerie de montagne et un détachement du génie étaient joints à chaque colonne, qui avait en outre un certain nombre de guides arabes engagés par l'appât de l'or à braver ces terribles dangers. Enfin, des outils, des sacs à terre, des caisses, des cordes, des sacs à poudre étaient disposés près du pied de chaque brèche pour assurer le succès de l'opération.

M. le commandant Bourbaki avait aussi un rôle important, qui consistait à investir la partie de la ville en dehors de notre point d'attaque pour intercepter les communications de l'ennemi et faciliter, par une diversion, l'entrée des assaillants dans la place. Il réunissait sous son commandement les tirailleurs indigènes, un bataillon du 51ᵉ de ligne et deux cents chasseurs à pied. — Le colonel Dumontet, du 43ᵉ de ligne, avait la garde des tranchées et des ambulances volantes placées près des brèches. — Le colonel Jollivet, du 16ᵉ de ligne, avait celle du camp. Devant un ennemi aussi nombreux et entreprenant, aucune précaution ne devait être négligée. — Enfin la cavalerie, aux ordres du colonel de Mirbeck, était disposée par escadrons à droite et à gauche du camp dans la plaine faisant face à l'oasis.

Les troupes d'infanterie étaient réunies dès la veille dans les tranchées pour être plus à portée de commencer l'assaut de grand matin : elles passèrent ainsi toute la soirée dans l'attente de cette action qui devait faire bien des vides dans nos rangs, mais couronner au moins par un triomphe éclatant un si long et si terrible siège. Les défenseurs de Zaatcha seuls ne semblaient pas se douter du sort qui leur était réservé ; ils repoussèrent avec dédain les propositions que le général Herbillon crut devoir leur faire au dernier moment, suivant les lois de la guerre. Bou-Zian leur avait dit tant de fois que les Français ne pourraient jamais les prendre, qu'ils avaient fini par le croire. Ce guerrier, implacable dans sa haine contre nous, dirigea toutes les opérations de résistance et remplit jusqu'au bout tous les devoirs de ses fonctions à la fois religieuses et guerrières. La veille encore de l'assaut, il appelait, suivant la coutume des musulmans, ses fidèles à la mosquée. Dans l'intérieur des tranchées, à la faveur du calme de la nuit qui précéda le jour de l'assaut, on entendit la voix de ces fanatiques qui prenaient devant Dieu l'engagement de se faire tuer jusqu'au dernier : serment qu'ils n'ont que trop bien tenu ! En sortant de la mosquée, ils se répandirent, comme ils avaient l'habitude de le faire chaque soir, vers les murailles de leur ville pour nous prodiguer, avec des coups de fusil, accompagnement obligé de toutes leurs démonstrations, les injures les plus grossières et les plus méprisantes. Le reste de la nuit se passa dans ce calme sinistre, précurseur des catastrophes. Quelques coups de canon, partant de nos batteries à longs intervalles, venaient seulement interrompre le silence profond qui régnait dans nos tranchées.

A l'aube du jour, nos hommes se levèrent à petit bruit et se formèrent silencieusement à leurs rangs de marche. Le colonel Canrobert, qui devait monter à l'assaut le premier, se fit désigner les plus braves dans sa colonne pour avoir l'honneur de l'accompagner. Il se forma ainsi une petite escorte de seize hommes, avec laquelle il devait se présenter à découvert aux premiers coups ; il avait en outre auprès de lui quatre officiers pour porter ses ordres. Toutes les dispositions de combat étaient prises, tout le monde était à son poste, il ne restait plus qu'à s'élancer au signal donné ; mais le colonel des zouaves voulut auparavant réunir tous ses officiers, pour expliquer à chacun la nature et l'importance de ses devoirs et l'obligation du succès. Il sut trouver en terminant de ces paroles que le patriotisme inspire et qui excitent la résolution dans tous les cœurs. Chaque commandant de compagnie vint redire à ses hommes les paroles du chef ; tout le monde était donc prévenu, chacun savait ses devoirs, il n'y avait plus qu'à marcher.

Aussitôt que le mouvement du commandant Bourbaki, qui devait tourner la place, fut fortement prononcé, on donna le signal de l'assaut. Il était environ sept heures du matin ; les clairons des zouaves et des chasseurs, mêlés au bruit des tambours, sonnèrent le pas de charge. Le colonel Canrobert fit sortir de la sape vingt-cinq chasseurs, sous la conduite d'un brave officier, M. Liotet, pour s'emparer d'une maison à gauche de la brèche et faciliter le passage, puis il s'élança lui-même à la tête de ses zouaves. L'élan qu'il leur imprima était tel qu'en peu d'instants la brèche fut franchie et que sa colonne arriva au milieu de la ville. Les feux des maisons tirés à bout portant, les obstacles les plus redoutables et depuis longtemps préparés ne purent l'arrêter. Le colonel, qui dirigeait sa troupe dans ce dédale de ruelles, vit tomber tous ceux dont il était entouré ; sur les seize zouaves ou chasseurs qui ne devaient pas le quitter, douze furent tués ou blessés ; de ses quatre officiers d'ordonnance, deux moururent à ses côtés, les deux autres furent frappés. On doit à leur honneur d'enregistrer ici leurs noms : Toussaint, capitaine de spahis, et le jeune sous-lieutenant Rosetti, du même corps, tués ; De Char, lieutenant de zouaves, et Besson, capitaine d'état-major, blessés.

M. le chef de bataillon de Lorencez, digne fils du général de l'empire et petit-fils du maréchal Oudinot, commandait le 1er bataillon de zouaves ; il marchait après le colonel Canrobert. Dès les premiers instants de l'assaut, il reçut une balle dans le flanc, au moment où il donnait à ses soldats le plus noble exemple. De son côté, le colonel de Lourmel entraînait ses soldats, et, malgré une blessure reçue à brûle-pourpoint, il continua à diriger l'attaque de gauche. Le colonel de Barral, après un moment d'arrêt causé par un éboulement, donnait la main aux deux autres colonnes. Ces trois forces enlaçaient alors les trois quarts de la ville, dont pas un défenseur ne pouvait s'échapper ; mais, si le plus grand effort était déjà fait, il restait à entamer l'assaut de chaque maison, remplie d'Arabes décidés à vendre chèrement leur vie. Chaque groupe de soldats s'attaque à celle qu'il a devant lui, car, une fois la direction donnée, dans ces moments si critiques, ils ne prennent conseil que d'eux-mêmes et font toujours pour le mieux. D'abord ils cherchent à monter sur les terrasses des maisons pour descendre après dans l'intérieur, mais ils sont fusillés par les créneaux, dont tous les murs sont criblés ; à peine parviennent-ils sur ces terrasses, que mille feux partent du premier étage, soit par des trous pratiqués exprès dans les planchers, soit par l'ouverture intérieure de la maison. Les premiers qui se hasardent à descendre sont tués à coup sûr ; mais d'autres finissent par arriver et tombent sur les défenseurs à coups de baïonnette ; ils font un carnage affreux sans chercher à choisir parmi tant de victimes. Il fallait ensuite déloger ceux qui s'étaient réfugiés dans les caves, où l'on se mêlait les uns aux autres dans l'obscurité sans pouvoir distinguer ses véritables ennemis ; le plus souvent, on laissait au fond de ces souterrains les malheureux Arabes, qu'il eût été trop périlleux d'y aller chercher ; on se bornait à les observer, les réservant ainsi pour les derniers coups.

La position de Bou-Zian n'était plus tenable ; il avait choisi sa propre maison, située presque au centre de la ville, pour mieux diriger la défense, et il était alors entièrement enveloppé. Il parvint cependant à se retirer avec sa famille et une partie de ses fidèles vers la porte de Zaatcha, dite porte de Farfar, le seul point qui ne fût pas encore attaqué, et là il se renferma dans la maison de Ali-ben-Azoug, notre ancien cheik. Il était réservé au commandant de Lavarande, chef du 2ᵉ bataillon de zouaves, qui a joué un rôle si brillant dans cette action, de s'en rendre maître. Après être monté par la brèche, au lieu de suivre la tête de sa colonne, il avait pris à droite et s'était dirigé le long des remparts, du côté de la porte de sortie. Dans une des maisons dont il avait dû s'emparer sur son passage, deux Arabes parlant français avaient été faits prisonniers. M. de Lavarande, qui cherchait avant tout la demeure de Bou-Zian, leur promet la vie sauve s'ils veulent lui servir de guide pour arriver à la retraite de leur chef. Le premier refuse noblement en disant qu'il aimait mieux mourir ; il est aussitôt massacré par les zouaves ; le second y consent, et indique la maison où Bou-Zian avait dû se retirer. M. de Lavarande y dirige sa troupe, qui est reçue par une fusillade terrible. La demeure était défendue par de nombreux et intrépides fanatiques. Les zouaves commencèrent d'abord l'attaque en cherchant à escalader la terrasse et en s'aidant des maisons voisines ; ils ne purent réussir. On essaya de braquer une pièce de montagne contre la muraille ; les canonniers étaient tués pendant la manœuvre ; les coups ne produisaient d'ailleurs aucun effet. On eut recours alors à la mine. Un sac à poudre fortement chargé est apporté par les soldats du génie ; mais pour y mettre le feu, la mort était certaine. Les premiers qui se présentent pour allumer la mèche sont tués. Enfin, un sous-officier du génie, aussi intrépide et plus heureux que les autres, réussit, la mine éclate, fait sauter avec fracas une portion du mur, et laisse à découvert devant les coups de l'assiégeant environ cent cinquante hommes et femmes ! Les zouaves n'hésitent pas. Enivrés par le feu du combat, ils tirent sur ces malheureux entassés comme sur un troupeau effaré, puis se précipitent à la baïonnette pour en finir.

Il y eut ensuite un moment d'attente. Un Arabe d'un extérieur et d'une attitude qui révélaient le chef, apparaît, sortant d'un des coins obscurs de la maison. Il était blessé à la jambe et s'appuyait sur un des siens. Sa main tenait un fusil qu'il présentait à ses ennemis. Voilà Bou-Zian, s'écria le guide. Aussitôt le commandant se jeta sur lui et empêcha ses soldats de faire feu. « Je suis Bou-Zian », telle fut la seule parole du prisonnier, puis il s'assit à la manière arabe et se mit à prier. M. de Lavarande lui demanda où était sa famille. Sur sa réponse, il envoya l'ordre de la sauver ; mais il était trop tard : déjà sa mère, sa femme et sa fille avaient été mises à mort, victimes de la fureur des zouaves, qui s'étaient introduits dans toutes les pièces et en avaient passé les habitants au fil de l'épée. La fille de Bou-Zian, que sa beauté aurait dû faire épargner, ne put donc être sauvée, pas plus que les autres femmes qui, mêlées aux défenseurs, devaient subir, comme eux, le sort des armes. C'est la nécessité, cette loi inexorable de la guerre, qui justifie de telles fureurs, et toute ville qui est prise d'assaut, après avoir refusé de se rendre, y est condamnée. M. de Lavarande avait envoyé prévenir le général Herbillon que Bou-Zian était entre ses mains. « Faites-le-tuer », telle fut la réponse. Un second message rapporte le même ordre. Le commandant fit appeler quatre zouaves et leur ordonna à un signal donné de viser au cœur. Se tournant ensuite vers Bou-Zian, il lui demanda ce qu'il désirait et ce qu'il avait à dire. « Vous avez été les plus forts, Dieu seul est grand, que sa volonté soit faite! » Ce fut la réponse du chef arabe. M. de Lavarande, le prenant alors par la main, le força à se lever, et, après l'avoir appuyé le long d'un mur, se retira vivement. Les quatre zouaves firent feu. Bou-Zian tomba raide mort. On voulait lui faire couper la tête par le guide qui l'avait trahi ; mais celui-ci refusa et présenta aussitôt la sienne. Ce fut un zouave qui s'en chargea : il apporta ensuite le sanglant trophée au colonel Canrobert et le lui jeta entre les pieds. La tête du plus jeune fils de Bou-Zian fut également apportée au colonel et alla rejoindre celle de son père. On décapita aussi le cadavre de Si-Moussa, qui avait été découvert au milieu des morts.

Cependant, sur les autres points de la ville, la guerre des étages supérieurs et des souterrains se continuait ; car il y eut deux champs de bataille dans cet assaut : l'un au-dessus du sol, l'autre au-dessous, ce dernier plus affreux que l'autre. Là où il était impossible à nos soldats de pénétrer, et où le combat dans l'ombre avec des ennemis entassés et invisibles n'aurait été qu'une sanglante mêlée inutilement périlleuse, on s'aidait de sacs à poudre ; leur explosion renversait les murs sur les défenseurs enfouis, et ceux qui n'étaient pas écrasés par leur chute périssaient étouffés dans les caves où ils avaient cherché leur dernier refuge. Le soldat, avide de vengeance, fouillait tous les coins des maisons, pénétrait par toutes les issues, ne laissait échapper aucune victime. Les Arabes avaient été enfermés dans un cercle de feu, et du côté de nos travaux d'attaque si bien gardés, et du côté de la campagne, que le général Herbillon avait fait cerner ; pas un ne put échapper à l'extermination !

Nous avons dit que le commandant Bourbaki avait été chargé de couper les communications de Zaatcha avec l'intérieur. Toute la matinée il eut à soutenir une lutte des plus opiniâtres contre sept ou huit cents auxiliaires, qui, accourus au secours des assiégés, témoins de leur dernière résistance, excités par leurs cris, et séparés d'eux seulement par l'épaisseur des rangs de nos soldats, firent jusqu'à onze heures les efforts les plus désespérés pour s'y frayer un passage et ouvrir une porte de salut à leurs frères ; mais le bataillon des indigènes gardait la porte, et elle resta fermée sur les derniers défenseurs de la ville. Vers le milieu du jour, tout était fini. Il ne restait que les vainqueurs et des ruines ! Le reste de la soirée et le lendemain furent employés à raser la place. A la tombée de la nuit, on fit sauter les deux mosquées, celle de la zaouïa et celle de Zaatcha. Il fallait prouver aux Arabes que leur dieu, qu'ils invoquaient contre nous, ne pouvait désormais les protéger dans leur révolte.

Lorsque le minaret de la mosquée de Zaatcha sauta en l'air avec un fracas épouvantable, un long cri de joie s'éleva dans le camp : c'était le couronnement de ce siège si long, si pénible, qui nous avait coûté tant d'efforts et de sang. L'assaut surtout avait achevé de remplir nos ambulances. D'un corps expéditionnaire dont l'effectif avait varié de quatre à cinq mille hommes, quinze cents environ avaient été tués ou blessés; près de quatre-vingts officiers frappés, dont trente mortellement. Le seul corps des zouaves, troupe incomparable et fidèle aux traditions de gloire que lui a léguées son premier chef, le général Lamoricière, comptait près de trois cents blessés. Les soins, du moins, ne leur manquèrent pas dans ce lointain désert, ni les consolations, et un pieux ecclésiastique vint de Constantine apporter les secours de la religion aux victimes du siège.

Les Arabes étaient consternés; ceux des oasis voisines accoururent se livrer sans conditions au général Herbillon. Au surplus, jamais spectacle plus propre à terrifier les imaginations ne s'était offert à leurs yeux. La ville détruite de fond en comble, les mosquées renversées, les habitants massacrés, les têtes de Bou-Zian, de son jeune fils et de Si-Moussa plantées au milieu du camp, les tribus nomades dispersées et dépouillées, les frais de la guerre imposés aux vaincus, tout leur disait assez à quels maîtres auraient affaire désormais les révoltés. Le surlendemain de la prise de la ville, le général fit lever le camp. Déjà l'odeur de tant de cadavres rendait la situation de l'armée intolérable. Les acclamations répondirent à l'ordre du départ, et la colonne se mit en marche pour Biskara, où elle arriva, deux jours après, dans un état de délabrement complet. Les figures de nos soldats accusaient les souffrances et les privations. Les durs travaux de ce long siège avaient usé leurs effets, et c'est pour la plupart avec des vêtements de peaux de chèvre ou de mouton qu'ils firent leur rentrée dans ce premier poste occupé par la France, où ils amenaient les troupeaux de la razzia des nomades, de nombreux otages, et les têtes des chefs de l'insurrection que les Arabes des Ziban durent voir longtemps encore exposées sur la place du marché de Biskara en signe de l'éclatante défaite des révoltés.

Cette leçon mémorable ne fut pas la dernière que nous dûmes leur infliger. L'insurrection s'était propagée au loin ; il fallut encore la châtier dans une partie du Tell, le Hodna, et dans le pays montagneux de l'Aurès. Le colonel Canrobert, chargé de cette mission, éprouva à Narah une résistance qui lui valut un nouveau titre de gloire, et qui l'obligea à brûler la ville insolente, après en avoir fait passer les habitants par les armes.

Quelques mois après, le choléra achevait l'œuvre de la guerre ; mais ce fléau n'épargna pas plus les vainqueurs que les vaincus : il porta la désolation au sein des tribus, en décima une partie en même temps qu'il détruisit presque totalement notre garnison de Biskara.

Il faudra beaucoup de temps pour que tous ces désastres soient oubliés et réparés. Toutefois la pacification des Ziban est complète aujourd'hui. Leurs habitants, terrifiés par de si cruels exemples, se soumettent à la volonté de Dieu et au joug de la force. Ils peuvent d'ailleurs comparer, avec les maux qu'ils s'attirent par la guerre, les biens qu'ils trouvent dans la soumission. Notre domination assure aux Arabes des oasis une sécurité pour leurs personnes, une liberté pour leurs transactions, une prospérité pour leur industrie, qu'ils ne connaissaient pas dans le passé. Il faut les habituer à en comprendre, à en ressentir l'heureuse influence ; car, de toutes les parties de l'Afrique où règnent nos armes, peut-être celle-ci est-elle la plus intéressante, celle qui peut le mieux répondre dans l'avenir aux sacrifices et aux espérances de la France. Et quand on se figure ce que peuvent rapporter ces forêts de palmiers où se cueillent les plus belles dattes, ces peuplades laborieuses, à la fois industrielles et agricoles, dont les produits sont dignes des marchés d'Europe, on comprend tout ce qu'il est permis d'attendre de nos relations futures avec un pays dont la civilisation commence, et qui est sans fin comme le désert.

Charles Bocher.

(*Revue des Deux-Mondes* du 1ᵉʳ avril 1851.)

PRISE DE NARAH

SOUVENIRS D'UNE EXPÉDITION DANS LE DJEBEL-AURÈS

Au moment où l'attention publique est ramenée vers l'Algérie, par l'intérêt des nouvelles opérations militaires qui viennent de s'y accomplir, peut-être trouvera-t-on quelque à propos dans le récit d'un épisode déjà ancien et peu connu, mais qui mérite une place dans l'histoire des innombrables faits d'armes de notre conquête africaine. On pourra ainsi mieux comprendre ce genre de luttes qu'un siège récent et à jamais mémorable ne doit pas faire oublier ; car, c'est de là, c'est de cette rude école que sont partis nos soldats, éprouvés et aguerris, pour vaincre sur un plus grand théâtre ; c'est là qu'ils sont revenus pour continuer, dans de plus obscurs combats, de servir le pays et d'illustrer son drapeau.

Vers la fin de l'année 1849, tout le sud de la province de Constantine était en pleine insurrection. Le sac de Zaatcha avait

bien avancé nos affaires dans le désert, mais il ne terminait pas
la guerre dans la région montagneuse, qui comprend : à l'est
le pâté des Aurès, véritable Kabylie; à l'ouest le Hodna, le
pays des Ouled Sultan, des Ouled-Ali-Ben-Sabour et des
Ouled-Sellem. Cette partie occidentale, moins difficile à faire
rentrer dans l'ordre, fut d'abord parcourue par la colonne
expéditionnaire du siège de Zaatcha, sous le commandement
du colonel Canrobert. Un mois d'efforts et de fatigues suffit
pour y assurer le succès complet de nos armes.

Cependant les plus fâcheuses nouvelles arrivaient du côté de
l'est : la guerre sainte s'y allumait sous l'inspiration de chefs
fanatiques; la ville de Narah en était le foyer. Les Zibans, à
peine soumis et encore frémissants, suspendaient le paiement
des contributions que la victoire leur avait imposées. Pour
arrêter les progrès de l'incendie, il fallait l'étouffer au plus
vite en s'engageant dans l'Aurès. Cette tâche revenait à une
partie des troupes qui, depuis cinq mois, n'avait cessé de
combattre. Après un seul jour de repos à Batna, elles se
remirent en marche.

Le pays où l'on allait opérer, situé au sud-est de la province
de Constantine, vers la frontière de Tunis, contraste singulièrement, par sa nature et son aspect, avec le désert auquel
il confine. Il comprend deux longues vallées étroites qu'entourent de hautes montagnes : ce sont les vallées de l'Oued
Abdi et de l'Oued Abiad (1). dont les eaux prenant leurs sources
aux mêmes lieux, coulent du nord au sud presque parallèlement, et vont se perdre ensemble dans le Sahara. Cette contrée
fertile et pittoresque est occupée par de grandes tribus kabyles,
qui habitent de gros villages entourés de jardins où se cultivent
tous les produits des pays méridionaux. Ces tribus font aussi le
commerce de haïks et de riches tapis qui se fabriquent dans
leurs villes et Narah, que nous devions attaquer, était le représentant de cette richesse agricole et industrielle, en même
temps que le centre de la résistance qui s'organisait contre
nous.

(1) *Oued*, rivière, cours d'eau.

Rien n'est plus favorable à la guerre défensive que le terrain découpé, accidenté, qui s'étend dans ce long espace formé par les deux vallées. L'ennemi, hors de la portée de nos armes, y prépare secrètement et sûrement ses moyens d'action. Attaché au sol généreux qui lui donne en abondance tous les fruits dont il a besoin, sans communication avec le dehors, ne nous voyant que de loin et jugeant mal nos forces, doublement protégé par la distance et par des murailles infranchissables, il s'y croit à l'abri et compte sur l'impunité.

Cette situation des habitants de l'Aurès, comme de toutes les populations des montagnes de l'Algérie, leur a presque constamment assuré une sorte d'indépendance, aussi bien sous la conquête romaine que sous la domination turque. Les Romains n'avaient fait que les cerner dans une ceinture de postes fortifiés, dont on retrouve encore la place marquée par des ruines, et le grand établissement de la 3e légion Auguste à Lambessa, au pied des pentes nord de l'Aurès, était admirablement situé pour contenir ces populations barbares. De Lambessa, en deux marches, on atteignait la tête des vallées de l'Oued Abiad et de l'Oued Abdi.

Les Romains s'étaient avancés aussi dans l'intérieur. Où n'avaient-ils pas pénétré ? En 1850, une colonne française, sous les ordres du général Saint-Arnaud, descendait, à travers mille difficultés, le lit de l'Oued Abiad. Elle venait de franchir les affreuses gorges de Tiranimin, et chacun pensait avec orgueil que c'était la première fois qu'une expédition régulière traversait ce pays inconnu, lorsqu'on se trouva devant une inscription latine gravée dans le roc. Elle apprenait à nos soldats qu'ils avaient été devancés par une nombreuse armée romaine qui, du temps des Antonins, avait franchi cet impraticable passage, grâce aux travaux des cohortes auxiliaires.

Plus tard, on retrouve encore, dans l'histoire de l'Afrique, la trace des incursions et des luttes dont l'Aurès a été le théâtre ou le point de départ. Lors du bouleversement produit par la conquête Vandale, les populations des montagnes s'affranchirent complètement et se répandirent dans les plaines de la Numidie. A la restauration byzantine, Salomon, le plus

habile lieutenant de Bélisaire, fit deux expéditions dans le nord
de l'Aurès, en 535 et 539. Il y battit le fameux chef Jauda.
D'après l'historien Procope, l'Aurès pouvait mettre en campagne 2,000 cavaliers, et 30,00u fantassins. Procope comprenait, il est vrai, sous le nom d'Aurès, non seulement le groupe
central, auquel le nom est resté, mais encore toutes les bran-
ches qui s'en détachent, la chaîne des Ouled-Sultan, du Metléli
et du Djebel-Amar, à l'occident; le Djebel-Chechar, le Djebel-
Zarif, à l'orient.

Le voyageur arabe, Benlakahl, dans le x⁰ siècle, donne à
l'Aurès une longueur de douze journées. Ses habitants sont
méchants, dit-il, et oppriment les Berbères du voisinage.
Marmol enfin ne les traite pas mieux : « Les habitants sont
des sauvages dont toute la félicité consiste à voler sur les
chemins et à tuer les passants. »

De cette race cruelle et guerrière, nos prédécesseurs en
Afrique, les Turcs, ne vinrent jamais entièrement à bout. Ils
n'exerçaient sur elle qu'une domination précaire. La contribu-
tion qu'ils en tiraient était un simple signe de vassalité. La
riche vallée de l'Abdi payait seulement 1,100 baceta, c'est-à-
dire 2,750 francs, encore pas en argent; elle s'acquittait en
fournissant des mulets. Lors du recouvrement de l'impôt, la
colonne turque, composée de cent vingt-cinq fantassins et du
goum des Ouled-Saïd et des Ouled-Fahdel, conduits par le chef
de la famille des Ouled-Kassem, la seule famille noble de cette
région, longeait les pentes nord de l'Aurès et allait s'installer
à Krenchla, d'où elle réglait ses affaires.

Il fallut bien du temps à la conquête française pour en venir
là et reprendre dans ces contrées lointaines le rôle, même
incomplet, l'autorité, si souvent méconnue de la domination
turque. Après la prise de Constantine, en 1836, le bey Ahmet
y trouva un refuge, et de là, il ne cessa de nous susciter les
plus dangereux ennemis. Il y resta en sûreté, mais sans repos,
jusqu'au moment (1848) où il fut pris, avec sa petite armée et
sa *smala,* par le colonel Canrobert dans la vallée de l'Oued
Abiad.

Ce n'est qu'à partir de 1843, que les rapports des Français

avec les populations de l'Aurès avaient pris un caractère suivi et officiel. Au commencement de cette année, le gouverneur de Constantine, le général Baraguey-d'Hilliers donna pour la première fois, l'investiture au cheik El-Arbi-Ben-Boudiaf, ainsi qu'à quatre autres chefs des Ouled Abiad. En recevant le burnous, ils s'engageaient à nous fournir des troupes au besoin. Ben-Boudiaf mettait 300 cavaliers à notre disposition et s'obligeait à recouvrer pour 30,000 francs de contributions.

Lorsqu'en 1844, la prise de Biskara, par M. le duc d'Aumale, nous eut assuré la possession de tout le désert de la province de Constantine, le dernier Kalifat d'Abd-el-Kader dans les Zibans, Mohamed-Seghrir, chercha aussi un asile dans les gorges de l'Aurès. Avec des forces déjà réduites par la désertion, mais pourtant encore nombreuses, il était venu y prêcher la guerre sainte après avoir prudemment caché une partie de ses richesses à Méchounèche, au débouché de la vallée de l'Oued Abiad, dans le Sahara. C'est là qu'eut lieu une des affaires de guerre les plus glorieuses de notre armée d'Afrique, dans laquelle le capitaine Espinasse, atteint de quatre coups de feu, fut sauvé par M. le duc d'Aumale, qui vint bravement à son secours, avec son frère, M. le duc de Montpensier, blessé à ses côtés. Après l'affaire de Méchounèche, deux des principales tribus de l'Aurès renoncèrent à la lutte, mais leur exemple ne fut pas suivi : le reste du pays s'agita bientôt, soulevé par les nouvelles intrigues d'Ahmet, l'ex-bey de Constantine et du Kalifat Mohamed-Seghrir, battus et jamais découragés. Ils vinrent tous deux, au commencement de mai, attaquer le camp français, pendant que M. le duc d'Aumale était occupé chez les Ouled-Sultan. Le jeune prince était sur ses gardes ; il réunit tout de suite sa cavalerie, la porta en avant par un mouvement rapide, et, la faisant suivre de son infanterie, arriva sur l'ennemi sans lui laisser le temps de se reconnaître, et l'obligea de nouveau à se soumettre. Toutefois, en recevant les gages d'obéissance forcée des montagnards de l'Aurès, le prince écrivait à la date du 2 juin 1844 : « Les Djebel-Aurès ne sauraient être considérés comme soumis ; la résistance y est seulement décomposée et non détruite. »

14

Le jeune commandant de la province de Constantine ne se trompait pas dans ses prévisions. Il fallut, peu de temps après, revenir encore en armes dans l'Aurès. C'est le général Bedeau, qui y ramena nos troupes en 1845. La résistance alors fut peu énergique. Après l'avoir vaincue, on organisa le pays en deux commandements. La partie orientale reçut pour chef Arbi-Boudiaf, de la famille des Ouled-Kassem ; la partie occidentale, Bel-Abbès, fils d'un marabout de Menah, qui avait joui d'un grand renom de sainteté. Le jeune Bel Abbès n'hérita ni des vertus, ni de l'influence de son père ; il se laissait trop entraîner au courant des mœurs faciles qui règnent dans ces contrées. C'est à Menah, sorte de Capouc du pays kabyle, que se pratique le divorce à la *guerba*. Quand une femme ne veut plus de son mari, elle va à la fontaine, rendez-vous de toutes les intrigues amoureuses, avec sa peau de bouc, *sa guerba*. Au lieu de la remplir d'eau, elle la gonfle de vent, puis elle revient, accompagnée de l'amant dont elle a fait choix, vers le maître qu'elle est résolue à quitter, jette contre le mur, l'outre vide, et prononce la malédiction : « Imal-Bouik » (que Dieu maudisse ton père). C'est une formule de congé définitif. Le mari ne peut pas en appeler, et il n'a rien à réclamer de celle qui l'abandonne, que la dot qu'il a payée, c'est-à-dire quelques *baceta*, que fixe souvent la *djemma* (l'assemblée des notables). Une dot ne s'élève guère à plus de 25 à 30 *baceta* (la *baceta* est de 2 fr. 50). C'est pour accroître leur population, que les Ouled-Abdi facilitent le plus possible le mariage en se donnant entre eux leurs filles au plus bas prix. Les conditions pour un étranger sont bien moins favorables que pour un homme de la tribu. Dans un pays où les mariages sont si faciles, où le divorce s'accomplit avec des formes si expéditives, l'adultère n'a point d'excuse ni de pardon ; le mari a le droit de tuer quiconque dans sa maison outrage son honneur. Une aventure de ce genre, suivie du meurtre d'un parent de Bel-Abbès, caïd de Menah, fut une des causes de la première révolte de Narah. Ce soulèvement, précurseur de celui des Ziban, éclata au printemps de 1849.

Le colonel Carbuccia, de si regrettable mémoire, commandait alors la subdivision de Batna. Voulant étouffer le feu avant qu'il n'éclatât, il partit brusquement à quatre heures du soir par Ksour et la vallée de Bouzina. Le lendemain, à la chute du jour, il était au pied de Narah, ayant franchi en vingt-quatre heures, avec de l'infanterie, un espace de près de vingt lieues, à travers un pays hérissé d'obstacles. C'est une des courses les plus rapides et les plus hardies, qui aient été accomplies en Afrique, par nos fantassins, ces marcheurs incomparables. Enlevant sa petite troupe, après ne lui avoir donné qu'un moment de repos, le colonel Carbuccia escaladait la terrasse, presque à pic, qui sépare Narah de Menah, arrivait devant les murs de la ville insurgée, y lançait quelques obus, et revenait avant la nuit camper dans la vallée. Le lendemain, il la remontait et rentrait à Batna après avoir montré ses baïonnettes à toutes les tribus de l'Abdi, surprises de cette brusque apparition. Narah, il est vrai, ne s'était pas soumise; en nous retirant aussi promptement nous laissions les choses à peu près dans le même état; mais le mouvement insurrectionnel ne se propagea point. Il fallut la grande révolte qui s'alluma dans le sud de la province de Constantine, pour tout incendier.

Nulle part plus qu'à Narah, la cause du marabout Bou-Zian, le héros de la défense de Zaatcha, n'excita d'ardentes sympathies. Les habitants des oasis des Zibans et ceux des monts Aurès ont la même origine Berbère; d'autres liens les unissent aussi. Les Ouled-Sada (nom des gens de Narah), avaient autrefois envoyé une petite colonie à Zaatcha, dont la Zaouia (1), qui a joué un si grand rôle dans le siège, s'appelait Sidi-Sada. Il y avait entre les deux villes une sorte de parenté. Dans différentes affaires où les habitants de Zaatcha se trouvèrent engagés contre nous, ceux de Narah figurent comme auxiliaires et se font bravement tuer dans leurs rangs. Nous ne connaissons pas exactement leur participation aux luttes sanglantes du siège de Zaatcha, mais nous savons

---

(1) A la fois couvent et collége, habité par des religieux guerriers et savants.

qu'ils y avaient envoyé, avec leurs combattants des convois de munitions et de vivres. Les Ouled-Sada de la montagne se croyaient solidaires des Ouled Sada de la plaine. La gloire de Zaatcha était la leur, et ils se battirent avec désespoir. Après et malgré la destruction de la ville, les meneurs de la révolte disaient qu'en annonçant la mort de Bou-Zian, et de Sidi-Moussa, on s'était trompé deux fois et qu'on avait exposé comme têtes de ces glorieux chefs celles de combattants vulgaires. Bou-Zian, croyait-on, allait reparaître et relever le drapeau de la guerre sainte abattu dans le sang des martyrs de Zaatcha. Le crédule fanatisme des Kabyles était enflammé par ces récits mensongers. Il était évident que la poudre allait parler de nouveau.

Le colonel Canrobert, chef de la subdivision, conduisant lui-même la colonne expéditionnaire, se mit en marche le 25 décembre 1849. Nos troupes ne pouvaient pas avoir un meilleur guide que le jeune colonel des zouaves, illustré par ses récents succès militaires, déjà connu des Arabes par l'autorité qu'il avait exercée à une autre époque dans ce même commandement de Batna, et qui l'y avait rendu à ce point populaire, que les Aurésiens, dans leurs transactions, pour marquer une date, disaient souvent : « Am Kamroubert » (c'était l'année de Canrobert). Sa petite armée comprenait les 5° et 8° bataillons de chasseurs à pied, deux bataillons de zouaves, deux bataillons du 8e de ligne, un bataillon de la légion étrangère, un escadron de chasseurs d'Afrique, un de spahis et quatre pièces de montagne. Les bataillons, fort réduits par les combats et les fatigues, présentaient à peine un effectif de 4,000 hommes ; mais les troupes dont ils se composaient étaient singulièrement aguerries, le souvenir de ce qu'ils avaient fait à Zaatcha les remplissait d'ardeur. Chefs et soldats, s'inspirant une mutuelle confiance, étaient prêts à tout oser.

C'est le cas de dire en passant combien les nécessités des armées actuelles nuisent à la facilité et à la promptitude des opérations en Algérie, surtout quand on aborde les pays de montagnes. Les hommes sont habitués à une nourriture fortifiante, les armes dont ils se servent exigent de grands approvisionnements, les comptabilités des compagnies sont tenues à jour comme en garnison, la paye se fait avec de l'argent transporté à dos de mulets; enfin le service des ambulances doit être assuré avec tous les soins que réclame l'humanité, et que la science moderne n'a pas simplifiés. De là, l'obligation, pour un chef de colonne, de traîner avec lui un immense convoi et de porter son attention sur mille détails dont les hommes de métier comprennent seuls l'importance.

Le colonel Canrobert, dont la sollicitude pour le soldat en campagne est une des qualités militaires la mieux reconnue, était alors parfaitement secondé par un jeune chef d'état-major, le capitaine Besson. Le plan du commandement était de prendre la vallée de l'Abdi à sa naissance, et de la descendre vers Narah, après avoir forcé successivement à l'obéissance tous les villages de la vallée supérieure. Le jour de son départ, la colonne expéditionnaire alla camper à Neze-Dira, au pied de bois magnifiques; elle avait longé en passant les ruines de Lambessa, connues alors par les fouilles et les rapports de Carbuccia.

Le 26 décembre, de grand matin, on se mit en mouvement pour gravir le défilé du Plomb (Tenüt-Ressas) qui conduit de la plaine dans l'Abdi. Là, nous attendaient nos premières épreuves; nous étions déjà à une assez grande hauteur : à mesure que nous montions, le froid le plus vif se faisait sentir, les difficultés du chemin forçaient à chaque instant la colonne à s'arrêter. On profitait de ces temps de haltes pour aplanir la route et réchauffer les hommes, dont les membres commençaient à s'engourdir, à de grands feux allumés avec les arbres d'une forêt qui se trouvait fort à propos sur notre passage. A peine, cependant, avait-on atteint le sommet du défilé, que d'épais tourbillons de neige, comme il en tombe pendant l'hiver sur les plus hautes montagnes, vinrent obscurcir l'air au point de rendre la marche impossible. Il fallut s'arrêter dans ce site sauvage, au milieu de rochers arides, et y faire reposer le soldat. Le colonel Canrobert partagea ensuite sa colonne en plusieurs fractions; il donna des guides à chacune d'elles, et s'engagea lui-même à la tête de son avant-garde pour sonder le chemin, flanqué de précipices affreux que la neige dérobait aux regards. On mit près de sept heures à défiler à travers ces obstacles, et nous étions tous exténués de fatigue quand on atteignit Bahli, le premier village de la vallée, sur la rive gauche de l'Abdi, où, adossé à la crête des rochers et perché comme un nid de vautour, se dressait au-dessus de nos têtes, le bordj des Ouled-Azouz.

L'ordre de marche suivi par le colonel Canrobert était parfaitement approprié au terrain. Celui de la journée du 26 décembre donnera un aperçu de ses dispositions tactiques. Il était ainsi réglé : une compagnie d'élite du 1er bataillon du 8e de ligne, précédée des guides de la colonne, suivie de la section du génie pour aplanir la route en cas de besoin, et d'une demi-section de chasseurs à pied du 5e, se servant d'armes à longue portée, 1er et 2e batailllons du 8e de ligne, l'artillerie, 2e bataillon de zouaves, l'ambulance, la cavalerie, 1er bataillon de zouaves, le train, demi-bataillon de la légion étrangère, les bagages des corps, demi-bataillon de la légion, la moitié du convoi arabe, demi-bataillon du 5e chasseurs à pied, seconde moitié du convoi arabe, demi-bataillon du 5e chasseurs, le troupeau, 8e bataillon de chasseurs. On voit tout de suite les avantages de cet habile fractionnement pour l'attaque comme pour la défense. L'artillerie, l'ambulance, le convoi, les bagages, le troupeau, sont encadrés et surveillés. Le chef de la colonne, ayant l'ennemi en tête, a sous la main une réunion de troupes toujours prête à enlever une position sans être gênée par aucun embarras, et partout où les Kabyles pourront se présenter, en face, sur nos flancs ou sur nos derrières, ils trouveront une résistance également solide et protectrice de notre marche.

Le 27, on gagna El-Haloua, en se prolongeant sous les villages de Bougrara, Haïdoussa, Tenüt-El-Abid (le défilé des Nègres), Fedjel-Cadhi, tous situés sur des penchants abrupts ou sur des rocs à pic, dans le pays le plus sauvage, le plus pittoresque, qui d'ailleurs, pour beaucoup d'entre nous, n'était pas une nouvelle connaissance. Ceux de nos camarades qui avaient fait la campagne de 1845, nous montraient sur les crêtes de gauche la trace de leur premier passage, les ruines des maisons de Haïdoussa, qu'ils avaient incendiées après un assez vif combat.

Cette journée du 27 décembre, dans laquelle on fit à peine quelques lieues, doit compter parmi les plus pénibles que nous ayons eu à supporter. L'avant-garde s'était mise en mouvement à onze heures et demie; ce fut seulement à huit heures du soir, que l'arrière-garde arriva au campement. Pendant tout ce temps-là, on avait marché lentement, en silence, par une saison rigoureuse, sans route tracée, suivant avec peine quelques sentiers escarpés, s'attendant toujours à la rencontre d'un ennemi embusqué qu'on ne peut ni prévenir ni éviter, s'offrant individuellement à ses coups, sur un terrain qui ne permet à la troupe ni de se déployer ni de se concentrer, et expose à tous les dangers qu'offre, au milieu de tels obstacles, l'allongement d'une colonne de 4,000 soldats et de 500 chevaux ou mulets, sans compter le troupeau, qui chemine homme par homme, bête par bête, et pas à pas.

Les villages que nous dépassons le lendemain : Tiskifin, Okrib, Rbieh, etc., protestent de leur obéissance. Continuant de descendre, nous apprenons que le gros bourg de Chir se dispose à résister.

Chir, situé sur la rive droite de l'Abdi et appuyé à la montagne, coupait notre route. Il fallait l'enlever de vive force ou le tourner par la hauteur, en défilant par un chemin en corniche sous le feu continu des maisons. Au moment de l'atteindre, le colonel Canrobert se porta en tête de ses troupes pour leur faire prendre position, lorsqu'on vit tout à coup les habitants en masse sortir sans armes, en nous saluant du cri bien connu de : semi, semi (amis, amis).

Afin de régler les affaires des villages que nous laissions derrière nous, on séjourna le 29 et le 30 à Chir. Le commandant aurait pu en châtier les habitants pour l'air de résistance qu'ils s'étaient donné, et que notre attitude décidée avait seule déconcerté ; mais il préféra se montrer bon et généreux, se contentant d'exiger de la paille et du grain pour les besoins de sa colonne. Il savait que la partie virile de chaque village s'échappait à notre approche pour grossir le centre de résistance qui se préparait à Narah, et il espérait bien avoir là l'occasion de faire un exemple salutaire et suffisant.

Toutes les nouvelles, à mesure que nous avancions, s'accordaient à présenter Narah, comme résolue à braver nos menaces et à se porter aux dernières extrémités. Les contingents de l'Oued Abiad étaient accourus se renfermer dans ses murs; les armes et les munitions ne manquaient pas plus que les combattants. Une position jugée inexpugnable par ceux qui l'occupaient ajoutait à l'ardeur de la défense. Du côté de l'attaque, il est vrai, l'ardeur n'était pas moins vive. Depuis notre entrée dans les Aurès, on n'avait pas tiré un coup de fusil, il n'y avait eu que des fatigues et des souffrances. On accueillait donc avec joie l'espoir d'une lutte prochaine. Il faut souvent à l'armée la distraction de la poudre pour ranimer et relever le soldat, dont le courage se détend assez vite, après de longues marches sans rencontres.

Le 30, on fit une reconnaissance dans la direction de la ville. L'ennemi ne bougeait pas, il nous attendait sur son terrain. Le lendemain, toute la colonne se mit en mouvement et vint camper sur l'Oued Abdi, un peu au-dessus du débouché du ravin de Narah, à un endroit appelé Chelma, non loin de Menah. Là, on attendit en vain les soumissions. Chaque jour, les Arabes venaient tirer sur nos avant-postes et sur les troupes envoyées en reconnaissance. D'abord ils ne nous faisaient pas grand mal, et nous ne leur répondions que faiblement, afin de ménager les munitions; mais comme ils devenaient plus entreprenants et plus dangereux, il fallut riposter, et bientôt on obligea ces nuées d'oiseaux de proie à s'envoler dans leurs montagnes. Avant de porter le coup décisif, le chef de l'expédition voulut essayer, comme à Zaatcha, d'amener l'ennemi à composition en le frappant dans ses intérêts les plus précieux, en dévastant au lieu de tuer. Il envoya, du camp des corvées armées pour détruire les magnifiques jardins fruitiers que cultivaient les gens de Narah, et qui s'étendent en gradins artistement disposés sur les pentes, jusqu'au lit de la rivière. Une pareille destruction, qui ruinait en quelques heures le fruit de longues années de travail, la principale richesse du pays, aurait dû faire fléchir les plus opiniâtres ; elle ne servit qu'à irriter, qu'à fortifier en eux l'esprit de résistance.

Dès le 3 janvier 1850, on se prépara à l'attaque de vive force. Il n'y avait plus à perdre un jour. Le temps était devenu tout à coup rigoureux, ainsi qu'il arrive dans ces contrées élevées, où la température passe souvent par les plus brusques variations. La pluie et le froid assiégeaient déjà notre petit camp, où les vivres n'abondaient pas. Le soldat, depuis quelque temps, était réduit à la ration de biscuit, qu'il faisait cuire avec la viande des maigres bœufs de notre troupeau.

Le peu de vin qu'on avait apporté si difficilement à dos de mulets devait être réservé pour les malades, et l'eau de l'Oued Abdi était presque glacée. Pour des troupes qui avaient accompli cinq mois de campagne sans relâche, ces premières atteintes de l'hiver devenaient fort pénibles. L'absence de toutes nouvelles ajoutait à la souffrance des privations une certaine tristesse, et chacun attendait avec impatience le moment de l'action comme prélude de celui du retour.

L'avant-veille du jour qui avait été fixé pour l'attaque, des chefs ennemis étant venus dans notre camp en parlementaires ; le colonel Canrobert, après les avoir engagés à se soumettre, essaya de leur inspirer une confiance trompeuse : « Je sais mieux que personne, leur dit-il, que je ne puis vous attaquer dans votre position de Narah, attendu que je n'ai ni assez de monde, ni assez de canons, mais je détruirai vos jardins, et dans trois mois, quand vos arbres seront couverts de fruits et vos champs de récoltes, je reviendrai avec des forces plus considérables et je ruinerai tout. » Puis, leur montrant une baïonnette-sabre de nos chasseurs à pied : « Comment croyez-vous pouvoir jamais résister à des armes pareilles, maniées en nombre suffisant par ceux qui les portent ? » Ces paroles, loin de convaincre des chefs fanatiques, leur donnèrent, comme on le voulait, l'idée de notre impuissance momentanée dans l'offensive, et ils sortirent de notre camp avec ces airs de dédain superbe, particuliers à un ennemi qui se croit invincible. Le 4, au matin, toutes les dispositions étaient prises pour la journée du lendemain qui devait être décisive.

Trois villages situés dans une gorge profonde, dont les eaux descendent à la rive gauche de l'Oued-Abdi, forment la ville de Narah (ville de feu). Les deux moins importants, ceux des Ouled-Sidi-Abdallah et des Dar-ben Labareth, s'allongent à droite et à gauche sur les flancs de la montagne. Au milieu, sur un rocher qui surgit du fond du ravin, comme une sorte d'île, à près de 200 pieds au-dessus du thalweg, se groupent serrées les cent maisons du village principal, Tenüt-el-Djemma. C'est la situation isolée et inaccessible de cette espèce de citadelle, qu'ils croyaient inexpugnable, qui avait donné aux gens de cette petite république une confiance bien chèrement expiée.

Avant d'arriver au village supérieur, à une élévation de plus de 500 mètres, au-dessus de l'Oued Abdi en partant du bas de la vallée, il faut gravir des pentes en gradins, dont les dernières sont de véritables escaliers étroits et tortueux taillés dans le roc. Des tours en pierres, solidement construites et disposées avec une certaine habileté, couvrent et commandent tous les abords du ravin, dans le lit duquel s'étagent avec un art remarquable de verts et riches jardins. Parvenus au haut de cette position culminante, dont le sommet est le mont Tanout, qui surplombe la ville, on voit celle-ci dans le fond d'une sorte d'entonnoir, et c'est sous le feu des habitants qu'il faut descendre presque à pic et à découvert.

Trois chemins conduisent à Narah de la vallée de l'Oued Abdi. L'un, sur la rive droite, escalade des mamelons escarpés et rocailleux, où le fantassin marche péniblement en s'aidant de ses mains, où le cavalier traîne son cheval derrière lui. Les deux autres, qui ne sont guère plus praticables, suivent les contreforts de la rive gauche et aboutissent aux maisons des Ouled-Sidi-Abdallah.

L'Oued Narah a sa source dans un col qui mène, à travers le Djebel-Lazerek, dans le bassin de l'Oued Abiad. Derrière ce col, nommé Tauzougart (le col des juiubiers sauvages), se trouvaient de nombreux villages, Tazemelt, Aïn-Roumia, Iguelfen, Taughanimt, situés sur le versant sud du Djebel-Lazerek. Les gens de Narah y avaient fait passer leurs familles, leurs troupeaux, et y avaient caché leurs biens les plus précieux, les croyant à l'abri de toute atteinte. Eux-mêmes, aidés des nombreux contingents de l'Oued Abiad, venus à leur secours, occupaient fortement leur ville.

Ces renseignements fournis par les espions de M. Seroka, chargé des affaires arabes de la colonne, déterminèrent le plan d'attaque. Trois colonnes sans bagages et pourvues de deux journées de vivres devaient surprendre et enlever les positions de Narah, à la pointe du jour, en attaquant par trois côtés différents. Si elles ne réussissaient pas à emporter le village principal par un coup de vigueur, elles remonteraient le ravin, se réuniraient vers le col, pour le franchir à tire-d'ailes et tomber à l'improviste sur Taughanimt et Iguelfen, où l'on ferait une razzia de toutes les richesses appartenant à l'ennemi. Cette opération en dehors des prévisions de la défense devait produire un effet certain. Outre qu'on atteignait Narah dans ses biens, par l'enlèvement des familles on pouvait l'amener à la soumission. Toutefois le plan n'eut pas besoin d'être exécuté comme il avait été conçu. La vaillance de nos soldats l'abrégea singulièrement.

Le 4 au soir, le colonel Canrobert réunit auprès de sa tente les chefs de corps pour leur expliquer ses projets et les détails d'exécution qu'il leur confiait ; puis, se rendant avec eux sur un mamelon de la rive droite de l'Abdi, il leur montra le faîte d'une maison se détachant des ombres de la montagne, qui indiquait seule la vraie position de Narah. Dès le matin, nos soldats avaient construit des retranchements en pierres sèches pour mettre à l'abri de toute atteinte sérieuse nos bagages et nos approvisionnements, qu'on devait laisser à la garde des hommes les moins valides, formant un effectif de huit cents hommes et appuyés par un obusier de montagne.

Ce fut une grande joie dans le camp, lorsqu'on y connut les ordres de combat pour le lendemain. Les soldats sont comme les enfants, tout changement leur plaît ; d'ailleurs, ils voyaient dans ce dernier effort qu'ils allaient tenter la fin assurée d'une existence nomade de cinq mois pleine d'épreuves et de souffrances. Chaque homme avait reçu le soir, comme gratification, une ration extraordinaire de sucre et de café. La difficulté, dans ces gorges sans routes, de faire arriver du vin, dont le soldat est toujours très friand en campagne, n'avait pas permis d'autre distribution. Le soldat le savait : aussi il se contenta de ce qu'on voulait bien lui donner. Toute la première partie de la nuit se passa à faire bouillir le café, auprès de grands feux de bivouacs ; c'était sa distraction, c'était son seul plaisir, car, dans son insouciance et avec la légèreté d'esprit qui lui est propre, il se préoccupe bien peu de la mort qui l'attend dans quelques heures. L'officier seul, plus sérieux et plus pénétré de l'importance de ses devoirs, se livre au repos pour ménager ses forces, qui lui sont bien plus nécessaires qu'à ceux qui obéissent. Trois colonnes, avons-nous dit, devaient attaquer Narah à la pointe du jour par trois côtés différents. La première, sous les ordres du colonel Carbuccia (1), composée du 5e bataillon de chasseurs, du 3e bataillon de la légion étrangère et d'une compagnie de zouaves, se réunissait, le 5 janvier 1850, vers trois heures du matin. Les hommes étaient sans sacs ; ils emportaient seulement des cartouches et des vivres roulés dans une demi-couverture de campement. On avait calculé qu'il fallait à la première colonne plus de quatre longues heures de marche pour prendre la ville à revers avant le jour. Cette troupe remonta d'abord sur un espace de près d'une lieue, le cours de l'Abdi, puis se jeta tout à coup à droite dans les montagnes ; elle était précédée de guides arabes que l'appât du gain rend capables de tout braver, et qui, marchant en avant, exposés aux premiers coups, s'acquittent hardiment de leur dangereux métier. Pendant cette lente ascension, qu'éclaira heureusement la clarté de la lune, il fallut vaincre à chaque pas de nouvelles difficultés ; on était forcé de descendre et de remonter successivement des précipices

(1) Devenu général, il fut une des premières victimes de la guerre d'Orient.

affreux, qui devenaient, à mesure qu'on avançait, plus impraticables. Plusieurs fois, on crut qu'il faudrait y renoncer, mais le coup d'œil sûr et la prompte intelligence du chef d'état-major Besson (1), rectifiant au besoin, sur un terrain qu'il devinait plutôt qu'il ne le connaissait, les mouvements incertains de l'avant-garde, surmontèrent tous les obstacles. L'ennemi, il est vrai, supprima celui qui était le plus à craindre — sa propre défense ; ne croyant pas qu'une marche en colonne fût possible à travers des rochers où il fallait se servir presque constamment des mains pour avancer, il nous laissa tourner tranquillement toutes ses positions. Nous arrivâmes ainsi, avant le lever du soleil, sur la hauteur qui contourne et domine Narah, attendant que les deux autres corps fussent engagés sérieusement avec les assiégés pour forcer l'une des entrées de la ville, et restant en même temps à portée du col que l'on devait franchir, si nous ne réussissions pas d'un seul coup de main.

Vers cinq heures, la deuxième colonne, sous les ordres du commandant Bras-de-Fer, formée du 8ᵉ bataillon de chasseurs à pied, du 1ᵉʳ bataillon de zouaves, de trente sapeurs du génie, d'une section d'artillerie de montagne, d'un détachement de chasseurs à cheval et de spahis, se mettait en mouvement vers le sentier qui gravit les pentes de la rive droite du ravin. L'ambulance et quelques mulets haut le pied venaient à la suite. Il y avait à franchir, de ce côté, l'arête flanquée par les blockhaus en pierre, puis à escalader les rochers du Tanout. L'ordre était donné de filer, sans s'arrêter et sans s'occuper des défenses. L'arrière-garde devait faire main basse sur les hommes qui s'y trouveraient. C'était une scène saisissante que cette marche dans l'ombre, à travers un pareil pays, à pareille heure. Le temps était froid, mais sec ; la plupart des hommes toussaient, les armes cliquetaient. On se demandait, non sans anxiété, comment, avec un pareil bruit, on parviendrait à tromper l'attention vigilante de l'ennemi ; mais

(1) Lieutenant-colonel, major de tranchée devant Sébastopol, atteint de deux coups de feu à l'assaut de Malakoff.

en se portant à deux cents pas sur notre flanc, l'on n'entendait plus qu'un bruit sourd, vague, que les vedettes kabyles pouvaient prendre pour le murmure de l'Abdi.

Bientôt **on** arrive au pied du mamelon où était le premier poste ; on monte **en silence**, à pas de loup : rien ne bouge. On rase le deuxième, le troisième blockhaus : rien. Tout est désert.... L'ennemi a jugé l'attaque trop difficile par le Tanout, et a cru que nous ne pouvions la tenter que par la route de Menah à Narah. Il s'est d'ailleurs souvenu que les troupes de Carbuccia avaient suivi cette route quelques mois auparavant, et, persuadé que nous ferons de même cette fois, ou plutôt que, suivant la parole du colonel Canrobert, nous reviendrons à l'époque de la moisson, il a dégarni ses embuscades. Nos soldats atteignent donc sans temps d'arrêt la base du rocher. La voie est si étroite, si rapide, que le cavalier est obligé de mettre pied à terre et de tenir son cheval par la bride : c'est un véritable escalier, dont les degrés sont taillés dans la montagne.

Dans le même temps, la troisième colonne, qui obéit au chef de bataillon de Lavarande (1), ayant auprès de lui son adjudant-major Troyon (2), chemine sur les escarpements de la rive gauche, de manière à prêter le secours de ses feux à celle qui s'élève sur la droite. Elle comprend le 2e bataillon de zouaves, le 1er bataillon du 8e de ligne, renforcés de la compagnie des grenadiers du 2e bataillon, d'une pièce de montagne et de cinquante chasseurs d'Afrique.

L'exécution de ce mouvement concentrique était complète au commencement du jour. A l'heure marquée, presque au même moment, les trois têtes de colonnes débouchaient en vue de Narah. Le chef de l'expédition avait marché au centre avec les troupes du commandant Bras-de-Fer ; il se tenait derrière le premier peloton qui servait d'éclaireur, se trouvant ainsi plus à même de diriger toutes ses forces. L'aube commençait à blanchir et, sur le fond du ciel plus clair, le Tanout dessinait

(1) Depuis général, tué devant Sébastopol.
(2) Depuis chef de bataillon, tué à la bataille de l'Alma.

sa crête nue. On vit alors assez distinctement, au-dessus de
nos têtes, des ombres se lever, se baisser... C'étaient les
vedettes ennemies, qui, entendant bruire à leurs pieds, cher-
chaient à sonder l'obscurité de la vallée et prêtaient l'oreille.
Enfin, un cri terrible d'alarme s'élève dans l'espace, la mousqueterie s'allume dans l'ombre. L'avant-garde, qui montait
avec le colonel Canrobert, se découvre ; les cris : « A la
baïonnette » retentissent ; les clairons sonnent, les tambours
battent la charge, les hommes s'élancent. A peine cependant
les musiques de la deuxième colonne ont-elles entonné l'air
enivrant de l'attaque, que celles de la première, qu'a dirigée
Carbuccia, leur répondent derrière l'ennemi. Le sommet du
Tanout, abordé résolument, est franchi ; nos soldats se précipitent vers Narah ; ils roulent comme des avalanches, leur
élan est irrésistible. Les Kabyles, qui occupaient les abords
du village, surpris, entraînés, tourbillonnent et s'enfuient, les
uns en remontant le ravin, les autres en regagnant la ville. Le
8ᵉ bataillon de chasseurs à pied, le 1ᵉʳ de zouaves, les sapeurs
du génie de la colonne du centre, se jettent à la poursuite de
ces derniers et, malgré le feu à bout portant qui part des
murailles crénelées, ils couronnent vaillamment le rocher et
les terrasses. Au même instant, des compagnies du 5ᵉ bataillon
de chasseurs, du 8ᵉ de ligne et de la légion étrangère, qui
formaient la tête de la première colonne que j'avais l'honneur
de commander, pénètrent par la porte opposée. Le commandant de Lavarande, avec le 2ᵉ bataillon de zouaves, se
jette, de son côté, dans le village des Ouled-Sidi-Abdallah,
qui forme la partie est de Narah, pendant qu'une partie du
même bataillon, avec quatre compagnies du 8ᵉ de ligne, après
avoir emporté le village des Dar-ben-Labareth, sur la gauche,
achève l'investissement de la place en coupant la route à
l'ennemi. Celui-ci essaie de remonter à travers les jardins ;
mais le commandant Levassor-Sorval, secondé par deux
officiers d'une rare valeur, les capitaines de Cargouët et Alpy (1),

---

(1) Depuis chefs de bataillon l'un et l'autre et tués devant Sébastopol.
Le brave de Cargouët, la veille de sa mort, avait par son testament

avec le 5ᵉ bataillon de chasseurs et trois compagnies de la légion étrangère, longe les hauteurs de la rive droite du ravin, et cerne aussi les fuyards, qu'un peloton de cavalerie sabrait sur la rive gauche. Rien de plus étrange ni de plus émouvant que le spectacle qui se déroulait alors sous nos yeux, et dont ne perdront jamais le souvenir ceux qui en ont été les témoins. Sur le front verdoyant de la montagne se dessinaient les dolmans bleus de nos chasseurs d'Afrique, les vêtements rouges des femmes, les burnous blancs des Arabes, tous confondus dans un pêle-mêle affreux ; les cris des soldats, les gémissements des victimes, dominés par le bruit de la fusillade, se répétaient en échos prolongés jusqu'au fond de la vallée et le soleil levant éclairait de ses pâles rayons cette scène confuse et sanglante.

Vers les neuf heures du matin, nous étions maîtres de Narah, le feu fut aussitôt mis aux maisons. En un clin d'œil, une ceinture de flammes environna la ville et, en empêchant nos troupes d'y rester, sauva beaucoup de gens qui avaient cherché un refuge dans la mosquée. Cependant il ne se fit qu'un trop grand massacre des habitants. Une fois le soldat animé par le sang, rien ne l'arrête ; la vengeance trouve alors son excuse. Quelques-uns, moins inhumains, ramenaient vers ceux de leurs camarades qui n'avaient pu prendre part au pillage des femmes et des enfants, mais en petit nombre, car il en était resté fort peu au milieu des assiégés. Une jeune fille, entre autres, avait été enlevée par des zouaves ; elle était entièrement nue, soit qu'elle eût été dépouillée de ses vêtements, soit que le temps lui eût manqué pour s'en couvrir. Les zouaves l'enveloppèrent du caban d'ordonnance, lui firent une place à leur feu de bivouac et respectèrent sa faiblesse. On remarqua aussi une autre jeune fille bien digne de pitié ; elle était d'une beauté singulière, et le fin tissu de sa robe blanche dénotait une naissance élevée. Une balle l'avait frappée en pleine poitrine, et elle s'était traînée sur la plate-

---

laissé une partie de sa fortune « à partager entre ceux de ses soldats qui seraient blessés dans l'affaire où il allait probablement succomber lui-même ».

forme d'un rocher isolé pour éviter l'incendie qui dévorait sa maison. Il fut impossible de la secourir : on l'aperçut de loin se débattant dans les angoisses de la mort et tombant, après d'affreuses souffrances, sans avoir proféré un seul cri. Un pauvre Kabyle, plus heureux, échappa miraculeusement à une mort presque certaine. Il avait été fait prisonnier, et se trouvait gardé à vue au milieu d'une compagnie de soldats. Observant ce qui se passait près de lui, il profite d'un moment favorable et se sauve à toutes jambes, mais non sans essuyer le feu de plus de trente hommes qui tirent sur lui presque à bout portant sans pouvoir l'atteindre. D'autres durent leur salut à l'humanité des chefs, entre autres, le *taleb* (1) de Menah, qui s'était glissé dans les rochers à la suite de nos soldats pour être témoin du combat, et qui, pris pour un ennemi, faillit, malgré ses innocentes lunettes de maître d'école, périr victime de sa curiosité.

Jusqu'à trois heures du soir, on occupa une partie des troupes à la destruction des villages et des fertiles jardins qui avaient été la richesse des Kabyles de Narah. La prise de la ville fut annoncée par vingt et un coups de canon qu'on dirigea contre les maisons pour en activer l'incendie. Cette décharge, retentissant dans ces hautes montagnes, portée au loin par leurs bruyants échos, annonçait à tout le pays notre victoire, qui fut saluée par les acclamations de notre petite armée.

Quand tout fut fini, les trois colonnes redescendirent ensemble les pentes qui conduisaient au camp par le chemin direct de Menah, emmenant avec elles un convoi de nos morts et de nos blessés. Ces soldats qui avaient passé une partie de la nuit à marcher, la matinée à combattre et à vaincre, la journée à tuer, incendier et dévaster, rentraient silencieux, comme si la fatigue de cette longue marche et le souvenir des cruelles émotions d'une pareille lutte eussent comprimé dans leurs cœurs, ces explosions de joie, qui suivent ordinairement le succès et qui rendent les troupes si bruyantes et si gaies. En arrivant au camp, à la nuit, chacun pensait à prendre un

---

(1) Espèce d'instituteur communal.

repos bien nécessaire; mais le temps et les ressources ne permettaient point ce repos dont le soldat goûte si bien en de pareils moments l'influence réparatrice, heureux encore si son tour de service ne l'oblige pas à veiller aux avant-postes et aux grand'gardes pour ceux qui dorment dans le camp après une journée d'épreuves et de combat.

Le lendemain, on enterra les morts, parmi lesquels se trouvaient deux officiers, tués des premiers à l'assaut de Narah. On acheva de détruire les plantations, peut-être aurait-on mieux fait de les confisquer au profit de nos alliés de Menah, et on fit sauter les blockhaus, dernières traces matérielles de la défense. Vers quatre heures du soir, la neige commença à tomber abondamment et couvrit toutes les terres. Un peu plus tôt, nous étions prisonniers dans ces montagnes infranchissables, et la saison rendait impossible ce coup de main si glorieux pour nous, si nécessaire pour la paix. Nous avions eu l'heureuse chance de profiter du dernier beau jour. C'est ainsi que la Providence joue constamment le grand rôle dans les vicissitudes de la guerre ; ce n'est pas sans raison, qu'en invoquant sa toute puissance, on l'appelle le Dieu des armées.

Nous fûmes retenus par le mauvais temps jusqu'au 10 janvier. Le colonel Canrobert en profita pour régler les affaires de Menah et du pays vaincu. Depuis notre succès, tous les principaux chefs étaient à ses pieds. Il n'en abusa pas pour leur imposer de dures conditions (1). Ceux-ci le remercièrent : « Tu es fort, lui disaient-ils, tu es généreux, sois béni ! » Dans l'intention de les tenter, le colonel leur dit : « Mais si je me trouvais seul avec un faible bataillon, séparé de mon armée, que me feriez-vous ? » Tous se turent. Un seul, plus hardi et plus franc, se jeta à ses pieds et lui dit : « Seigneur, pardonne ma franchise, mais nous ne pourrions alors surmonter notre instinct et nous t'égorgerions ! » En faut-il plus pour faire comprendre et excuser les cruelles représailles auxquelles nous étions si souvent entraînés.

(1) Il a été défendu aux gens de Narah de reconstruire leur ville détruite; ils ne peuvent bâtir qu'au pied des montagnes, sur l'Abdi même.

Le 9, on voulut reconnaître la route directe qui ramène à Batna par Tagourt, en franchissant les versants des montagnes occidentales de l'Oued Abdi, et qui avait été suivie par le colonel Carbuccia à sa dernière expédition ; mais la route avait disparu sous la neige. Nous étions forcés de redescendre la vallée jusque dans le Sahara.

Le 10 janvier au soir, nous campions à Tiloukache, après avoir traversé le matin la jolie ville de Menah, dont les habitants, depuis longtemps en rivalité avec les gens de Narah, s'étaient montrés favorables à nos armes. La population féminine, si remarquable, là, par sa beauté, et curieuse comme partout, se montrait aux fenêtres, aux balcons, pour nous voir passer.

Le *taleb*, qui avait failli payer bien cher la curiosité de voir comment les Français s'y prenaient pour enlever une position comme Narah, était à son école, où il se contentait d'apprendre à lire aux enfants. Un *taleb*, selon les Arabes, n'est pas un homme ; qu'a-t-il à se mêler aux guerriers ?

Une mère disait un jour à son mari : « Notre fille veut à toute force goûter du mariage ; c'est une rage, une frénésie, mais comment faire ? » (Les guerriers, les jeunes gens de la tribu étaient en razzia, en guerre). « Comment faire, dit le père, donnons-là au *taleb*, en attendant que nous puissions la donner à un homme. »

Il n'y a pas de position plus pittoresque que celle de Menah, s'élevant au-dessus de l'Abdi, avec sa ceinture de vergers plantés et étagés comme des escaliers. La principale mosquée de la ville est une ancienne église chrétienne. Il y a encore des inscriptions sur les piliers qui soutiennent la toiture de l'édifice. Il s'y trouve aussi de nombreuses traces de constructions romaines, dont les lettres que nous parvenions à déchiffrer, nous montraient qu'une pensée, comme un reflet de l'immortalité, avait survécu à la ruine même d'un empire.

Le 11, nous allions camper à Gueddila, riante oasis située au-dessus de celle de Djemora, qui compte près de cent mille palmiers. En atteignant, le lendemain, l'oasis des Beni-Souck, un spectacle aussi charmant qu'inattendu s'offrit à nos regards :

nous nous trouvions tout à coup au milieu de la plus riche
végétation, au sortir des affreux rochers à travers lesquels
nous n'avions cessé de cheminer depuis notre départ. Dans
cette oasis, que baigne l'Abdi, les habitants font couler l'eau
d'un côté de la rivière à l'autre au moyen de troncs de
dattiers creusés et soutenus par des poteaux. Des vignes et
d'autres plantes s'enlacent à ces aqueducs aériens et jettent
entre les arbres des deux rives, une arcade de verdure, de
fruits et de fleurs. Le torrent, au milieu duquel la colonne se
frayait un passage, formait çà et là de larges miroirs qui réflé-
taient à nos pieds cette magnifique décoration. A Narah, nous
laissions l'hiver; nous trouvâmes l'été à Gueddila, et surtout
à Branis, où nous bivouaquâmes le 12.

C'est au mois de mai que le voyageur, allant prendre l'Abdi
à sa source, et le descendant jusqu'à l'endroit où il se perd
dans les sables, près de Biskara, serait témoin de merveilleux
contrastes. Au pied du Tenüt-Ressas, la neige couvre encore
les champs, dans les jardins de Bahli, plus de neige, mais le
sol est sans végétation ; à Menah, la terre prend déjà cette
teinte verte du blé qui commence à pousser ; à Djemora, les
tiges sont élevées, les épis se forment ; à Branis, ils commencent à jaunir; à Biskara, on moissonne. Ainsi, dans l'espace
de deux journées de cheval, on verrait, comme dans un dio-
rama, se succéder toutes les saisons.

Le 13, la colonne quitta la vallée de l'Abdi, en laissant Biskara sur notre gauche, pour gagner El-Outaïa, un des premiers
postes que l'on rencontre à l'entrée du désert. El-Outaïa a été
privé, par les malheurs de la guerre, de son antique forêt de
palmiers, et n'offre plus qu'un triste et misérable aspect. Nous
y apprîmes du vieux Dheïna, un de nos plus fidèles serviteurs
dans ces lointains parages, que dans la nuit du 5 au 6, il avait
observé dans l'Aurès, une grande teinte rouge de sang. Déjà
l'on faisait courir des bruits fâcheux sur l'expédition. Dheina
fit éveiller tout son monde, et lui dit : « Regardez, voici
Narah qui brûle ! Allons dormir tranquilles sous nos tentes, la
paix est rétablie dans le pays. »

D'El-Outaïa, nous repassâmes par El-Kantara. Longtemps

avant d'atteindre ce défilé, une des portes du désert, nous aperçûmes les montagnes du Tell, que couronnaient de gros nuages amoncelés sur leurs hautes cimes, lorsqu'un ciel d'une pureté éclatante éclairait de ses feux les autres points de l'horizon. Les chefs Arabes qui nous accompagnaient, nous rappelèrent à ce sujet, une de leurs légendes : Le Tell ayant un jour voulu épouser la plaine du Sahara, celle-ci le repoussa en disant : « Comment, moi qui suis une jeune fille toujours souriante, aux yeux bleus et pleins de rayons, j'irais épouser un homme sombre et maussade comme toi, dont le front est toujours chargé de nuages ! Une pareille union ne pourra jamais me convenir. »

Nous retrouvâmes à Ksour la neige et l'hiver. Enfin le 16 janvier 1850, nous étions de retour au chef-lieu de la subdivision, où nous retrouvions le repos, qui nous était bien nécessaire, mais sans les charmes et les distractions des autres villes de l'Algérie.

A Batna, qui a pris depuis une certaine importance par le voisinage de Lambessa, devenu un lieu de déportation, mais qui n'offrait alors qu'un assemblage de baraques et de tentes, un beau lion apprivoisé se promenait dans les rues ; les soldats du camp aimaient à jouer avec lui et à le caresser. Il se tenait ordinairement dans le voisinage de la demeure du commandant supérieur, où on lui portait régulièrement à manger. Ce lion captif et soumis, heureux de vivre au milieu de nous, était l'image assez fidèle du triomphe de la civilisation française sur la barbarie des Arabes. Dès cette époque, en effet, après la prise et la destruction de Zaatcha et de Narah, la France était maîtresse de tout le pays qui s'étend du littoral de la mer à l'intérieur du désert, entre les deux états de Tunis et du Maroc, à l'exception de la Kabylie proprement dite. Cette partie de l'Algérie, réservée pour les derniers coups, comme la plus difficile à soumettre, a été depuis, presque chaque année, le théâtre de nouveaux exploits pour notre armée d'Afrique. La guerre d'Orient avait seule reculé la fin de cette lutte, que le maréchal Randon aura l'honneur de terminer, car, à en juger par les dernières opérations, dont l'épisode que nous venons de raconter aura du moins pu servir à donner une idée, la Kabylie subit à son tour l'ascendant de notre force et se soumet à notre influence, après avoir offert une victoire de plus aux frères d'armes qui nous ont remplacé sur cette terre d'Afrique, où ne cessent de les suivre nos souvenirs et nos vœux.

CHARLES BOCHER.

(*Revue des Deux Mondes* du 15 juin 1857.)

DOCUMENTS HISTORIQUES

Lettres retrouvées, depuis la victoire de l'Alma jusqu'à l'armistice (1854-1855).

———

Après la bataille de l'Alma, au général Canrobert.

<table>
<tr><td>ESCADRE
de
LA MÉDITERRANÉE
—
Cabinet
du
Commandant en Chef
—</td><td>A bord du Montebello, 9 septembre 1854.

Mon cher Général,</td></tr>
</table>

Quel beau triomphe vous était réservé! Quelle douleur, cependant, de vous voir blessé! Heureusement que l'on me rassure sur la gravité de la blessure. Recevez, je vous prie, l'expression de ma vive sympathie et mes félicitations bien sincères.

Vice-Amiral BRUAT.

ARMÉE D'ORIENT
—
*Cabinet du Général
commandant en chef.*

Au quartier général devant Sébastopol,
21 novembre 1854.

Mon cher Bocher,

J'ai reçu vos deux aimables lettres ; elles m'ont fait grand plaisir et je vous en remercie cordialement. Continuez à me donner de vos nouvelles. Ménagez bien votre santé, mon excellent Bocher, et croyez à toute mon amitié pour vous.

Général Canrobert.

Les Russes sont de bons soldats ; mais les soldats de France et d'Angleterre valent beaucoup mieux ! Si la victoire de l'Alma n'était pas là pour le prouver, celle d'Inkermann devrait suffire : nos ennemis y ont perdu plus de 15,000 hommes tués ou blessés !!!

ARMÉE D'ORIENT
—
*Cabinet du Général
commandant en chef.*

Au quartier général devant Sébastopol,
21 décembre 1854.

Mon cher Bocher,

J'ai reçu votre aimable lettre du 2 de ce mois ; elle m'a vivement intéressé, comme celles qui l'avaient précédée. Continuez, je vous prie, à me tenir au courant des faits et gestes de cette société parisienne que vous connaissez bien, et donnez-moi souvent de vos bonnes nouvelles.

Ici, nous avons fait, jusqu'à présent, ce que nous avons pu ; les renforts qui nous arrivent nous permettront, je l'espère, de faire ce que nous voudrons.

Je vous serre bien affectueusement la main.

Général Canrobert.

ARMÉE D'ORIENT
—
*Cabinet du Général
commandant en chef.*

Au quartier général devant Sébastopol
le 11 février 1855.

Mon cher Bocher,

Vos intéressantes lettres me font toujours le plus grand plaisir ; je vous en remercie très cordialement en vous priant de les continuer.

Je comprends l'impatience où l'on est de voir tomber Sébastopol, et le plus impatient, c'est moi ; mais je ne suis pas le bon Dieu, et ce n'est pas de ma faute si, au lieu du roseau que l'on croyait pouvoir facilement déraciner, on a rencontré un chêne au vaste tronc et aux profondes racines !!! Quoi qu'il en soit, l'énergie et la confiance que mes vaillants soldats conservent au milieu des plus rudes épreuves que jamais armée ait eu à subir, me font espérer un heureux résultat final.

Quant à moi, mon cher Bocher, je connais trop les hommes et leurs petites passions pour ne pas être persuadé que je suis en butte à bien des attaques dans notre chère capitale ; je ne m'en étonnne ni ne m'en afflige. Ma devise a toujours été : « Fais ce que dois, advienne que pourra ! »

Villars, quittant Louis XIV pour se rendre à la tête de ses armées, lui disait : « Sire, je vais combattre les ennemis de Votre Majesté, et je vous laisse au milieu des miens. » Ceci est toujours vrai.

Mais les preuves de dévouement, de confiance, etc., que mes braves soldats ne cessent de me donner au milieu de leurs souffrances et de leurs dangers, me consoleraient, et au delà, des attaques des Zoïles, si j'avais la faiblesse de m'en affliger !

Que désirez vous faire ? Je suis à votre disposition.

Tout à vous d'estime et d'amitié.

Général Canrobert.

Ne m'oubliez pas auprès de Mme Berney (1) et de la famille Aguado (2).

(1) Née Montebello.
(2) Famille du richissime banquier espagnol, marquis de Las Maris-

ARMÉE D'ORIENT   Au quartier général devant Sébastopol
—   le 25 février 1855.

Cabinet
du Commandant en Chef.

Mon cher Bocher,

J'ai reçu votre intéressante lettre du 10. Je vous en remercie cordialement et suis réellement touché des preuves d'affection que vous ne cessez de me donner.

Je vous disais dans ma dernière lettre, et je vous le dis encore, que je suis à votre disposition pour vous aider à être employé selon votre désir. Ai-je besoin d'ajouter que si vous pensiez qu'il vous fût utile d'être auprès de moi, j'en serais très satisfait, mais la position pourrait être précaire, et je serais désolé de vous avoir nui.

Croyez, mon cher Bocher, à toute mon affection.

Général Canrobert.

Des Bains de Pietropolo (Corse), 6 mai 1855.

A Monsieur le général Canrobert, commandant en chef l'armée d'Orient, par Sébastopol.

Mon Général,

Je suis, avec autant d'émotion que si j'étais sous Sébastopol, les péripéties de votre lutte. Croyez que j'aurais été heureux de servir sous vos ordres, sans les raisons politiques qui n'ont

mas, près de laquelle les célébrités de France et d'Espagne recevaient le plus généreux accueil. La comtesse de Montijo et sa fille, avant son mariage avec l'empereur, étaient des intimes de la maison de Mᵐᵉ Aguado. La jeune marquise de Las Marismas, sa belle-fille, fut une des dames d'honneur de l'impératrice Eugénie qui, dans ses grandeurs fut toujours très fidèle, avec une noble simplicité, à ses amitiés de jeunesse.

pas permis à l'Empereur de suivre les mouvements de son bon cœur pour moi.

Quoi qu'il en soit, je m'applaudirai de votre triomphe, comme si j'avais l'honneur de faire partie de votre armée et je vous prie d'agréer mes vœux pour que ce soit bientôt et complètement, comme nous avons lieu de l'espérer de vous et des meilleurs soldats que vous commandez.

Je viens d'apprendre l'attentat horrible et insensé dont l'Empereur est sorti avec une popularité plus grande encore, si c'est possible, que celle qu'il inspirait déjà.

Agréez, mon Général, je vous prie, mes souhaits et l'expression cordiale de mon attachement et de ma profonde considération.

Pierre Napoléon Bonaparte.

Démission du général Canrobert, adressée à l'empereur par dépêche télégraphique.

Crimée, 1ᵉʳ mai, dix heures du matin.

Ma santé et mon esprit, fatigués par une tension constante, ne me permettent plus de porter le fardeau d'une immense responsabilité. Mon devoir envers mon souverain et mon pays me force à vous demander de remettre au général Pélissier, chef habile et d'une grande expérience, la lettre de commandement que j'ai pour lui. L'armée que je lui laisserai est intacte, aguerrie, ardente et confiante. Je supplie l'empereur de m'y laisser une place de combattant à la tête d'une simple division.

Réponse du maréchal Vaillant au télégramme du général Canrobert.

L'empereur accepte votre démission ; il regrette que votre santé soit altérée. Il vous félicite du sentiment qui vous fait demander de rester à l'armée ; vous y commanderez non pas une division, mais le corps du général Pélissier. Remettez le commandement en chef à ce général.

Proclamation de Canrobert à son armée.

Soldats,

Le général Pélissier, commandant le premier corps, prend à dater de ce jour, le commandement en chef de l'armée d'Orient.

L'empereur, en mettant à votre tête un général habitué aux grands commandements, vieilli dans la guerre et dans les camps, a voulu nous donner une nouvelle preuve de sa sollicitude et préparer encore davantage, les succès qui attendent, sous peu, croyez-le bien, votre énergique persévérance.

En descendant de la position élevée où les circonstances et la volonté du souverain m'avaient placé, et où vous m'avez soutenu, au milieu des plus rudes épreuves par vos vertus guerrières et ce dévouement confiant dont vous n'avez cessé de m'honorer, je ne me sépare pas de vous.

Le bonheur de partager, de plus près, vos glorieuses fatigues, vos nobles travaux, m'a été accordé, et c'est ensemble, que, sous l'habile et ferme direction du nouveau général en chef, nous continuerons à combattre pour la France et pour l'empereur.

Au grand quartier général, devant Sébastopol, le 19 mai 1855.

Le Général en chef,

CANROBERT.

En même temps, le général Pélissier s'adressait à l'armée dont il prenait le commandement, par l'ordre suivant :

.....Je suis certain d'être l'interprète de tous, en proclamant que le général Canrobert emporte tous nos regrets et toute notre reconnaissance. Aucun de vous, soldats, ne saurait oublier ce que nous devons à son grand cœur. Aux brillants souvenirs d'Alma et d'Inkermann, il a ajouté le mérite plus grand encore, peut-être, d'avoir conservé à notre souverain et à notre pays, dans une formidable campagne d'hiver, une des plus belles armées qu'ait eues la France. C'est à lui que vous devez d'être en mesure d'engager à fond la lutte et de triompher et, si, comme j'en suis certain, les succès couronnent vos efforts, vous saurez mêler son nom à vos cris de victoire.

Il a voulu rester dans vos rangs, et, bien qu'il pût prendre un commandement plus élevé, il n'a voulu qu'une chose, se remettre à la tête de sa vieille division,

J'ai déféré aux instances et aux inflexibles désirs de celui qui était naguère notre chef et sera toujours mon ami.....

Dans cette même journée, le général Canrobert écrivit deux lettres : l'une au maréchal Vaillant, l'autre à l'empereur.

A Monsieur le maréchal Vaillant, ministre de la Guerre.

Au quartier général, devant Sébastopol, le 19 mai 1855.

Monsieur le Maréchal,

J'ai remis aujourd'hui au général Pélissier, conformément à l'autorisation qu'a bien voulu m'en donner l'empereur, le commandement en chef de l'armée.

Je donne par ce courrier en détail, à Sa Majesté, les raisons qui m'ont conduit à prendre cette détermination. Devant des difficultés sans cesse renaissantes et qui, *en dehors* de mon armée, rendaient chaque jour ma tâche plus lourde, il m'a paru que je devais avant tout remplir l'impérieux devoir de remettre la direction suprême à un officier général que son âge, ses antécédents militaires, sa capacité, la fermeté de son attitude et de son esprit recommandaient à la confiance de l'armée, en même temps qu'ils le rendaient plus propre que moi à surmonter les difficultés inhérentes à la juxtaposition d'armées alliées ayant chacune *leur chef* indépendant.

L'armée que je lui laisse, Monsieur le Maréchal, est sortie des plus rudes et périlleuses épreuves plus belle, plus remplie d'ardeur et de confiance. Elle honore la France et n'a cessé d'être pour moi une source des plus nobles consolations pour le dévouement dont elle m'a entouré jusqu'à ce jour. Elle est prête à accomplir les plus grandes actions que lui commanderont le service et la gloire de l'Empereur.

Personnellement, je vous prie, Monsieur le Maréchal, d'obtenir de Sa Majesté la confirmation de la disposition par laquelle le général en chef Pélissier m'a rendu le commandement de mon ancienne division (1re du 2e corps). Je suis bien assuré que je n'ai pas à expliquer et justifier ici le sentiment qui m'a inspiré cette demande à la réalisation de laquelle j'attache le plus grand prix......

La lettre destinée à l'empereur, était ainsi conçue :

« ..... Le peu d'effet relatif produit contre Sébastopol par les nombreuses et excellentes batteries des alliés, la non attaque de nos lignes extérieures par les troupes ennemies, la réouverture du feu, attaque qui paraissait très probable et sur laquelle j'avais fondé des espérances d'un succès plus décisif que celui d'Inkermann, les ardues difficultés que je viens d'éprouver pour préparer l'exécution du plan de campagne de Votre Majesté devenu presque impossible par la non coopération du chef de l'armée anglaise, la position très fausse que m'a créé ici, vis-à-vis des Anglais, le rappel subit de l'expédition de Kertch, à laquelle, je l'ai su depuis, ils attachaient une importance capitale, les exceptionnelles fatigues morales et physiques auxquelles, depuis neuf mois, je n'ai pas cessé un seul instant d'être soumis : toutes ces raisons, Sire, ont produit dans mon âme une conviction, celle que je ne devais plus diriger, désormais, en chef, une immense armée dont j'avais su conquérir l'estime, l'affection et la confiance...... »

Cette noble conduite de Canrobert, qui abandonnait toutes les prérogatives du commandant en chef et rentrait dans le rang, causa une profonde impression en France comme en Crimée. Tout le monde le loua et l'admira.

Le général Thiry rendait ainsi compte de cet important événement :

« Vous savez que notre général a abdiqué. Il dit qu'il ne s'entendait plus avec lord Raglan, ou du moins que leurs rapports étaient devenus très difficiles. surtout depuis l'avortement de l'expédition de Kertch, et qu'il a mieux aimé sacrifier sa position que d'y rester pour être une cause d'embarras et pour nuire au bien général et à la bonne direction des affaires.

» Le général Canrobert *est un brave homme* et un *homme de cœur*. Il n'a même pas voulu commander le 1er corps ; il reprend son ancienne division. *C'est une conduite romaine.* »

Le 20 mai, Canrobert adressait cet ordre à son ancienne division :

« Mes camarades de la 1re division, vous m'avez donné, dans les circonstances les plus rudes et les plus glorieuses, tant de preuves de dévouement ; vous m'avez inspiré une si grande confiance qu'en quittant volontairement et par devoir pour mon pays le commandement en chef d'une armée de 130,000 hommes, j'ai tenu à l'honneur de redevenir votre chef direct et de combattre à votre tête les ennemis de la France et de l'empereur. »

Lettre du Maréchal Bosquet, en réponse à celle que je lui avais écrite pour le Général Canrobert.

ARMÉE D'ORIENT   le 30 mai 1855.
2me CORPS
—
Cabinet.

Mon cher Bocher,

C'est un wagon anglais qui a fait explosion sur le chemin de fer, à hauteur de l'ambulance de la division Camon. Pas de blessés. Il y avait un peu de poudre qui tamisait et que des roues ont enflammée. Merci de vos nouvelles sur Omar Pacha, qui est bien heureux de pouvoir rompre quand il est ennuyé. Mes plus vieilles amitiés au général Canrobert, et tout à vous bien affectueusement.

Général Bosquet.

Nous venons d'enlever, au fond du ravin de Carenage, treize caisses de poudre organisées en forme de barrages, et communiquant par des tubes chargés de compositions. Une colonne, en marchant, devait faire éclater tout cela. Une gentille invention, qu'ils ont dû mettre un peu partout, mais on sera prévenu.

Lettre au général Canrobert.

Grand quartier général, vendredi soir, juillet.

Mon général,

Schmitz (1) que je viens de voir me dit que vous ne saviez pas aujourd'hui à quatre heures, que lord Raglan fût mort ; ce n'est malheureusement que trop vrai ; il avait une diarrhée depuis huit jours, qui l'avait beaucoup affaibli ; cependant, hier matin, il allait beaucoup mieux et on le considérait comme en bonne voie ; vers les cinq heures, il a eu une forte douleur à la poitrine, et à huit heures et demie il s'est éteint ; les médecins attribuent sa mort à l'épuisement moral plus qu'à des causes physiques ; on doit transporter son corps en Angleterre et il sera probablement embarqué dimanche ; il n'y a encore rien d'arrêté à ce sujet, mais aussitôt que quelque chose sera décidé,

(1) Schmitz, alors capitaine à l'Etat-major général, chef de l'état-major de la défense de Paris, en 1870, après avoir été celui de l'expédition de Chine, devenu général de division, a commandé le 13ᵉ corps d'armée ; mort à Paris, le 2 février 1892.

vous pouvez être assuré que je vous en préviendrai ; nous avons tous été tellement abasourdis de cet événement que je n'ai pas songé à vous écrire plus tôt ; j'aurais été vous voir, mais je suis revenu du bord, il y a trois jours seulement, et je ne suis pas encore très fort.

Croyez toujours, mon général, à l'assurance de mon profond respect et de mon entier dévouement.

Signé : W. Claremont.
Capitaine attaché militaire anglais à l'état-
major du commandant en chef de l'armée
française.

Paris, 18 juillet 1855.

Monsieur le général de division Canrobert.

Mon cher général,

Non, certes, je n'ai pas oublié cette heureuse époque de confraternité militaire, dont vous me parlez dans votre bonne lettre du 29 juin dernier et qui sera un des souvenirs les plus agréables de ma carrière de marin.

Je n'ai oublié ni le début de nos relations à Varna, ni l'exploration que nous avons effectuée ensemble, à bord du *Primauguet*, pour reconnaître les plages du Vieux-Fort, où, quelques jours plus tard, 60.000 hommes étaient jetés à terre, en un tour de main ; là où ,vous et moi, nous leurs plantions leurs drapeaux de ralliement.

Je n'ai pas oublié, non plus, la reconnaissance de la Bulakanac et de l'Alma, où, me montrant le plateau élevé de l'extrême rive gauche de cette rivière, que la droite de notre armée a si bien escaladée le 20 septembre, vous me recommandiez de la faire balayer avant la bataille par deux ou trois vapeurs, ce qui a déconcerté Mentchikoff, d'après son propre rapport. Ces choses-là ne s'oublient pas, mon cher général, surtout quand on les accomplit avec une communauté de pensées, de sentiments militaires et, le dirai-je, quelque peu chevale-

16

resques dans le caractère. Je dis chevaleresque, mon cher général, mais, pour vous, est-ce bien le mot? Rend-il suffisamment cette abnégation, ce dédain du commandement suprême, cette vertu antique que vous avez ressuscitée et qui vous a élevé à la hauteur des hommes de Plutarque, pour me servir de l'expression de Montalembert, à qui le gouvernement (et cela ne m'a pas peu étonné) a laissé le soin de le proclamer à la tribune?

Quant à moi, je suis en disponibilité, et, pour nourrir cette activité fébrile que vous me connaissez, on m'a donné un double travail, pas mal considérable à mener à bonne fin.

C'est, d'abord, la refonte de notre tactique navale, qu'il est urgent d'approprier aux évolutions d'une flotte à vapeur, desquelles ma cervelle accouche, comme une Minerve tout armée, en ce moment, et qui n'ont pas grande analogie avec les évolutions d'une flotte à voile.

C'est, ensuite, la création d'une flotte de transport de guerre, à vapeur, pouvant, au besoin, porter une armée de 50,000 hommes, cavalerie, artillerie, etc., etc... rien que cela...

Tout cela est, en effet, très important, mais, parfois, l'air du bureau m'étouffe et me fait fort regretter celui de ma dunette de la *Ville-de Paris,* où vous m'avez vu si souvent donner des ordres à coups d'étamine et qui a été sur le point, l'ingrate, de m'enfouir sous ses débris, le 18 octobre.

Adieu et bonne chance, mon cher général ; je suis avidement, d'ici, tous les faits et gestes de notre armée et particulièrement les vôtres, car tout ce qui pourra vous arriver d'heureux fera mon propre bonheur. Une cordiale poignée de mains à travers les mers.

Amiral comte BOUET-WILLAUMEZ (1).

Le général Pélissier ayant reçu du ministre de la Guerre la dépêche suivante : « Dites au général Canrobert que l'empereur, pour raison de santé, l'engage à revenir en France »,

(1) Gouverneur du Sénégal, vice-amiral en 1866, écrivain militaire, mort à Maisons-Laffitte, le 20 septembre 1871.

le commandant de la 1re division du 2e corps répondit, le 26 juillet, de la tranchée où il était de service :

« L'état de ma santé, quoique mauvais, ne peut encore paralyser mon activité. En acceptant ma rentrée en France, pour cette raison, je donnerais à notre armée un mauvais exemple, et je me pique de ne lui en avoir jamais donné que de bons. Si Sa Majesté l'Empereur et vous, mon général, pensez que la dignité du commandement supérieur ait à souffrir de la modeste position qu'occupe celui qui fut pendant si longtemps le général en chef de notre immense armée, et si vous croyez que sa présence en France puisse être plus utile au service du pays, veuillez ordonner et je m'inclinerai devant votre décision. »

A la suite de cette lettre, par une dépêche de l'Empereur, du 28 juillet, le général Canrobert reçut l'ordre de revenir en France.

Lettre du général Morris, commandant en chef la cavalerie de l'armée d'Orient.

2 Août 1855.

Mon cher capitaine Bocher,

Je reçois seulement à 9 heures votre lettre du 31. Enchanté de voir partir le général Canrobert, parce que j'espère qu'on le fera ministre, et que nos affaires en iront beaucoup mieux. Dans tous les cas, il ne se fera pas tuer à la droite, et j'en avais une grande inquiétude. Faites-lui un million de compliments de ma part ; je lui souhaite bon voyage et bonne chance.

Vous ne me dites pas si vous restez ou si vous partez ; dans cette dernière hypothèse, je vous charge de mes amitiés pour Mme (1) et M. de Vatry, et je vous serre la main de tout mon cœur.

Votre tout dévoué,

Général Morris.

(1) Mme de Vatry, une des élégantes beautés de la société parisienne, comme sa mère, la baronne Hainguerlot, l'avait été sous le Directoire, le Consulat et l'Empire.

Lettre du duc d'Aumale.

Twickenham, 2 août 1855.

Mon cher capitaine, je profite d'une occasion que j'ai lieu de croire sûre, pour vous remercier de votre bonne lettre du 2 juillet, que le prince Edouard (1) m'a fait remettre il y a deux ou trois jours. Je n'ai pas encore revu ce brave et digne ami qui, en véritable Anglais, s'est précipité aux courses, à peine arrivé ; mais il viendra dîner ici la semaine prochaine, et nous causerons longuement ensemble. J'ai soif de l'entendre, car je n'ai pas besoin de vous dire que l'armée, la guerre, la Crimée, sont nos constantes, je dirais presque nos uniques préoccupations. Cependant, c'est en tremblant que j'ouvre le matin mon journal, et surtout mes lettres (car on est loin de tout savoir par les journaux) ; je crains toujours d'y apprendre encore la mort de quelque ami, de quelque bon et brave camarade. Je ne saurais vous dire ce que m'a fait éprouver celle du général Lavarande ; j'avais la plus haute idée de son mérite, la plus parfaite estime pour son caractère, la plus véritable affection pour sa personne. A part les coups qui ont si cruellement frappé ma famille, je ne crois pas en avoir ressenti un pareil depuis la mort du pauvre Doulcet. Aussi suis-je fort triste, et mon vieux fond de gaieté naturelle commence à s'épuiser ; je ne puis me faire à l'idée que mes camarades se battent et meurent sans que je sois au milieu d'eux. La guerre faite sans nous est toujours ce que j'ai redouté le plus depuis la révolution de février ; je m'étais presque habitué au reste ; je ne me fais pas à cela, et la pensée que d'autres n'ont pas pris la place que nous occupions jadis dans les rangs de l'armée n'est qu'une bien faible consolation. Cependant, je travaille pour tâcher de prendre patience, mais je n'y réussis guère.

(1) Prince Edouard de Saxe-Weimar-Eisenach, général d'infanterie britannique, en retraite, colonel du 1er régiment des Life Guards.

Je ne néglige aucune occasion ici pour défendre votre général, envers lequel je trouve qu'on a été fort injuste, bien qu'on commence à l'être moins et que son désintéressement ait été l'objet de l'admiration générale. Je n'attaque pas son successeur, pour lequel j'ai aussi beaucoup d'estime et d'affection ; mais je défends de toutes mes forces le général Canrobert. Il peut y avoir eu des erreurs commises ; les plus grands capitaines ont fait et reconnu qu'ils avaient fait des fautes ; le succès à la guerre appartient à ceux qui en font le moins et surtout à ceux qui profitent le mieux de celles des autres. Mais je soutiens que les déceptions que l'on a rencontrées en Crimée tiennent à des causes qu'il est inutile d'énumérer ici et qui sont pour la plupart indépendantes des généraux commandant les troupes.

Je ne vous donne pas de nouvelles de votre frère Edouard, que j'ai eu le plaisir de revoir il y a peu de temps et pour lequel j'éprouve une estime et une affection chaque jour croissantes. Je suis bien charmé d'apprendre que toute la portion guerrière de votre famille est en bonne santé ; je fais des vœux pour que cela dure, et je jouis bien de l'excellente figure que vos frères et vous faites à l'armée. Je ne puis vous cacher que, malgré tout ce que vous devez souffrir, je vous envie bien un peu.

Par une prudence dont vous comprendrez le motif, je ne veux pas reproduire ici la liste de noms aimés que contenait votre lettre ; veuillez remercier cordialement, *bien cordialement*, de ma part et de la part de tous les miens, tous ceux qui nous gardent un souvenir, et croyez-moi toujours

Votre affectionné,

H. d'Orléans.

Quelle affreuse chose que la mort du jeune Roger ! Les pauvres parents.

29 août 1855.

Mon cher Bocher,

Votre aimable lettre du 10 m'est parvenue au milieu du tourbillon des fêtes données à Sa Majesté la Reine d'Angleterre, tourbillon dans lequel j'étais naturellement englobé, et qui absorbait tous mes instants, au point de m'enlever même la possibilité d'aller voir ma famille. Sa Majesté Britannique vient de retourner dans ses royaumes, accompagnée par les acclamations des Français, et emporte de l'accueil qu'elle a reçu le plus agréable souvenir. Je ne crois pas, en effet, que jamais monarque ait été l'objet d'ovations aussi courtoises !

Nous avons appris la bataille du 16 (1), et, bien qu'il paraisse *de loin* que l'on n'a pas retiré de la victoire tout le fruit possible, nous nous en sommes fort réjouis !

On se hâte de diriger sur la Crimée hommes et munitions considérables de guerre : puissent ces renforts amener la prise du sud de la ville !

Le peuple de Paris m'a reçu avec des démonstrations bruyantes d'une telle sympathie que j'en ai été presque embarrassé ! Je quitte demain la capitale pour aller assister aux séances du Conseil général du Lot. A mon retour, j'irai voir votre noble famille et la mienne.

Je vous embrasse, mon cher Bocher, en vous priant de me rappeler au souvenir de vos aimables commensaux.

Général CANROBERT.

Capitaine Charles Bocher, à l'état-major du général Bosquet.

(1) Bataille de Traktir.

Paris, 14 septembre 1855.

Mon cher Bocher,

Je rentre à Paris, après avoir assisté aux séances du Conseil général du Lot; j'y trouve votre bonne lettre du 27 août et ne veux pas perdre un moment pour vous remercier et vous prier de me tenir au courant de ce que continuent à faire de beau mes vieux compagnons d'armes, vers lesquels se portent sans cesse mes plus chers souvenirs, et auxquels je suis heureux de renvoyer l'accueil réellement enthousiaste dont j'ai été l'objet, tant à Paris que dans tous les lieux de France que j'ai traversés.

Je n'ai pas besoin de vous dire combien je me réjouis de la prise de Sébastopol. J'espère que la blessure de mon noble ami, le général Bosquet, n'aura pas de suites fâcheuses; Dieu le veuille!

Mes amitiés à vos camarades.

Tout à vous de cœur.

Général CANROBERT.

Extrait du Journal de Genève, *sur le maréchal Canrobert.*

Un de ses lecteurs lui écrit la lettre suivante :

C'était en 1856. Le général Totleben était à Vevey. J'eus l'honneur de passer la soirée avec lui chez mon beau-père, M. de B. Simple; modeste et bonhomme, il nous donna une foule de détails curieux sur sa défense de Sébastopol.

Nous lui demandâmes son opinion sur les généraux français qui furent ses vainqueurs, lui indiquant que le jugement de l'opinion publique, en France, portait très haut le maréchal Pélissier, parce qu'il avait pris Malakoff, en rabaissant plutôt l'œuvre de son prédécesseur Canrobert.

« Ce jugement est fort injuste, nous dit alors le général

Totleben. Le maréchal Pélissier a reçu, à la fin du siège, des troupes fraîches avec autorisation d'en sacrifier autant qu'il le faudrait, mais de prendre Malakoff, et il a pris Malakoff. Tout autre, dans ces conditions, en eût fait autant.

« Mais Canrobert a fait ce que jamais Pélissier n'eût su faire. Pendant deux hivers, sous notre terrible climat russe, sous notre feu, il a su nourrir et conserver ses troupes, veiller sur leur santé, maintenir leur énergie morale et les préserver de la défaillance qui atteint si facilement le soldat loin de sa patrie. Voilà ce que je trouve bien plus digne que l'assaut de Malakoff. »

Et quand, quelques jours après cette soirée, Totleben vint nous faire ses adieux, avant de se rendre à Paris, où il devait être l'idole de tous les salons du grand monde, il nous répéta encore « que l'homme qu'avant tous, il se réjouissait d'y voir, était le maréchal Canrobert, qui était, selon lui, le véritable héros français de la guerre de Crimée ». Ce jugement surprendra, peut-être ; je n'ai pas qualité pour savoir s'il est fondé, mais je puis certifier que ce fut celui du général Totleben, puisque je l'ai entendu de sa bouche.

Suite de lettres avant et après la guerre d'Orient (1840-1895).

MINISTÈRE DE LA GUERRE

—

Direction Générale
du Dépôt de la Guerre.
(6 avril 1843.)

La relation très complète dans laquelle M. Bocher, lieutenant, rend compte, jour par jour de l'expédition de Médéah en 1840, est remplie de détails intéressants et donne une idée très exacte des divers mouvements et opérations militaires qui ont concouru à assurer le succès d'une entreprise dans laquelle S. A. R. le duc d'Orléans avait une part si glorieuse.

M. Bocher, qui a assisté à cette campagne, en qualité d'officier d'ordonnance du général de la Moricière (1), fait avec autant de tact que de clarté, le récit des divers événements dont il a été le témoin oculaire. Sa rédaction est d'un style très pur et correct.

(Cette relation a été soustraite des archives de la guerre; ce qui m'a privé, à mon grand regret, de pouvoir la publier.)

Lettre du maréchal, comte Valée, gouverneur de l'Algérie, commandant en chef l'expédition de Médéah, 1840.

Paris, le 7 mai 1843.

Monsieur Charles Bocher, lieutenant,

Vous me rappelez, Monsieur, par la lettre que vous m'avez fait l'honneur de m'écrire, que venu en Afrique conduire un détachement destiné à l'armée, Monseigneur le Duc d'Orléans a désiré que vous puissiez prendre part à la campagne qui allait s'ouvrir par l'expédition de Médéah.

J'ai conservé le souvenir que, voulant, en ce qui dépendait de moi, satisfaire au désir de Monseigneur, je vous ai autorisé à servir comme officier d'ordonnance près de M. le général de la Moricière, chargé d'un commandement important dans cette opération.

Il m'a été rendu compte du zèle et de l'aptitude que vous avez montrés, et que vous vous étiez fait remarquer par votre bravoure et votre manière de servir. J'ai su également que votre belle conduite n'avait fait qu'ajouter à l'intérêt que vous portait son Altesse Royale, et j'ai regretté que votre position exceptionnelle n'ait pas permis de vous comprendre dans les demandes faites en faveur des officiers de l'armée qui s'étaient le plus distingués.

(1) Un des généraux les plus renommés de l'armée d'Afrique, ancien ministre de la guerre, est mort au château de Prousse (Somme) le 10 septembre 1865.

Je me plais, Monsieur, à vous donner ce témoignage, et je vous prie, en même temps, d'agréer l'expression de mes sentiments très distingués.

Maréchal COMTE VALÉE.

Lettre de Fleury, sous-officier aux spahis d'Oran (1), à son ami Charles Bocher.

Oran, 18 septembre 1840.

Quoique ma réponse soit bien tardive, mon cher ami et vieux camarade, ne crois pas que j'aie été insensible à ton bon souvenir. Je commençais, je l'avoue, à t'accuser d'oubli, quand ta charmante lettre de quatre pages est venue me faire repentir d'un jugement trop téméraire. Je me suis convaincu, au contraire, que ton cœur était, comme ton esprit, tout aimable, et moi qui, par position, me surprends quelquefois à être boudeur et incrédule, j'ai été, je te jure, bien agréablement surpris. Le colonel Yusuf qui, lui, te gardait une véritable rancune, s'est tout à fait réconcilié avec toi, grâce aux bons sentiments d'estime et d'affection que tu dis avoir conservés pour lui. Il a été sensible à la fameuse phrase, passablement flatteuse, conviens-en, où tu l'assures que l'on parle toujours de lui avec intérêt, et comme tu sais que la vanité n'est pas le moindre défaut de ses qualités, il a, sans doute, traduit le mot intérêt par celui d'admiration. Aussi vous êtes les meilleurs amis du monde.

Je savais, par des officiers venus d'Alger, que tu avais fait l'expédition de Médéah en qualité d'officier d'ordonnance du général de la Moricière. Je savais aussi ta rentrée en France. J'aurais voulu avoir à te complimenter, soit pour un grade,

(1) Comte Fleury, devenu général de division, grand écuyer de l'empereur Napoléon III, ambassadeur de France en Russie, sénateur, mort à Paris, le 11 décembre 1884.

soit pour une décoration, mais j'aime à croire que si tu n'as pas trouvé l'occasion de rien recueillir cette fois, tu n'en as pas moins semé, pour l'avenir, et préparé ta lieutenance. Tu dois regretter de n'avoir pas pu attraper un petit bout de ruban ; il eût été beau, à ton âge, de revenir décoré. Le rouge va bien sur un habit noir : cela fait très bien à l'Opéra, disions-nous dans nos causeries du camp de Misserghin. Tu n'as pu te caser auprès du général ou de tout autre, d'une manière convenable à tes goûts ; tu fais bien de rester en France, en attendant mieux. Il sera toujours temps, quand tu seras capitaine, de revenir faire un tour en Afrique, attaché temporairement auprès du gouverneur qui, sans doute, alors, sera notre commandant supérieur d'Oran (1).

M. de la Moricière est arrivé depuis quinze jours. Tout le monde s'applaudit de sa venue, et avec raison, je l'espère. La province d'Oran avait besoin d'un homme de talent et de vigueur pour être à sa tête.

Le général, à son arrivée, a été fort aimable pour moi et m'a adressé quelques paroles amicales, rondes et sans prétention, comme il sait les dire. Je te dois, ainsi qu'à Ernest Leroy (2), le bon accueil qu'il m'a fait, car je me suis bien aperçu que tu n'avais pas noirci ton camarade aux yeux de son chef. M. d'Illiers, son aide de camp, n'a pas été moins bon et s'est mis, tout d'abord, à ma disposition.

Bien des personnes que tu connais et que je connais, plus ou moins, m'ont offert leur appui, et ont dû même écrire en ma faveur au général. Je pense, si toutefois leur recommandation officielle est, à ton avis, de quelque valeur, qu'ils ne me refuseront pas ce qu'ils m'ont d'eux-même promis. De loin, on s'exagère les choses, mais il me semble que ton esprit trouvera le moyen de me bien servir, en cette circonstance ; d'ailleurs, on est plus hardi quand on postule pour un autre et surtout pour un ami. Je ne te remercie pas d'avance, mais

----

(1) Le général de la Moricière.

(2) Célèbre sportman, un des fondateurs du Jockey-Club, dont font partie ou ont fait partie la plupart des personnages cités dans ce volume.

tu dois penser que ma reconnaissance égalera le service que tu m'auras rendu.

En même temps qu'à toi, j'écris à ce bon Ernest Leroy, pour le prier de m'avoir un mot de M. Thiers, (1) avec qui, m'a-t-on dit, il est fort bien. Si je l'obtiens, je me serai, je crois, assuré toutes les chances de réussite.

Excuse, mon bon et cher ami, cette longue épitre. Une ambition bien louable et qui doit l'excuser à tes yeux me l'a dictée malgré moi. Je veux me refaire une position ; je me sens le bras fort, le cœur bon et je veux arriver. Je veux, en un mot, rebâtir ce que j'ai détruit (2). Ne faut-il pas tendre la main à celui qui lutte avec courage contre la mauvaise fortune. Ton bon cœur t'aura fait deviner tout ce que ma plume n'aura pu te dire, et je suis certain que je n'aurai pas fait en vain un appel à ton obligeance.

Rien de saillant ne s'est passé ici depuis ton départ, à l'exception de quelques affaires qui n'ont pas eu grand retentissement.

J'ai transmis tes bonjours à Paillette, Talma (3) et Caron (4) ; ils te renvoient en échange de cordiales poignées de main.

Le capitaine Albert (5), que tu as dû voir à Alger, vient de mourir. Edgard Ney (6) est embarqué mourant sur ce paquebot, et le général Blanquefort est si malade qu'il ne pourra peut-être pas être embarqué. Venez donc en Afrique et dites qu'on y est aussi bien qu'en France !

Adieu, mon cher ami, je te quitte à regret. Tout à toi de

(1) Alors ministre des Affaires étrangères.

(2) S'était engagé dans le régiment des spahis d'Oran, après avoir perdu sa fortune d'héritage, par entraînement de jeunesse.

(3) Fils du célèbre acteur, mort avant d'avoir pu se faire un nom dans l'armée.

(4) Fils du colonel chef de la conspiration dite de Belfort (1820), sous la Restauration.

(5) Fils du général de l'Empire.

(6) Quatrième fils du maréchal Ney, prince de la Moskowa, devenu général de division et aide de camp de l'empereur Napoléon III, mort à Paris le 15 octobre 1882. Les généraux Ney et Fleury ont occupé les plus hautes positions sous le second Empire.

cœur. Crois-moi toujours, de loin comme de près, ton dévoué et affectueux camarade.

E. FLEURY,
Maréchal des logis aux spahis, à Oran.

Réponds-moi une longue lettre. Donne-moi quelques cancans sur les lions et les lionnes de Paris.

Brest, le 16 octobre, 1842.

Mon cher monsieur Bocher,

Monseigneur le duc d'Aumale (1) m'a chargé de répondre à votre lettre et de vous faire connaître que son état-major était déjà arrêté et nommé quand votre lettre lui est parvenue.

Vous pouvez, du reste, être certain que Monseigneur le duc d'Aumale gardera toujours un très bon souvenir de vous et de la manière dont il vous a vu servir, en Afrique, auprès du général de la Moricière.

Je vous écris, à bord de la *Belle-Poule*, au moment d'appareiller, par un vent excellent et un temps superbe.

Votre bien affectionné.

Lieutenant-colonel JAMIN (2),
Aide de camp de M. le duc d'Aumale.

Lettre du maréchal Bugeaud, duc d'Isly.

La Durantie, 7 octobre 1848.

Mon cher capitaine,

Je réponds bien tard à votre aimable lettre, c'est que j'ai

(1) Venait d'être nommé au commandement supérieur de la province de Constantine.

(2) Devenu général de division.

été malade depuis deux mois, ce qui m'a forcé de négliger ma correspondance.

En feuilletant dans une masse de lettres, j'ai retrouvé la vôtre; je l'ai relue avec beaucoup d'intérêt, et je vous fais passer avant beaucoup d'autres.

Je suis bien touché de la confiance que vous me dites qu'ont en moi les officiers qui vous entourent. Cette estime de l'armée est ma récompense et ma consolation.

Je ne crois pas que les circonstances soient favorables pour satisfaire le désir que vous m'exprimez. Vous voyez que la république actuelle veut encore moins la guerre que la monarchie, et je ne saurais l'en blâmer, car elle a bien assez à faire chez elle. Seulement, j'aurais voulu qu'après février, on ne proclamât pas une politique insensée, qui arracherait à la France son dernier homme et son dernier écu.

La République modérée, celle que je veux avec tous les hommes intelligents et honnêtes, pourra-t-elle éviter la guerre? C'est encore douteux.

Si malgré le gouvernement elle venait à éclater, et que j'y fusse employé, comme cela est probable, je serais heureux de vous retrouver dans le corps que je commanderais, et de pouvoir vous employer comme officier d'ordonnance.

Vous avez tort de croire que je pouvais avoir oublié votre nom. Je me rappelle fort bien de vous, de votre esprit et de votre physique. Vous ressembliez beaucoup à votre sœur, la regrettée comtesse de Thorigny.

Recevez, mon cher capitaine, l'assurance de mes sentiments affectueux et dévoués.

Maréchal B. D'ISLY.

Passy, le 31 mars 1850.

Mon cher Monsieur Bocher, j'ai reçu votre aimable lettre que vous avez bien voulu m'écrire, le 18, et je vous sais. aussi bon gré de tout ce qu'elle contient d'obligeant.

Vous venez d'avoir, dans votre vie active de soldat, une bien rude et glorieuse campagne, et maintenant que les inquiétudes qu'elle inspirait à ceux qui vous appartiennent et qui vous connaissent sont dissipées, il est heureux, pour votre satisfaction personnelle, et pour votre avenir, que vous l'ayez faite.

C'est bien triste à dire, dans l'état où est réduit notre malheureux pays, il n'y a plus que vous, messieurs les militaires, qui honoriez la France et qui ayez une carrière honorable ; le reste n'est plus qu'abaissement et dégradation, résultat certain, du reste, de tout ce qui s'appelle démocratie.

Tout le monde se porte assez bien à Passy ; votre excellent frère Edouard est toujours égal à lui-même, aussi laborieux que distingué par son esprit et sa capacité ; c'est à mes yeux, sans contredit, le plus élevé, en talent, des hommes de son âge (1) ; Votre frère Alfred (2) est toujours en train et animé, et nous comptons sur lui, comme sur vous tous, pour lutter jusqu'au dernier homme pour la société.

Je suis extrêmement sensible aux souvenirs de messieurs les généraux de Barral et de Crény ; voilà de braves gens, et combien je les admire dans leur fermeté de cœur et leur constante persévérance.

Je suis touché, jusqu'au fond du cœur, de penser qu'ils se souviennent encore de moi ; j'avoue que j'avais un peu l'instinct de les distinguer, et je les aimais tout de suite ; j'aurais voulu pouvoir les servir davantage.

Adieu, cher monsieur Charles, croyez à mes sentiments affectueusement dévoués.

Gabriel Delessert.

(1) Alors membre de la législative, Député et Sénateur sous la 3° République.
(2) Alors capitaine ; depuis général de division.

Blidah, 21 février 1850.

Monsieur le général Canrobert.

Mon général,

J'espère que cette lettre vous trouvera à Alger, où je m'étais rendu dans l'intention de vous porter mes félicitations, avant votre départ pour la France. Après votre conduite héroïque et votre commandement si glorieux, le grade de général vous revenait de droit. Tous ceux qui ont eu l'honneur de faire cette dernière campagne, sous vos ordres, vous le donnaient d'avance. Le gouvernement n'a fait que ratifier, par votre nomination, l'opinion de l'armée.

C'est une grande satisfaction et une récompense, à la fois, pour les combattants de Zaatcha et de Narah; c'est aussi un présage de votre brillant avenir, car vous êtes le plus jeune général de France.

Vous recevrez, à Paris, un chaleureux accueil. Vous y aurez tous les succès. Ce sont les hommes d'épée, comme vous, dont on fait le plus de cas en ce moment. La société s'y trouve bien un peu déroutée, par suite de la Révolution de février, mais moins qu'on aurait pu le craindre. Les hommes qui, sous le gouvernement dernier, dirigeaient les affaires du pays, sont les mêmes qui ont le plus d'influence à la Chambre et dont les conseils sont les plus suivis; tant il est vrai qu'il n'y a qu'un gouvernement conservateur qui puisse convenir à la France, pour sa prospérité comme pour sa grandeur dans le monde.

Vous retrouverez aussi, dans ce milieu d'élite, vos anciens frères d'armes d'Afrique, de la Moricière, Changarnier, qui se réjouiront de vous revoir, mais votre rôle ne sera pas, comme le leur, un rôle politique; vous obtiendrez, sûrement, un commandement important qui conviendra mieux à votre caractère; si c'était à Paris, je serais deux fois heureux d'y être placé sous vos ordres.

J'écris à mon frère Alfred, qui est en garnison à Paris, et dont vous avez bien voulu garder un excellent souvenir, de se mettre à votre disposition, dès votre arrivée.

Veuillez agréer, mon général, l'expression de mes sentiments les plus respectueusement dévoués.

CHARLES BOCHER.

A son arrivée à Paris, le général Canrobert reçut, par décret du 8 mars 1850, le commandement d'une brigade de la 1re division active de l'armée de Paris, dont le général en chef était Changarnier.

Il se retrouvait sous les ordres de celui qui l'avait particulièrement distingué dans les guerres d'Afrique et le tenait en grande estime.

A l'occasion du 1er janvier 1851, le général Canrobert écrivait à son supérieur : « Depuis bien des années, vous avez patronné ma carrière; je ne l'ai jamais oublié, pas plus que ces nombreux exemples d'héroïsme que vous nous avez donnés, à nous soldats de guerre, qui avons eu le bonheur de combattre sous vos ordres et pour qui votre estime sera toujours une des plus nobles et des plus ambitionnées récompenses. »

Paris, le 20 mars 1850.

Mon cher capitaine Alfred Bocher,

Je suis désolé de ne pas m'être trouvé chez moi quand vous m'avez fait l'honneur de vous y présenter.

Je vous remercie bien de votre affectueuse lettre, à laquelle mes occupations ne me permettent pas, à mon vif regret, d'aller moi-même vous porter ma réponse.

17

Restant chez moi le matin jusqu'à dix heures, vous mettriez le comble à votre obligeance si, à votre temps perdu, vous pouviez m'y venir voir et causer de votre frère Charles, que j'aime beaucoup.

Votre affectionné,
Général CANROBERT.

25, Rue de la Ville-l'Évêque.

Paris, 27 septembre 1850.

Mon cher capitaine Bocher,

J'ai reçu votre aimable lettre (1), et je vous remercie cordialement de votre affectueux souvenir. Vous ne devez pas ignorer que mon amitié pour vous est grande comme mon estime, et que je serai heureux d'être appelé à vous en donner les preuves.

Mes sentiments à l'égard de ce brave 5e bataillon, auquel se rattachent tant de glorieux et reconnaissants souvenirs, sont et seront toujours les mêmes! Je ne laisse échapper ici aucune occasion de lui rendre la justice qu'il mérite, et je serais heureux qu'on l'appelât à Paris.

J'espère bien que nous nous verrons, ici, cet hiver, mon cher capitaine Bocher, et que je serai plus apprivoisé.

Je ne vous parle pas de la *situation* (comme vous dites); elle exige une solution, et où est-elle?

Votre bien affectionné,
Général CANROBERT.

(1) Deuxième lettre après celle du 21 février, dont je n'ai pas retrouvé la réponse.

*Lettre d'invitation du général Changarnier, commandant
en chef l'armée de Paris.*

<table>
<tr><td>COMMANDEMENT
DES GARDES NATIONALES DE LA SEINE
ET DES
TROUPES DE LA 1re DIVISION.
—</td><td>Paris, le 19 juillet 1850.</td></tr>
</table>

Cabinet du général en chef.

Mon cher capitaine Bocher,

Le général Changarnier n'a guère de liberté dans la journée
que vers dix heures et demie du matin et, pour être plus sûr
d'avoir le plaisir de vous voir, il me prie de vous inviter à
venir déjeuner chez lui, demain ou après demain, à votre
choix.

Agréez mes compliments empressés.

L'aide de camp :
POURCET (1).

Paris, le 15 avril 1851.

Mon très cher camarade,

Je prends la liberté de vous offrir un plan de Zaatcha; je
regrette de ne pas y avoir songé avant la publication de votre
si beau et si remarquable travail.

Votre tout dévoué,
Colonel CARBUCCIA.

412, Rue Saint-Honoré.

(1) Devenu général de division.

Lettre de S. A. R. le duc de Nemours.

Claremont, 29 avril 1851.

Je vous remercie beaucoup, mon cher capitaine, de l'envoi que vous me faites de votre récit du siège de Zaatcha. Je l'ai lu avec un extrême intérêt, et je conserverai précieusement cette relation simple, modeste, ayant le cachet de la vérité, que vous faites d'un des plus glorieux faits d'armes qu'ait accompli notre glorieuse et noble armée. Aussi, après vous avoir en première ligne félicité d'avoir eu l'honneur d'y prendre part, je vous féliciterai sincèrement aussi de l'avoir ainsi raconté. Je suis très touché du sentiment qui vous a conduit à me donner cet ouvrage, comme de ceux que vous m'exprimez dans votre lettre.

Croyez, de mon côté, mon cher capitaine, à la réciprocité des souvenirs que vous conserve

Votre affectionné,

Louis d'Orléans.

Lettre de S. A. R. le duc d'Aumale.

Naples, 16 mai 1851.

Mon cher capitaine,

J'avais déjà lu, avec un vif intérêt, dans la *Revue des Deux-Mondes*, le récit que vous y aviez inséré de l'expédition de Zaatcha. Je vous remercie de m'en avoir envoyé un exemplaire séparé, et j'ai été vivement touché de ce que vous me dites dans la lettre qui l'accompagnait. Je suis bien heureux et bien fier de conserver une place dans le cœur de tant de braves officiers, que j'ai connus et que j'aime, et toute marque de souvenir de leur part m'est toujours bien précieuse.

Faites, je vous prie, mes amitiés à vos frères militaires, et croyez-moi

Votre affectionné,

HENRI D'ORLÉANS.

Esther, 30 avril 1851.

Mon cher Monsieur Bocher,

Madame la duchesse d'Orléans et M. le comte de Paris me chargent de vous remercier à la fois pour le sentiment qui a inspiré votre article sur le siège de Zaatcha et pour l'intérêt qu'ils ont pris à cette lecture, qui a été l'agréable emploi d'une des soirées de l'exil, lors de l'arrivée du dernier numéro de la *Revue des Deux-Mondes*, avant l'obligeant envoi fait par vous de plusieurs exemplaires.

C'est une des privations les plus sensibles de l'absence pour Madame la duchesse d'Orléans de ne pouvoir plus témoigner sa sympathie personnelle à ces braves bataillons, qu'elle vous remercie aussi d'avoir toujours appelés *chasseurs d'Orléans* (1).

Permettez-moi de profiter de cette occasion pour vous offrir mes félicitations personnelles et la nouvelle assurance de mon vieux dévouement.

BOISMILON (2).

(1) A la révolution de février 1848, le titre de *chasseurs d'Orléans* fut changé en celui de *chasseurs à pied*. J'ai continué, dans mes publications, à donner à ces bataillons d'élite leur ancienne dénomination, pour honorer et rappeler la mémoire de leur illustre fondateur. Je risquais fort de compromettre mon avancement ; mais je dois dire que le Prince président rendit justice à mes sentiments, en m'invitant à déjeuner à l'Elysée, où je reçus l'accueil le plus bienveillant, le lendemain du jour où mon article sur Zaatcha parut dans la *Revue des Deux-Mondes*.

(2) M. de Boismilon, secrétaire des commandements du duc d'Orléans, de son vivant, après du comte de Paris, prince royal, avait suivi la Princesse et le jeune Prince en exil.

A Monsieur le capitaine de chasseurs à pied Bocher.

Paris, 1/13 mai 1851.

Monsieur,

A la suite de l'envoi que j'ai fait de votre brochure sur le siège de Zaatcha, le ministre de la guerre m'a adressé un office du 13/25 avril, n° 3585, par lequel il me fait savoir que Sa Majesté l'Empereur (1) a reçu votre ouvrage avec intérêt et a donné l'ordre de vous exprimer sa satisfaction et ses remerciements.

En remplissant cet ordre, je vous prie, Monsieur, d'agréer l'expression de ma considération distinguée.

Colonel comte de STACKELBERG,
chargé des affaires militaires à Paris.

Turin, 5 juin 1851.

Monsieur,

Je viens de m'assurer, auprès du principal officier des Affaires Etrangères, que votre livre sur le siège de Zaatcha était parvenu au roi Victor-Emmanuel, et qu'il l'avait lu avec un vif intérêt.

Je chercherai une occasion de vous faire transmettre, à cet égard, un avis direct. Je n'ai voulu, aujourd'hui, que vous rassurer sur le sort de votre envoi.

Veuillez, Monsieur, agréer l'expression de mes sentiments les plus distingués.

DE BUTENVAL,
Ministre plénipotentiaire de France à Turin.

(1) Nicolas 1er, fils de Paul 1er, empereur de Russie de 1825 à 1855, intervint avec la France et l'Angleterre en faveur des Grecs (1827-29).

Paris, 15 avril 1851.

Monsieur le capitaine Charles Bocher,

Le maréchal Narvaes, duc de Valence, m'a chargé de vous dire qu'il avait été très sensible à l'envoi de votre récit historique du siège de Zaatcha, qu'il a lu avec beaucoup d'intérêt et d'attention.

Son Excellence vous remercie également de votre lettre qui l'accompagnait.

Votre très humble et très obéissant serviteur.

L'aide de camp du Maréchal,
Blas de Villate.

———

Paris, 29 avril 1851.

Monsieur,

Je me suis présenté hier, chez vous, avec l'intention de vous remercier de la peine que vous avez prise de m'apporter, chez moi, votre intéressant écrit sur la prise de Zaatcha. J'ai appris là que vous veniez de rejoindre votre bataillon à Grenoble. Permettez que mes remerciements et mes félicitations vous y suivent. Vous avez très bien raconté, et d'une manière très appréciable, même à ceux qui ne sont pas du noble métier des armes, un des épisodes les plus émouvants de notre guerre africaine, et je ne doute pas que le duc d'Aumale ne vous rende cette justice que tout le monde vous rend.

Laissez-moi ajouter à mes félicitations l'assurance de ma très sincère et parfaite considération.

Cuvillier-Fleury (1).

(1) Membre de l'Académie française.

Du camp d'Helfaut, 17 juillet 1853.

Mon cher capitaine Bocher,

Je viens de lire le *Moniteur,* et j'y trouve votre nomination de chevalier de la Légion d'honneur. Je m'en réjouis fort, veuillez le croire, car je suis persuadé que le signe de l'honneur et de la loyauté ne pourrait briller sur une poitrine plus noble que la vôtre !

Je compte sur votre visite au camp d'Helfaut, vers la fin de ce mois. A bientôt donc, et tout à vous d'estime et d'affection.

Général CANROBERT.

———

30 décembre 1853.

Mon cher Bocher,

Soyez assez bon pour venir chez moi, demain matin, vers dix heures ; vous voudrez bien me donner quelques renseignements sur la glorieuse carrière de votre oncle, le général Colbert (1), que vous venez d'avoir la douleur de perdre. Je suis chargé par le gouvernement de faire, pour le *Journal Officiel,* un article biographique sur cette illustration de l'Empire et vous pouvez, mieux que personne, m'aider dans ce travail que je tiens à bien faire.

Tout à vous de cœur.

Général CANROBERT.

(1) Le général Colbert était particulièrement lié avec le général de Marbot, oncle du maréchal Canrobert.

3 juillet 1857.

Mon cher Bocher,

Un petit voyage que je viens de faire m'a privé du plaisir de vous remercier plus tôt du gracieux envoi que vous avez bien voulu me faire de votre excellente relation de la prise de Narah. Je l'ai lue avec le plus vif intérêt, car elle m'a rappelé une époque glorieuse et de nobles frères d'armes !

Merci, de nouveau, mon cher Bocher, et croyez bien à ma sincère amitié.

Maréchal CANROBERT.

Lettre de M. Darricau, intendant général, directeur de l'administration de la guerre.

MINISTÈRE
DE LA GUERRE

20 juin 1857.

Mon cher Monsieur,

Je viens d'acheter votre récit de la prise de Narah, et je veux vous dire, tout aussitôt, le plaisir que m'a procuré cette lecture. Vous recevrez, sans doute, les compliments de juges plus compétents et qui iront plus droit au cœur de l'auteur ; mais il faut que vous sachiez que les profanes se sont inté‑ ressés à ce beau fait d'armes que vous racontez si bien.

En parcourant la province de Constantine pacifiée par vos soins, quelques vieux zouaves me montraient, avec orgueil, la position de Narah ; ils avaient, ma foi, bien raison, ces braves gens.

Je vous le répète, M. le chef de la 1ʳᵉ colonne d'attaque, ce récit est très émouvant et fait grand honneur au colonel Can‑ robert.

On avait remarqué, dans le temps, son rapport officiel qui se ressentait un peu trop de la lecture de Jomini.

Vous nous avez ramené au vrai.

Votre tout dévoué et bien affectueusement,

DARRICAU.

COMMANDEMENT
DU 1ᵉʳ CORPS D'ARMÉE.

—

*Cabinet
du Maréchal de France.*

Paris, le 26 mai 1867.

Mon cher Bocher,

Le général Sir Hugh Rose (1), en ce moment à Paris, vient dîner avec nous jeudi prochain, 30 mai. Sachant que vous le connaissez beaucoup, je vous prie de nous faire le plaisir, à la maréchale Canrobert et à moi, de venir vous joindre à notre ancien compagnon de Crimée, à 7 heures 1/4.

Votre bien affectionné,

Maréchal CANROBERT.

4ᵉ CORPS D'ARMÉE

—

Cabinet du général commandant.

Quartier général, à Lyon,
le 9 septembre 1869.

Cher monsieur Bocher,

Dans votre lettre du 14 de ce mois, vous me rappelez un souvenir lointain d'Afrique, mais qui m'est toujours présent à la mémoire : votre beau-frère, le colonel de Thorigny, était effectivement mon ami bien cher et nous avons traversé, ensemble, des moments bien difficiles, avec le colonel Oudinot, qui commandait notre régiment de chasseurs d'Afrique.

Je me rappelle parfaitement aussi votre visite, en 1840, au camp de Misserghin ; vous étiez bien jeune ; vous veniez voir les officiers du régiment de spahis, où votre excellent beau-frère, son premier colonel, avait laissé tant de regrets. Tous vous ont fait le meilleur accueil. J'ai été très heureux de vous

(1) Lord Strathnairn, feld maréchal.

y recevoir, en souvenir de celui que vous veniez de perdre et qui avait toute mon affection.

Je vous suis très reconnaissant des vœux que vous faites pour moi, afin que ma carrière soit couronnée par la plus haute dignité militaire, mais je ne puis rien espérer, tant qu'il ne se produira pas une vacance de maréchal, qui est exigée par la loi, en temps de paix ; je ne dois donc pas la désirer ; il faut que tout le monde vive, les maréchaux comme les autres.

Veuillez recevoir, mon cher monsieur Bocher, l'assurance de mes sentiments affectueux et tout dévoués.

Général de Montauban, comte de Palikao (1).

Lettre du général Du Barail, ministre de la guerre.

MINISTÈRE DE LA GUERRE   Versailles, le 7 juin 1873.
ÉTAT-MAJOR GÉNÉRAL
—

Cabinet du Ministre.

Mon bien cher ami,

Je suis on ne peut plus touché de tes affectueuses félicitations qui me font mille fois plus de plaisir que toutes les autres que j'ai pu recevoir. Nous avons tant de souvenirs communs, du temps de notre enfance, qui nous lient l'un à l'autre !

Je n'ai jamais oublié la vive amitié qui existait entre mon pauvre frère (2) et toi, et c'est pour moi une grande douleur que de songer qu'il n'existe plus un seul des miens pour jouir des succès que m'accordent les hasards de la fortune.

Nous voudrions tant que ton frère (3) fût avec nous. Son

(1) Commandant en chef du corps expéditionnaire français en Chine.
(2) Mon camarade de classe au collège Rollin, mort en Afrique, des fièvres du pays.
(3) Le député, homme politique.

intelligence hors ligne, son talent si remarquable d'orateur, sa connaissance profonde des affaires, son aptitude au travail, enfin ses grandes qualités en font tout à fait un homme d'État des plus remarquables, et il est hors de doute que sa place est marquée à la tête du gouvernement.

Je t'écris bien brièvement et bien rapidement.

Excuse-moi, et crois bien, mon cher Bocher, à toute l'amitié bien sincère de ton vieux camarade et ami.

Général Du Barail.

Saint-Germain, 29 juillet 1894.

Mon vieil et bien cher ami,

Votre amicale lettre du 27 m'a fait grand plaisir et j'ai hâte de vous en remercier.

J'espère que le malaise, dont les grandes chaleurs de Paris vous ont ennuyé, a disparu et que vous pouvez vaquer facilement à vos occupations habituelles!

Le calme, le bien-être dont je jouis ici près de ma chère fille et de ses enfants, l'air frais de la campagne sont très favorables à ma santé générale : mais, hélas! ma triste surdité et la *violence* de mes vieilles douleurs n'ont pas diminué et m'imposent la résignation!

Les médecins ayant prescrit à ma fille l'air de la mer pour ses enfants, elle partira pour Villers-sur-Mer, le 1er août, et y séjournera pendant un mois. Je serais heureux de pouvoir l'y accompagner, mais je dois compter avec les pénibles difficultés de la locomotion.

Au revoir, mon cher Charles, ne cessez jamais de croire à l'inaltérable affection de votre tout à vous.

Maréchal Canrobert.
dont la main goutteuse ne peut encore tenir la plume.

(Cette lettre est écrite au crayon).

*Lettre du comte de Chaudordy, ancien ambassadeur, délégué
aux Affaires Etrangères dans le Gouvernement de la Défense
nationale, à Tours.*

Mon cher Charles Bocher,

M. Jules Favre, avant de prendre possession du ministère
des affaires étrangères, en septembre 1870, désira voir le prince
de La Tour d'Auvergne (1), qui s'était retiré chez lui et m'en avait
laissé la garde. Après avoir causé avec le prince, Jules Favre
me demanda de rester directeur du cabinet. J'acceptai le lendemain, dès qu'il fut bien entendu qu'il n'y aurait aucun
changement dans le personnel. Et, en effet, les ambassadeurs
seuls, et ils étaient cinq, se retirèrent, et les premiers secré-
taires de ces ambassades devinrent chargés d'affaires.

C'est alors que M. Jules Favre, qui désirait beaucoup avoir
à Saint-Pétersbourg un ambassadeur, me confia son intention
de donner ce poste à votre frère, le général. Il l'avait connu
récemment à Constantine.

Je fus donc chargé par le nouveau ministre d'aller proposer
au général Bocher de se rendre à Saint-Pétersbourg, le plus
tôt possible, pour y remplir les fonctions d'ambassadeur de
France. Votre frère dînait quand j'arrivai chez lui. Je lui fis
dire que j'avais une communication importante à lui faire.
J'étais très lié avec lui depuis notre séjour à Rome. Il me
reçut dans son salon, et je lui exposai le but de ma visite. Il
me répondit de suite qu'il était très reconnaissant envers
M. Jules Favre de son offre bienveillante, que, si la situation
était différente, il s'empresserait d'accepter, mais qu'on était
en guerre et que son devoir était d'aller là où l'on se battait,
et il ajouta qu'il allait partir de suite pour l'armée.

Je rapportai cette réponse à M. Jules Favre, qui comprit le
sentiment qui l'avait dictée et qui n'insista pas, tout en expri-
mant des regrets.

Croyez-moi votre très dévoué,

CHAUDORDY.

(1) Le dernier ministre des Affaires Etrangères de l'Empire.

Paris, 17 octobre 1874.

Mon cher Bocher,

Je vous envoie le petit buste dont je vous ai parlé hier (1) ; acceptez-le comme souvenir de votre vieux général, qui vous aime cordialement.

Maréchal CANROBERT.

A la représentation de gala donnée à l'Opéra, le 24 octobre 1893, aux marins de l'escadre russe venus à Paris, après la visite des nôtres à Cronstadt, une des premières loges avait été réservée à l'ancien général en chef de l'armée de Crimée.

Autant pour se dérober à des démonstrations de sympathie prévues que pour ménager sa santé, le maréchal Canrobert hésitait à l'accepter.

Je le décidai, par une lettre, à se rendre à cette fête, qui fut pour lui l'occasion d'une ovation, la dernière qu'il reçut durant sa belle existence et dont il fut extrêmement touché. Voici sa réponse :

Mon cher Charles,

Votre trop gracieuse lettre du 10 de ce mois m'arrive à l'instant : elle est celle d'un vieil et cher ami qui, en ce qui me concerne, écoute plus son affection que la réalité. Je n'en suis pas moins très reconnaissant et fais des vœux pour que l'état de ma santé ne me prive pas du plaisir et de l'honneur d'assister à la superbe fête patriotique de l'Opéra.

Mille affections.

Maréchal CANROBERT.

(1) Buste en bronze du maréchal.

Lundi, 17 février 1895.

Cher Monsieur Bocher,

Mon père, en mourant, a désiré que ce portrait (1) vous fût remis, en souvenir de l'affection qu'il vous avait vouée.

Le voici donc. Il vous rappellera un ami fidèle.

Affectueusement à vous,

CANROBERT DE NAVACELLE.

La vérité sur un fait historique.

L'esprit de parti, toujours partial, dénature les faits de la plus irrécusable vérité. Ainsi l'on a reproché au maréchal Canrobert sa participation au coup d'État du 2 décembre; or, simple général de brigade dans l'armée de Paris, il y servait sous les ordres de son général de division, Carrelet, qui, lui-même, se trouvait sous le commandement du général en chef, Magnan, obéissant aux instructions du ministre de la guerre, Saint-Arnaud, seul responsable avec le Prince président qui avait conçu et préparé le coup d'État.

Le jeune général Canrobert était absolument étranger à tout ce qui se préparait dans les hautes sphères du gouvernement; il n'avait été prévenu de la prise d'armes du matin du 2 décembre qu'après la réunion de toutes les troupes de sa brigade à leur emplacement désigné d'avance.

L'obéissance passive est le principe fondamental de toute armée; celui qui sert doit s'y conformer, malgré ses répugnances personnelles. Il n'y a pas d'exemple de manquement à cette règle.

Autre reproche à l'occasion de la fusillade du boulevard Poissonnière :

(1) Réduction du beau portrait du maréchal, par Mlle Jacquemart (Mme Edouard André).

C'était le troisième jour de troub'es dans Paris; les troupes de la brigade Canrobert n'avaient fait jusque-là que des patrouilles, jour et nuit, sans répit. Des barricades se formant dans le quartier de la porte Saint-Denis, elle fut désignée pour les enlever.

Elle était composée du 5e bataillon de chasseurs, de deux régiments d'infanterie, d'une demi-batterie d'artillerie et d'une section du génie. Partagée en deux files, à partir du boulevard de la Madeleine, elle remonta vers la porte Saint-Denis, marchant sur les deux trottoirs, la chaussée restant libre pour l'avant-garde, l'artillerie, le génie et les dragons du régiment du colonel Feray, qui suivait.

Cette marche se fit dans un calme profond jusqu'à l'arrivée de la colonne à la hauteur de la rue du Sentier, boulevard Poissonnière. Tout à coup, les fenêtres de deux établissements, l'un, magasin d'habillement dit *le Prophète*, au coin de la rue du Sentier, l'autre, maison de dépôt des tapis d'Aubusson, s'ouvrent en même temps pour permettre à de nombreux opposants de tirer sur les soldats s'avançant sur le trottoir opposé. Ceux-ci, sans commandement, par une sorte de panique, déchargèrent leurs armes contre ces assaillants; ce fut comme une traînée de poudre, une partie de la colonne non atteinte en fit autant; il y eut ainsi plusieurs innocentes victimes.

Mais il est un fait certain, aucun officier n'a commandé de riposter au feu des fenêtres. Le général Canrobert, qui se tenait à cheval au milieu de la chaussée, vers la tête de sa brigade, n'aurait pu, s'il l'avait voulu, faire entendre ses ordres, son clairon, qui les transmettait, ayant été tué, le premier, d'une balle qui devait être destinée au général. Ce ne fut que pendant que les soldats rechargeaient leurs armes — à cette époque, cette opération demandait un certain temps — qu'il a été permis de les empêcher de recommencer leurs feux; tout danger, d'ailleurs, avait disparu.

Après ce court temps d'assaut, la colonne, se remettant en marche, vint facilement à bout de la défense des barricades de la porte et de la rue Saint-Denis.

Il m'était permis de faire ce court récit en exposant les faits dans toute leur vérité, ayant été acteur et spectateur dans cette malheureuse rencontre.

Sans chercher à justifier le coup d'État, la France, à cette époque, ne pouvait choisir qu'entre l'anarchie et le despotisme. Ses intérêts lui ont fait préférer le despotisme, ce qui a été démontré par l'écrasante majorité en faveur du nouveau gouvernement.

Le suffrage universel étant la doctrine du parti républicain, lui seul n'avait pas le droit de se plaindre ; c'était permis aux seuls partis n'admettant pas cette doctrine, si fatale aux empires, présage de leur décadence !

NOMS CITÉS DANS L'OUVRAGE

PAR ORDRE ALPHABÉTIQUE

A

Pages.

C

E

F

Pages.

Hurvoy, capitaine. 193

I

Illiers (d'), général   251

J

K

L

Pages.

Q

R

ERRATA

Page 31, ligne 3 : au lieu de « 1849 », lire « 1839 ».

Page 47, ligne 21 : « le capitaine de Talleyrand », note omise (1 *bis*), « Baron Adalbert de Talleyrand-Périgord, mort lieutenant-colonel au 7ᵉ régiment de hussards, le 19 novembre 1872 ».

Page 48, ligne 13 : au lieu de « à bord », lire « d'abord ».

Page 48, aux notes : au lieu de Charreyron « du cadre de réserve », lire « général de division en retraite ».

Page 108, ligne 26, note omise : « Général Féray, gendre du maréchal Bugeaud, devenu général de division, mort en 1889 ».

Page 118, ligne 3 note 1, Galliffet : au lieu de « en retraite », lire « cadre de réserve ».

Page 126, ligne 13 : au lieu de « et que l'on peut », lire « et que l'on ne peut ».

Page 263, ligne 2 : « maréchal Narvaes », lire « Narvaez ».

(Omission) : Au siège de Zaatcha, le capitaine Gresley. aide de camp du général Herbillon, y fut grièvement blessé. Devenu général de division, ministre de la guerre, mort le 2 mai 1890.

773. — Paris. — RAPIDE, 8, rue Drouot

www.ingramcontent.com/pod-product-compliance
Lightning Source LLC
LaVergne TN
LVHW051104060726
842525LV00003B/780